小微企业创新创业研究

——以浙江省为例

余 浩等 著

科 学 出 版 社
北 京

内 容 简 介

改革开放40多年来，小微企业在这一过程中扮演重要的角色，已成为推动经济增长和保证创新活力的中流砥柱。如何从模仿性创新、渐进性创新向原始性创新、突破性创新等创新模式转变，成为小微企业亟须解决的问题。本书运用熊彼特创新理论、竞合理论、领导理论和高阶理论等创新理论，分别探讨浙江省小微企业的创新模式、企业竞合行为、领导支持行为和高管团队异质性对创新绩效的影响，为小微企业的创新管理实践提供指导性意见。

本书不仅适用于小微企业的创新管理实践者阅读，也为小微企业的创新研究奠定了理论基础，适用于硕士研究生、博士研究生对小微企业创新研究。

图书在版编目(CIP)数据

小微企业创新创业研究：以浙江省为例 / 余浩等著. —北京：科学出版社，2020.3

ISBN 978-7-03-062572-4

Ⅰ. ①小… Ⅱ. ①余… Ⅲ. ①中小企业－企业创新－研究－浙江 Ⅳ. ①F279.243

中国版本图书馆 CIP 数据核字（2019）第 219438 号

责任编辑：王丹妮 / 责任校对：贾娜娜
责任印制：张 伟 / 封面设计：正典设计

科学出版社出版

北京东黄城根北街 16 号
邮政编码：100717
http://www.sciencep.com

北京盛通商印快线网络科技有限公司 印刷

科学出版社发行 各地新华书店经销

*

2020 年 3 月第 一 版 开本：720 × 1000 1/16
2020 年11月第二次印刷 印张：17 1/2
字数：350 000

定价：158.00 元

（如有印装质量问题，我社负责调换）

前　言

随着经济全球化进程加快，国际竞争日益激烈，国际政治、经济格局发生了翻天覆地的变化，创新成为各国产业和企业制胜的关键。国际竞争力基础的转变，将从自然资源的密集消耗向知识资源的创造性应用转变。产业资源整合途径会从封闭环境下的区域性资源利用向全球资源共享的开放创新转变。企业创新模式也应从模仿性创新、渐进性创新向原始性创新、突破性创新等转变。

小微企业的创新变革作为国家经济发展的重要组成部分，可以通过引入产品的颠覆性技术创新而戏剧性地改变竞争舞台，迫使竞争对手的产品过时，并采用新范式来主导市场。为了进一步促进小微企业的创新，管理学的发展也全面进入一个崭新的阶段，传统的以科层制和规模经济、精细分工为标志的管理理论与方法，正经历着以持续创新与变革、以人为本、和谐民主、系统协同为标志的后现代管理新范式的挑战。

在我国的创新实践中，小微企业面对日益激烈的竞合环境，如何实现企业高层次的产品技术创新，从而保持企业的竞争力及实现可持续增长的目标？在小微企业的创新实践中，普遍存在着资金投入产出低、创新周期长、创新绩效低和过程管理困难等实际问题。对于小微企业所存在的创新意愿不足，以及如何配置资源、协调能力和调整企业惯例等方面的研究存在空白。

本书共 4 章。第 1 章，结合浙江省实际情况总结浙江省小微企业创新模式，运用熊彼特创新理论、熊彼特前后期创新模式的比较和创新成本与创新收益的比较，在分析浙江省创新省情的基础上，研究了浙江省小微企业创新模式发展如何更进一步实施抢先一步的创新战略，并希望通过这些研究来对全国特别是欠发达地区起到示范和指导作用，并根据新时期特点研究下一阶段应该采取的创新策略。

第 2 章，运用竞合等战略理论，探讨这些战略行为的实施主体，包括波特（Porter）的产业组织理论模型，Brandenburger 和 Nalebuff 的价值网及项保华的六力互动模型；在比较了模型的异同点及研究实用性后，以价值网为基本模型，对供应商、客户、互补者和竞争者的竞合行为与企业自身创新绩效之间关系做出了研究假设并构建出理论模型；结合文献和软件企业实际情况设计调查问卷，通过行业协会等渠道对问卷进行了规模发放；最后，运用 SPSS 和 AMOS 对搜集数据进行分析和假设模型的验证，并以新中大软件股份有限公司（简称新中大）新中大灵动联盟创新案例作为总结。本章的研究有助于软件企业准确地识别重要的合作伙伴，实现资源或能力的互补，寻求共同利益和目标，共同推动产业链的健康发展。

第 3 章，基于领导支持、组织公民行为及创新氛围等理论，探讨如何有效、高效地推动创新以及哪些因素对创新绩效存在重要影响。本章选择影响企业创新绩效的主要变量（领导支持、团队创新氛围、组织公民行为）为研究对象，构建出理论模型。采用问卷调查的方式，以浙江省信息技术企业这个具有代表性的群体为研究对象，采用 SPSS 统计软件对回收的 107 份有效问卷进行分析，以验证理论模型所包含的假设。研究发现：①领导支持的主体——创新倡导者在企业中由不同类型不同级别的人担任，并且不同的倡导者类型在新产品或新项目开发周期的不同阶段的分布情况也不同。②企业不同特征对领导支持、团队创新氛围、组织公民行为和创新绩效的影响存在一定程度的差异。③领导支持、团队创新氛围、组织公民行为和创新绩效之间存在显著相关性和预测作用，且团队创新氛围和组织公民行为在领导支持与创新绩效的关系中起中介作用。最后，根据上述结论，本章对企业如何有效提高创新绩效提出了实践性的建议，并指出了本章研究的局限及未来的研究方向。

第 4 章，运用高管团队的理论基础——高层梯队理论（upper echelons theory），分析高管团队异质性与创新绩效的关系。同时，为克服已有研究存在的局限性，引入战略导向作为中介变量，以期解释中介变量对二者关系的影响。本章主要采用实证研究的方法，在理论和文献综述的基础上，提出研究模型和研究假设，并通过选择江苏、浙江、上海、广东等地的 60 家小微企业为研究样本，利用 SPSS 统计分析软件进行数据处理和假设检验，结果表明：①在我国社会和经济环境下，高管团队教育水平异质性和教育专业异质性与创新绩效正相关，任期异质性和职业背景异质性与创新绩效无明显关系。②高管团队异质性对企业战略导向的不同维度具有不同的相关关系。③战略导向与创新绩效正相关。④战略导向对高管团队异质性与创新绩效的关系具有中介作用。本章研究加深了对小微企业高管团队异质性影响的认识，拓展了高层梯队理论的应用空间，为今后研究我国小微企业高管团队提供了新的研究思路。

本书以硕士研究生团队的学术论文框架构建研究主体，以企业家精神为核心，探究高层管理团队认知对小微企业的生存与发展具有的指导性作用。同时，本书还对小微企业如何运用竞合战略应对商业模式不断创新。本书与已故吴添祖教授的研究脉络一脉相承，长期以来吴教授的研究都对浙江小微企业创新创业发展过程有理论启示。本书不仅探究小微企业对高阶理论、动态能力与开放式创新等创新理论的应用，而且对创新理论与浙江小微企业实践的结合更是对“不忘初心，牢记使命”的真实写照。本书撰写历时 15 年，虽然存在部分数据无法更新的问题，但本书不仅对工商管理专业学生的论文选题具有指引性作用，还为企业管理实践者提供了启示性作用。

目　录

第1章　浙江省小微企业创新模式实证研究

1.1　绪　　论

1.1.1　研究的背景和意义

中国这一具有无比辉煌历史文明的古国，在不少民族或者说文化没落之时，依然风采照人。我国曾经是技术的领导国，但现在一些西方经济学家常常将中国的技术创新作为反例来说明。例如，新增长理论倡导者保罗·罗默写道："中国人早在十五世纪在西方人之前就能铸铁，又比古特伯格早几百年就发明活字印刷术。但是中国政治和社会体制最终使进一步的发明动力窒息，事实上使整个进程停止。或许同样的事也在人类历史上曾经发生过。"在18～19世纪，为什么中国没有发生工业革命？这个称为"李约瑟之谜"的问题会困惑每个对创新研究有兴趣的人们。西方经济学家对我国的了解多少停留在片面和主观臆断的层面上，尤其是在改革开放之后，我国的创新实践有了很大的发展和提高，同时在创新理论研究方面也取得了一定的成果。因此非常有必要研究我国在创新理论和创新实践方面所取得的一些成绩和发展，并根据新时期要求来审视今后的创新发展战略。由于我国处于社会主义初级阶段，更需要用历史唯物主义眼光和实事求是的态度来看待我国创新的实际情况。

国际上较为公认的技术创新理论研究始于熊彼特（Schumpeter）于1912年在《经济发展理论》一书（熊彼特，1990）中提出的"创新理论"。由于当时凯恩斯革命及其新古典综合派宏观经济学统治了主流经济学的论坛，因而创新理论作为西方经济学中独树一帜的学派逐渐受到各类经济学家的重视和青睐。而在中国，则是1973～1974年，北京大学经济系的内部刊物《国外经济学动态》上，才专文首次介绍熊彼特的创新理论。1981年出版的《国外经济学讲座》一书中，张培刚、厉以宁两位教授介绍了熊彼特的创新理论及其以后的发展（柳卸林，1993）。随着改革开放的深入进行，创新研究已经成为学术界的共识和热点。

如果用熊彼特理论来分析世界经济发展史，创新应是经济发展的根本动力，持续创新更是经济持续增长的推动器。自工业革命以来尤其是第二次世界大战以后，一场深刻的技术创新革命在整个世界展开。技术创新已成为各国经济增长的重要因素。据测算，20世纪50年代至70年代，发达国家技术进步对国民收入增长速度的贡献一般在 50%～70%。美国经济在 90 年代实现了第二次世界大战后持续时间最长的增长期。在此期间，强大的技术创新能力及其对促进经济发展产生的巨大作用表现得尤为突出。经济学家普遍认为，“发明和专利的指数式增长”是 21 世纪初美国经济增长的巨大推动力。美国联邦储备委员会主席格林斯潘在 2000 年白宫关于新经济会议上发表技术创新和经济的看法：从经济整个发展过程来看，信息技术较快发展的一个原因就是“创造性的毁灭”过程的明显加速，即资本从濒临落后的技术转移到目前最新发展的技术上来。随着金融产品的创新，产品自身信息技术的发展促使整个经济中资本再配置过程在资本市场的风险逐步减少。因而由对美国、日本经济的研究不难看出创新对于工业时代与后工业时代国家的经济发展起到无可替代的重要作用。

而我国在社会主义制度建立后尤其是改革开放四十多年来，发生着翻天覆地的变化。因此本书把落脚点和着眼点放在自己身边的世界，来研究被称为“浙江现象”的浙江省所发生的一切。浙江省的基本现状如下：浙江省的陆地面积在全国各省、自治区、直辖市中列第 25 位，人均耕地面积在全国居倒数第一位。浙江省的自然资源并不丰裕，国家的重大投资项目也很少。改革开放前，浙江省的经济总量在全国列第 12 位，人均地区生产总值在全国列第 15 位。1981 年，浙江省每万人口大学生数为 6.8 人，居全国第 19 位，全民所有制单位自然科学技术人员数居全国第 21 位。而到 1999 年，浙江省每万人口大学生数为 33.87 人（略高于全国平均水平），县级以上政府部门属研发机构为 158 个，居全国第 17 位。可以说从改革开放起浙江省经济就悄然蓄势，从 20 世纪末开始，浙江省明显加快了经济发展的速度，地区生产总值始终保持着高增长。1978 年至 2000 年，全省生产总值由 124 亿元增加到 6030 亿元，“八五”期间年均增长 19.1%，“九五”期间年均增长 11%，在全国的位次由第 12 位上升到第 4 位。2000 年人均地区生产总值 13 400 元，高出全国平均水平近 1 倍，列全国各省、自治区、直辖市第一位，仅次于上海、北京两个直辖市：浙江省还是全国第一个没有贫困县的省份，农民收入水平已连续 11 年列全国各省、自治区、直辖市第一位。2000 年浙江省农民人均收入的增幅高达 7.6%，比全国平均水平约高 5 个百分点。

浙江省经济取得的成绩主要归功于小微企业的大发展。目前中国包括中型企业（国家经贸委中小企业司、国际合作司，2001）、小型企业和微型企业在内的广义的小微企业约 3980 万户，它们在全国独立核算法人工业企业中所占比例是：企业户数占 98.5%，就业人数占 69.5%，资产总额占 48.5%，销售额占 57.1%，工商税金占 43.2%。小微企业不但是我国国民经济发展的重要力量、扩大社会就业的基本途径、发展地方经济的主要财源，而且是推进经济市场化的生力军、培育大批企业家成长的摇篮。浙江省是小微企业的王国，现有小微企业 108 万家，占全部企业数的99%以上，其产值、营业收入、增加值、利润、实交税金连续三年居全国第一。

浙江省保持高速发展的活力，形成了一道独特的风景线，颇耐人寻味。对于浙江省在工业化过程中所取得的一系列成绩，可以说有许多不同的解释，但是还没有人完整地从创新理论角度来分析其所取得成绩的原因。本书试图用创新理论结合浙江省实际来诠释浙江省小微企业创新理论和总结浙江省小微企业创新模式，并希望通过这一研究来对全国特别是欠发达地区起到很好的示范和指导作用，并根据新时期特点研究下一步应该采取的创新策略。

1.1.2 研究的思路和方法

实证研究方法主要是采取调查研究方法。本小节简单介绍调查研究的两个方面：一是调查方案设计，二是分析方法。

1. 调查方案设计

调查方案设计包括三项重要内容：问卷设计、抽样方法、实施调查。以下分别对这三项内容加以说明。

1）问卷设计

问卷设计不是一次完成的。本书调查的几个核心问题包括企业主体、创新思想来源和创新障碍、创新战略及政府政策在浙江省小微企业创新中的作用、创新环境，均是问卷调查的内容。

问卷设计体现了很强的创造性，不仅表现在增加了许多反映浙江省小微企业特色的内容，而且在核心问题的内容上都进行了大量设计。

2）抽样方法（孙枫林，1995）

对抽样的基本要求是，样本应代表总体的特征，即所选择的企业应反映该种类企业整体的特征。因此，在抽样时随机选取企业。区域和行业抽样标准都是三项：①企业类型标准，指样本企业应来自各类企业，如国有、集体、股份制、民营等企业。②企业规模标准，指样本企业应来自中小企业中的中、小、微三类。③技术水平标准，指样本企业应来自不同技术水平的企业。各行业的划分标准有别，应分别针对各行业的标准确定该行业企业的技术水平档次，可按高、中、低三个档次划分。样本企业总数的确定，需要考虑样本企业应覆盖区域和行业且满足选择标准。

3）实施调查

为了确保填写质量，要求问卷填写人是企业的正、副总经理或总经济师、总工程师或技术开发部门的负责人。

2. 分析方法

为了了解浙江省小微企业技术创新，浙江工业大学中国小微企业研究院先后完成了 3 次企业技术问卷调查，分别是浙江民营科技企业问卷调查、杭州市小微企业信息化状况问卷调查、绍兴市纺织小微企业技术创新问卷调查。本书是以这些问卷调查为基础的。辅助数据主要来自《中国统计年鉴》、《浙江统计年鉴》、《中国科技统计年鉴》和《中国科学技术指标》等。

1.2 创新理论的形成和发展

创新理论从思想萌芽到正式产生，从理论演进到逐步完善，经过了许多经济学者不懈的研究和发展。亚当·斯密和卡尔·马克思等的分析都蕴涵丰富的创新思想。但亚当·斯密和卡尔·马克思提到的创新指科学技术在经济发展中的作用，和本书所讨论的创新有所不同。

1.2.1 创新理论的先驱

熊彼特无疑是最早提出创新理论这一概念的人，但不可否认学术界比较陌生的约翰·雷（John Rae）是熊彼特提出创新理论的推动者、先驱（张建华，2000）。从阿玛德（Syed Ahmad，1994）有关《约翰·雷、熊彼特和阿玛德关于技术变迁和经济发展观点比较》的文献中查到另一位对创新理论有贡献的人：约翰·雷（苏格兰出生的加拿大籍经济学家）。他在 1834 年发表了一部题目与内容似乎不太一致的图书《关于探讨〈国富论〉主张的自由贸易理论及其他学说中的谬误的一些政治经济学若干新原则的论述》（Rae，1843）。就是这篇文章，1848 年米勒（J. S. Mill）评论它在资本理论中如同马尔萨斯的《人口论》在人口理论中占相同的地位。1954 年，熊彼特在《经济历史分析》中将之称为伟大的作品，并把它和《国富论》相提并论。

在雷的政治处方中，包括保护主义这一成分，但是并不只有这种成分，因为源自对技术变迁的清楚理解和对它在经济发展及增长中的作用的理解，他认为这应是经济发展整个过程中最重要的因素。他在书中写道：“发明是世界上唯一的可以被称为创造的力量。”他也认为英国的财富不仅是被动积累的结果，很大程度上也是技术变迁在其中起作用。依雷的观点来看，立法者（在书中代表国家和政府）在经济发展中至关重要，而且它应该持续地促进技术变迁。他把立法者功能分为几种主要类型：发现新的工艺；改善国内已有的工艺；采纳并保护工艺方法。

对于为什么技术变迁不能由自由市场自身去完成的问题，雷有一个两方面的回答：其一，古典和新古典主义的主要论点就是不尝试没有任何获利机会的活动，因此如果在没有帮助的情况下也能获利，私人部门必然早就去做了。其二，从反证的角度来看，如果一种先进且有潜力获利的技术，人们知道它的存在或者说有可能存在但没有特定的人去实施，最大的可能性就是虽然作为整个社会去发展是有利可图，但作为个人去做却无利可图，或者因为即使长远来看个人能获利，但目前是他个人财富无法承担的。从目前理论来看，第一种称为“外在性”或公共物品特性，第二种称为金融市场的“不完备性”。雷也强调了现在所说的“干中学”效应，即使那时还处在工业革命的初期，他认为“学习”之所以重要是因为任何国家的技术很小部分是本土的，绝大部分是吸纳国外技术。

可以说熊彼特更多地从企业家精神来讨论技术创新，也就更多地关心个体研究动力和激励；而雷从外在性出发，更多从政府角度考虑。令人费解的是，对雷的研究熊彼特是完全了解的，但他们的研究却如此不同。

雷和熊彼特的作品都强调技术变迁在经济增长和进步中的作用，这很大程度上与给定地理环境和地理条件为代表的“自然禀赋理论”相区别。在他们的观点看来，经济发展过程大部分依赖于技术进步，这又很大程度上取决于大众和他们领导的能力——只不过两人的研究各有侧重而已。在他们看来，这种决定决非轻易就能做出的，这或许也能有助于我们对经济发展主要原因的了解。

1.2.2 熊彼特与创新理论的形成

约瑟夫·熊彼特一直被公认为是创新理论的创始人。有关其生平介绍也有许多版本，下面简要叙述经济思想史网站（https://history of economics.org.）对他的评论：约瑟夫·熊彼特是奥匈帝国式微年代的产物，而且是其遗产的很好例证。他虽然是奥地利学派主要代表人物庞巴维克的及门弟子，但是他不是奥地利学派的追随者。熊彼特社会经历也颇丰：他做过自由律师，曾出任奥地利财政部部长，也弃仕从商担任私营比德曼银行行长。但他在社会公职方面运道一直不佳，1932 年迁居美国，任哈佛大学经济学教授。熊彼特一生过着极其戏剧性的生活，从奥地利到英国到埃及到德国最后到美国。熊彼特在 30 年代和 40 年代大萧条时代可以说影响了整个哈佛，那时萨缪尔森、托宾等都是他的学生。托宾（1981 年诺贝尔经济学奖得主）曾说过：“在 30 年代，哈佛资深教授阵容中，熊彼特可以说是诺贝尔奖的必然人选。”熊彼特是个惊人的高产量作家，他的第一篇文章发表于 1905 年，最后一篇发表于 1950 年，一生共出过 15 部著作（一些可称巨著），六本小册子，一百多篇书评和 148 篇论文、评论、短文。

1. 以创新为主核的经济分析新框架

熊彼特的创新研究是针对资本主义的周期研究而开展的，其创新理论的主要特征是创新和长周期的相互作用。熊彼特第一个构造了基于创新的长周期理论，并把它运用到整个资本主义的分析中。

熊彼特在《商业周期》里的经典论述是，研究循环周期时，把研究长周期理论和创新刺激循环的讨论结合起来。熊彼特区分了发明（创造新产品）和创新（实施和扩散发明），并认为无疑创新是经济中所有循环行为的内在原因。他这样写道：“……如果创新是循环波动的根源，无法想象形成一个单一的周期运动，因为一般而言在任何时期经济体系酝酿创新和吸收其功效的时期不会刚好等于创新采用时期。”

熊彼特进一步探讨了不管周期长短，每一种循环周期的长短不但有创新这一相同的基本原因，而且都要经历相同的四个阶段——繁荣、衰退、萧条、复苏。四个阶段的任何一个都根据有关均衡点的不同基本因素而表现出不同的特征。“每个阶段是事物现象的不同组成部分，不但因为其典型特征而区别，并且可根据支配或产生这些特征的‘力量’来解释。”每个阶段的特征分别是：繁荣——实施创新；衰退——新的创新调整；萧条——因为预期过度调整；复苏——重新调整到均衡点。熊彼特认为：创新引起模仿，模仿打破垄断，刺激了大规模投资，引起经济繁荣：当创新扩展到相当多的企业之后，盈利机会趋于消失，经济开始衰退。

该理论基本框架是把创新作用放到经济分析的最关键的地方。当熊彼特为创新刺激循环提供一种解释时，它还不能令人满意地认为是一种内生创新循环。对下降阶段如何产生下一个上升阶段的一种长周期的内生解释需要一种“创新的聚类”。正如范·杜因所概括的：“因此我们的结论是熊彼特没能对长周期扩张前的如蜂聚一样的基础创新提供一个令人信服的解释。”

2. 企业家为创新主体——企业家及其形成问题

熊彼特认为，经济发展的主体就是实现了新组合的“企业”，而实现新组合的人，就是企业家（entrepreneur）。企业家不一定是资本家、股东或技术发明者，他们是有效运用资本和技术等生产要素，把要素组合起来实行“创新”

的特殊类型的人，“他们的行动是一个特殊的问题，是大量重要现象的动力”（熊彼特，1979）。

企业家的创新职能首先是通过对超额的经济利润的追逐来实现的。对于“创新”的企业而言，企业利润中才包含垄断成分或超额利润部分。对超额的经济利润的追求是企业家活动的动机，是经济发展的动力之一。

虽然熊彼特认为垄断利润是企业家实施其职能的动机和经济发展的动力，但他又认为，除利润动机外，经济发展最主要的动力是“企业家精神”。对于“企业家精神”，熊彼特下了几个定义，其主要含义包括：①企业家的“首创精神”；②企业家的“成功欲”；③企业家甘冒风险、以苦为乐的精神；④企业家的精明理智和敏捷；⑤企业家的事业心。企业家正是在这种不断的刺激中才取得创新成功的。可见，首创性、成功欲、冒险和以苦为乐、精明与敏锐、强烈的事业心，构成了企业家精神的五大要素。

在讨论了企业家和企业家精神之后，熊彼特指出，资本主义经济是在经济主体企业家的企业家精神的推动下才实现创新和发展的，因此，企业家精神是经济发展的最主要的动力，是创新的精髓。

3. 实现创新的社会环境和经济条件

熊彼特认为，创新并不是在任何社会经济环境下都可能产生的。创新只有完成了从循环流转进入资本主义的社会制度形态的转变时才可能出现。而实现这一转变的突破口在于观念的更新。熊彼特指出：“一切知识和习惯一旦获得以后，就牢固地植根于我们之中，就像一条铁路的路堤植根于地面上一样，它不要求被继续不断地更新和自觉地再度生产，而是深深地沉落在下意识的底层中。它通常通过遗传、教育、培养和环境压力，几乎是没有摩擦地传递下去。”可见，“在例行事务的边界以外，每行一步都有困难，都包含一个新的要素，正是这个要素，构成了领导这一现象”。这里的领导，就是率先创新的企业家。

在资本主义制度下，资本与高度发达的金融信用制度是企业家实现创新的必要条件。创新来自体系内部，因此新的组合的实现，只是意味着对经济体系中现有生产手段做不同的使用。这样，能否创新，就转化为谁能“拥有可支配的财产的特权”。这就得凭借信贷。“这是资本主义型的社会迫使经济体系进入新渠道，使它的生产手段去为新的目的服务的独特方法。”因此，信贷对创新而言是首要的，因为正是它使创新进入循环流转。熊彼特认为，资本就是企业家为了实现“新组合”，用以把生产指向新方向、把各项生产要素和资源引向新用途的一种杠杆和控制手段。资本不是具体商品的综合，而是可供企业家随时提用的支付手段，是企业家和商品世界之间的“桥梁”。而信用使得个人能够在某种程度上不依靠继承的财产而独立行事；信用对旧厂商的最初建立是必要的，信用机制一旦建立（生产利息的出现），就会占领旧组合。因此，信用制度的建立是资本主义经济发展的内在要求。熊彼特进一步分析指出，当资本主义经济发展进入相对发达阶段之后，货币市场（或资本市场）的建立和良好运转成为实现创新的基础。

4. 实现创新的途径：两种模型

综观熊彼特理论的发展，他对创新过程（或实现途径）的认识经历了两个阶段（Langlois，1987）。他在青年时代，十分强调企业家推动创新，他所提出的模型被后人称为熊彼特创新模型Ⅰ（Freeman，1982）。其内容如图 1.1 所示。

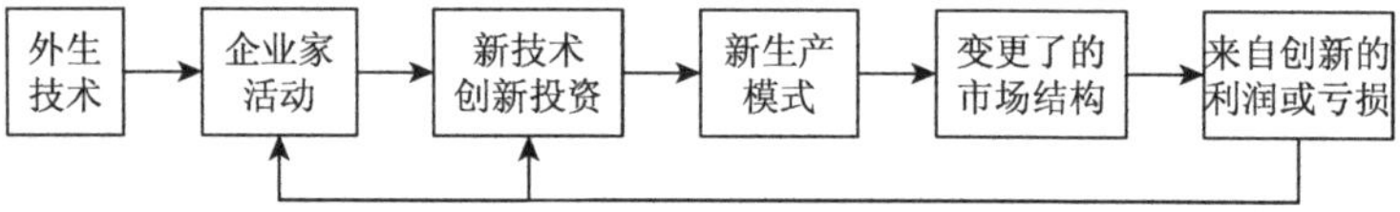

图 1.1　熊彼特创新模型Ⅰ

这一模型的特点是：第一，存在与科学新发展相关但不能确定的基本发明流，它们大半处在现有企业和市场结构之外，基本上不受市场需求影响；第二，一群企业家意识到这些发明的未来潜能，准备冒发明和创新的风险，这种冒险行动是一般资本家或经理不敢采取的；第三，一旦成功地做出一项根本性的创新，它将使现有结构处于不均衡状态，成功的创新者将获得短期的超额垄断利润，但垄断会因大量模仿者进入而削弱。显然，在熊彼特的这一模型中，尤其突出了两个因素：一是高度重视和十分强调企业家的作用，二是把技术活动看作外生的经济变量。因此，对于技术创新的过程和机制，这一模型是缺乏分析的。

晚年的熊彼特，则转向强调大企业在创新中的巨大作用，相关模型称为熊彼特创新模型Ⅱ（柳卸林，1993），其内容如图 1.2 所示。

这一模型的思想集中反映在《资本主义、社会主义和民主》一书中，主要见解包括如下两点。

第一，与过去强调企业家的作用不同的是，熊彼特强调垄断企业在创新中的巨大作用。在当时，资本主义虽然越来越具有垄断的特点，但大多数经济学家仍迷恋于完全竞争，对垄断性企业表示不信任。针对流行的观点，熊彼特结合实际进行了批驳，他指出：首先，完全竞争在现实生活中很难存在，即使农产品市场也不是纯粹的完全竞争。其次，完全竞争意味着自由进入任何产业……但是完全

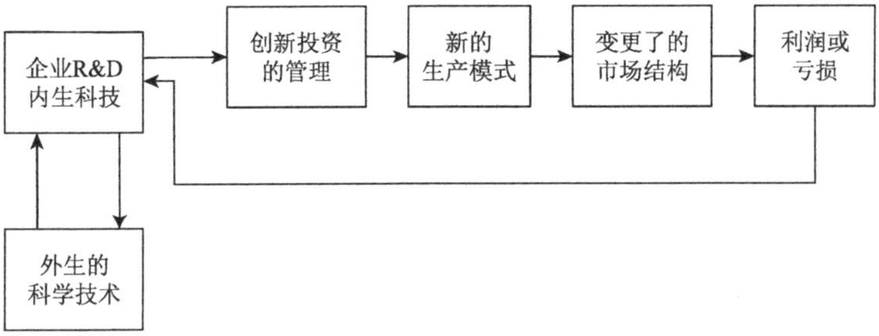

图 1.2　熊彼特创新模型 II

R&D：research and development，研究和开发

自由进入一个新领域，也许就会使进入新领域成为根本不可能的事。很难设想完全竞争一开始就会采用新生产方法和商品。这就是说，我们所称为经济进步的东西，大部分和完全竞争是不相容的。再次，完全竞争不一定能使资源配置优化，反而会导致浪费；而且与垄断相比，易被外来干扰击溃。最后，完全竞争不仅是不可能的，而且是低劣的，它没有权利被树立为理想效率的模范。必须接受的事实是，大企业“已经成为经济进步的有利的发动机，尤其是已成为总产量长期扩张最有力的发动机”。

第二，技术主要来自企业内部的创新部门，技术创新是内在的。这是因为，现代大企业会把建立一个研究部门当作首先要做的事，“其间每个成员都懂得他的面包和黄油取决于他所发明的改进方法的成功”。而成功的创新将会是一个正反馈，使该企业更重视 R&D 活动，进而增强了市场集中度。

1.2.3　创新理论和创新模式的评价

从亚当・斯密到卡尔・马克思再到约翰・雷，最后到熊彼特的创新理论的提出，从创新思想萌芽到创新理论产生，毋庸置疑熊彼特是创新理论的创始者。这是因为是熊彼特区分了技术、发明和创新三者的关系，而创新是技术和发明在市场上的应用，即商业化的实现才称为创新，这是创新理论形成的关键。

1. 熊彼特的两种创新模式比较

熊彼特的两种不同的创新模式看来似乎是矛盾的，其实这正是他在不同的历史时期的不同研究结论。模式 I 和模式 II 的区别关键在于模式 I 认为技术是外生变量，而模式 II 是把技术作为内生变量来处理的。这是因为 1912 年熊彼特提出创新理论时，资本主义还处于自由竞争时期，而19世纪末大部分企业是小微企业。小微企业在资金实力、技术积累和创新网络等方面的不足，还不能够把技术作为内生变量，而只能把技术看作给定的。而到熊彼特晚期，资本主义已经发展到垄断资本主义时期，企业形态从中小型向巨型转变。这时企业有了充足的实力把技术当作内生变量。两种不同模式的变化，正是熊彼特根据资本主义工业经济的不同阶段总结出来的。

1950年熊彼特去世后，他的追随者和拥护者，沿着他所开创的道路进行了实证和理论上的进一步探索，并形成相对独立的研究路线：一条是以技术变革和技术推广为对象的技术创新分支，另一条是以制度变革为对象的制度创新分支。也就是对于创新的研究既重视技术创新，也重视非技术的制度创新。

熊彼特特别强调企业家的作用，主要是企业家观念、胆识和企业家重新组合资源的能力，这是实现完整意义上的创新所必需的。在他那里，企业家作为现代"经济人"的典型代表，活跃在社会舞台的中心位置上，趋利避害，除旧布新，推动创新大潮，敢于冒险，勇于竞争，维系着资本主义的动态进程。换言之，企业家就是创新活动的人格化。企业家的群体存在，是促进创新发展、推动社会进步的先决条件。

2. 企业创新的成本与收益

技术创新是一种企业行为，企业是否选择创新，则与其行为动机有关。企业创新动机有两类：一类是非物质利益驱动的，如追求社会赞誉和社会地位升迁；另一类是物质利益驱动的，即企业通过估计创新成本和创新收益来决定是否进行创新。一般来说，创新活动具有自己独特的生命周期（图1.3）（张建华，2005）：①初始时期（Oa'）：做出最初的发明创造设想或设计，极不完善；②开发时期（$a'a$）：完善设计，使之付于使用；③成熟时期（ab）：进入实际生产过程或开始批量生产；④衰退期（bd）：为他人所模仿，新市场被他人挤占。在前两个时期，企业投入多产出少，甚至没有产出，因而收入远远小于成本，收益为负。进入成熟时期后，开始出现创新收益，到衰退期后，收益、成本均接近部门平均水平。创新的周期性决定了企业必须从整个周期的时间跨度来考虑创新的得失。只有当成熟和衰退时期创新收益$\left(V=\int_a^d f(t)\mathrm{d}t\right)$大于等于初始和开发期的创新成本$\left(C=\left|\int_0^a f(t)\mathrm{d}t\right|\right)$时，企业才选择创新。由于创新时差较长，风险较大，企业创新的发生必须满足两个条件：第一，$V>C$；第二，企业决策视野$t\geqslant d$或至少$t\geqslant b$，否则，企业只看到短期损失，看不到长期收益，即使第一条件满足，也不会创新。

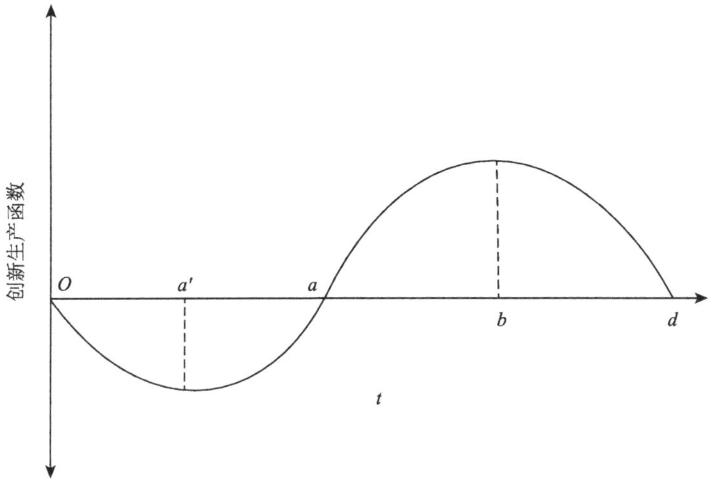

图 1.3 创新的生命周期

从上述分析可知，企业家重新组合创新要素的行为，也改变了创新生产函数 $f(t)$ 的形状构成，最终降低了创新成本，从而对创新要素重新组合，利用现有的创新要素来投入创新链，可以得到较好创新效果。

1.3 浙江省小微企业“抢先一步”创新模式确立

正如在 1.2 节所看到的，创新理论是以市场经济比较健全的发达国家为研究参照系的。具体来说，创新的实现需要特定的社会经济条件和社会环境。对于尚为发展中国家的中国来说，社会主义市场经济发展之初并不具备这些条件，对于浙江省而言情况也是相同的。因此，对创新理论有必要做适当的扩展和补充。概括熊彼特的创新理论无非是从创新主体和创新环境这两个方面来分析创新的发展模式，因而本书试图建立适合浙江省小微企业实际状况的一个包括创新主体和创新环境（信用环境、信息环境、服务体系和法制环境等）的模式。

1.3.1 浙江省小微企业创新省情和创新模式的选择

在归纳浙江省小微企业创新模式前，首先分析改革开放四十多年来，我国和浙江省在创新实践方面的主要现况和特点，并以此作为分析的起点。与西方经济发展比较，原先初建社会主义国家制度时，其制度上的优势发挥出巨大作用，计划经济在一定时期发挥较好作用。但是制度上的不完善性也逐步暴露。

由于价格机制的完全扭曲，商品的任何真实的稀缺性不能得到反映。在我国，社会主义实践是史无前例的新生事物，因此在经济、政治和文化等方面制度上尚有许多地方有待完善和提高。在“文化大革命”结束之后，我国各地经济基本处于崩溃边缘，经济改革已经势在必行；由于当时物质的高度匮乏，社会主义的短缺经济的特征非常明显，这为浙江省小微企业创新提供了一个宽广的经济市场背景；在我国国家创新体系中科研院所经过长期积累，其科技资源沉淀相对量丰富，并有一定的闲置资源（人才、技术项目等）；对于真理标准问题的大讨论，使广大群众心目中明确了实践是检验真理的唯一标准，这使观念创新和制度创新成为可能。改革开放之前，全国各地基本处于相似的境地，这是我国创新国情的普遍性，也是浙江省所面临的基本状况。但是浙江省也具有一些其他省、自治区、直辖市所不同的特性。由于我国经济原先有备战备荒的要求，国家在沿海省份的基础建设、重大项目和技术发展等方面都投入较少。又由于浙江省自然资源相对较少、人多地少等先天不足，浙江省小微企业的创新模式选择上必然要考虑到这些方方面面的问题。

1. 创新主体要求与经济制度不适应

按照制度经济学派观点：在既定的生产力水平下，制度因素（制度可带来的效应）可能是经济增长的决定力量。当制度变革的结果使生产关系已基本适应生产力的要求，即制度已达到新的均衡时，起重要作用的将不再是制度而是技术。例如美国，其制度已基本达到均衡，推动其经济发展的主要力量不再是制度而是技术，技术进步成为美国经济增长的主要源泉。而我国包括浙江省处在制度和环境相对不平衡状况，特别是大型工业城市和一般城镇的区别、地方和中央的区别、东西部地区的区别及创新要素贫富的区别。在这种不平衡中，只有利用先发优势，重新组合创新要素，把资金、人才和技术等小微企业自身不足的从外地引入，为小微企业创新和发展提供新动力。

2001 年中国的一次科技统计调查显示，2000 年全国 R&D 经费支出 896 亿元人民币，比上年同比增长 31.98%，占国民生产总值的比例已达 1%。调查显示中国 R&D 经费支出中，基础研究为 46.7 亿元，应用研究为 152.1 亿元，试验发展为 697.2 亿元，分别占 5.2%、17.0%和 77.8%。虽然国家用于基础研究的经费不断增加，但其所占比例仍处于较低水平。到 2005 年，全社会 R&D 经费占国民生产总值的比例提至 1.5%以上，企业 R&D 经费投入占全社会 R&D 投入的比例超过一半，高新技术企业 R&D 经费投入占年销售收入的 5%以上。按照国际通用的科技投入强度指标，中国已处于发展中国家前列。但比较分析表 1.1 和表 1.2 可知，我国与发达国家相比还有较大差距。

表 1.1　全国 R&D 经费支出（1995～1999 年）[①]

年份	R&D 经费支出合计/亿元	各项 R&D 经费支出及比例						占国民生产总值比例/%	人均 R&D 支出/元
		基础研究支出/亿元	基础研究比例/%	应用研究支出/亿元	应用研究比例/%	试验发展支出/亿元	试验发展比例/%		
1995	348.69	18.07	5.18	92.02	26.39	238.60	68.43	0.60	29
1996	404.48	20.24	5.00	99.12	24.51	285.12	70.49	0.60	33
1997	509.16	27.44	5.39	132.46	26.02	349.26	68.60	0.64	39
1998	551.12	28.96	5.25	124.62	22.61	397.54	72.13	0.69	44
1999	678.91	33.90	5.00	151.55	22.32	493.46	72.68	0.83	54

资料来源：国家统计局、科学技术部. 中国科技统计年鉴 2000. 北京：中国统计出版社，2000：6

表 1.2　1991～1999 年日本、美国研发费构成情况［日本：亿日元（%）；美国：美元（%）］

国别	分类	各项费用及比例								
		1991 年	1992 年	1993 年	1994 年	1995 年	1996 年	1997 年	1998 年	1999 年
日本	企业	97 430（76.6）	95 607（74.8）	90 536（72.3）	89 803（72.3）	93 959（71.2）	100 584（72.7）	106 584（73.5）	108 001（72.9）	106 302（72.3）
	政府机构	10 112（7.9）	11 181（8.7）	12 398（9.9）	11 873（9.6）	13 493（10.2）	12 888（9.3）	12 746（8.8）	13 617（9.2）	14 450（9.8）
	大学	14 608（11.5）	15 660（12.2）	16 855（13.5）	16 855（13.6）	18 747（14.2）	18 833（13.6）	19 064（13.2）	20 122（13.6）	19 899（13.5）
	民间机构	5 051（4.0）	5 434（4.2）	5 494（4.2）	5 661（4.6）	5 713（4.3）	6 104（4.4）	6 527（4.5）	6 505（4.4）	6 454（4.4）
美国	企业	154 467（71.5）	147 931（70.7）	128 364（69.7）	119 975（69.4）	122 170（70.7）	154 900（72.2）	188 645（73.2）	218 737（73.8）	207 317（74.3）
	政府机构	31 500（14.6）	30 693（14.7）	27 275（14.8）	25 174（14.6）	23 861（13.8）	27 270（12.7）	30 492（11.9）	33 598（11.3）	30 508（10.9）
	大学	23 827（11.0）	24 263（11.6）	22 749（12.3）	22 006（12.7）	21 201（13.3）	25 650（12.0）	30 204（11.8）	34 750（11.7）	32 182（11.5）
	民间机构	6 266（2.9）	6 326（3.0）	5 857（3.2）	5 722（3.3）	5 483（3.2）	6 755（3.1）	8 013（3.1）	9 422（3.2）	8 852（3.2）

由我国东部、西部和中部地区比较可知，我国创新资源方面依然存在明显的不平衡。浙江省的创新状况与先进水平仍存在一定差距，因此这将成为浙江省小微企业创新模式选择的第一出发点（表 1.3）。

表 1.3 各省（自治区、直辖市）R&D 经费支出（亿元）

排名	1	2	3	4	5	6	7	8
省（区、市）	北京	广东	上海	江苏	山东	陕西	四川	辽宁
R&D 经费支出	155.7	107.1	73.8	73.1	52.0	49.5	44.9	41.7
排名	9	10	11	12	13	14	15	16
省（区、市）	湖北	浙江	河北	河南	天津	福建	安徽	湖南
R&D 经费支出	34.8	33.4	26.3	24.8	24.7	21.2	20.0	19.2
排名	17	18	19	20	21	22	23	24
省（区、市）	黑龙江	吉林	重庆	山西	江西	广西	甘肃	云南
R&D 经费支出	14.9	13.4	10.1	9.9	9.2	8.4	7.3	6.8
排名	25	26	27	28	29	30	31	
省（区、市）	贵州	内蒙古	新疆	宁夏	青海	海南	西藏	
R&D 经费支出	4.2	3.3	3.2	1.7	1.3	0.8	0.2	

注：表中未包含香港、澳门、台湾数据

2. 制度上的自主创新和技术上的模仿创新

在经济不同发展阶段，制度创新和技术创新两个经济增长因素的选择有不同的比较优势。研究成果表明，在社会变动比较剧烈的时期，特别是缺乏有效制度的领域或处在新旧体制转轨时期，制度创新比技术创新更迫切，而在社会相对稳定的发展阶段，技术创新比制度创新更重要。我国在计划经济向社会主义市场经济转轨时期，原有体制的一些弊端没有消除，新体制尚未完全形成，诸如产权制度、社会保障制度等一系列制度未达到均衡。如果制度不能充分适应生产力发展的要求，那么制度创新就是经济增长的主要源泉之一。苏联和东欧其他国家在西方国家的影响下，不约而同地走上激进的改革之路。在社会主义阵营中，只有我国采用渐进的方式改革制度中的弊端。正是这种自主的制度创新为我国的经济发展带来无比的优势。

而在技术创新方面，我国是技术上的落后国，因而主要采用模仿创新的战略。模仿创新即模仿型创新，是指企业通过学习模仿率先创新的创新思路和创新行动，吸取率先者成功经验和失败的教训，引进购买或破译率先者的核心技术和技术秘密，并在此基础上改进完善，进一步开发。其与自主创新（独创型创新）的主要比较见表 1.4。

表 1.4　模仿型与独创型技术创新的比较

创新模式	区域	创新绩效的时间幅度	对本行业经济效应的发展影响	对上游产业的影响	对下游产业的影响	技术扩散程度、外溢效益
独创型	主要以发达国家为代表	长远	增加市场竞争力，深层次提高本行业的经济效益，对行业发展产生立体的促进作用	诱发、促进上游产业（先进机器设备和工作母机的生产产业）的发展，利于新技术成果和知识的内生转化和深层次应用	促进下游产业（第三产业和社会消费）的持续发展和社会需求层次的提升	强大
模仿型	主要以发展中国家为代表	短暂	扩大市场的占有率，浅层次提高本行业的经济效益，对行业发展产生平面的促进作用	可能削弱上游产业（先进机器设备和工作母机的生产产业）的发展，不利于新技术成果和知识的内生转化和深层次应用	促进下游产业（第三产业和社会消费）的数量增长和社会需求过剩	弱小

通过表 1.4 可知，模仿创新也存在资源投入的中间聚积性这一特点，这和自主创新有较大的区别。自主创新面临艰巨的新技术和新市场开发的任务，必然要在创新链的前期和后期投入足够的人力和物力，因而要求在创新链上的资源分布较为均衡。而模仿创新省去了新技术探索性开发的大量早期投入和新市场开发建设的大量风险投入，因而能够集中力量在创新链的中游环节投入较多人力物力，即在产品设计、工艺制造、装备等方面投入大量的人力和物力，使得创新链上的资源分布向中部聚积（图 1.4）（傅家骥，1998）。这是模仿创新战略的一个重要特点，也是模仿创新的优势。从图形来看，模仿创新和自主创新相比，模仿创新总成本相对较少（从 a 到 b 自主创新和模仿创新所围的面积），因而模仿创新战略实施者有可能集中创新资源投入创新链的中游环节。模仿创新的创新成本相对低廉，可用较低的代价在较短时间内缩短与先进国差距。但从长时期来看，模仿创新也有较大弊端，这可以从美国、日本的比较研究得出。浙江省创新省情第二个出发点就是要坚持制度上的自主创新和技术上的模仿创新。

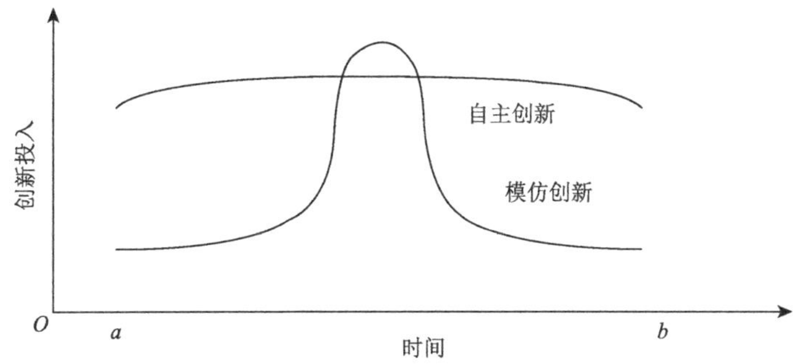

图 1.4　自主创新与模仿创新比较

3. 浙江省小微企业创新模式的选择

浙江省小微企业的技术创新特征决定企业创新的策略。随着市场细分和广度及深度的进一步强化，小批量和多元化将成为今后产品发展的主流，产品间的识别和差异将进一步多样化，这种趋势为小微企业技术创新提供了广阔的前景，小微企业必须正视自身技术创新的有利和不利因素，合理定位、扬长避短选择合适的创新策略（粟虹，2008）。

1）浙江省小微企业技术创新选择上的定位

（1）小微企业要善于寻找市场的“空白领域”来实现创新。大企业在追求“规模经济效益”时，往往对小批量、多品种或专用产品不愿涉足，这为小微企业进行技术创新提供了极好的发展空间。小微企业要学会在缝隙中求生存，研究市场需要，大企业不愿做的项目予以介入，可以避开与大企业竞争的不利环境，使新产品开发易于成功。这种通过对市场进行研究、细分、选择来不断开发新产品，以提高小微企业竞争能力的策略，是小微企业创新的明智之举。

（2）选择技术变动的领域。新技术、新产品并开发成功大规模的产销是市场竞争取胜的关键。因此，小微企业应选择变动大的领域作为进攻的目标，以期寻求发展的机会。当前，以高新技术产业为代表的新兴产业，如电子信息、光纤通信、生物工程、环保节能、新材料等工业，正处于初创阶段，技术发展快，产品更新快，适合小规模经济发展，机动灵活、创新效率高的小微企业一定会在这方面大有作为。

（3）选择服务领域进行技术创新。随着信息产业的不断发展、新兴产业的迅速崛起，工业企业也将从传统制造业向现代高科技产业转化，从内需型产业向内、外需结合型产业转化，客观上要求更多的小微企业为其提供服务。小微企业应及时地实现功能转化，在服务领域开展技术创新，为重点发展的信息、金融和高科技产业服务。

2）浙江省小微企业的创新联合

由于浙江省小微企业在经济实力和技术能力方面处于劣势，创新联合战略显得非常重要，特别是在社会分工协作日益密切、全球经济一体化的当今社会，小微企业更应加强与高等院校、科研部门及大企业的合作，通过调动和领先外部的各种科技、经济资源来增强自身的创新能力，提高产品开发的速度。

其技术创新联合的方式有：①横向联合，即产业关联度较高的若干小企业结成联盟，在政府和市场调控下，科研机构进入联盟从事研究开发，实行横向技术协作，提高小企业整体经济实力；②纵向联合，即广大小企业作为大中型企业的零部件供应商，积极与大中型企业保持技术协作，实现生存互补。

4. 浙江省小微企业要注意技术引进、消化、吸收和创新相结合

技术引进是小微企业低成本进行产品创新的途径，但必须注意引进技术与二次开发和再创新相结合，避免技术引进—落后—再引进—再落后的被动局面，避免造成技术赶路的陷阱。浙江省某制氧机公司一贯重视引进后的消化吸收，从而很快地提高了技术能力。因而在 20 世纪 70 年代再次引进某公司技术时，此公司能较快地掌握这种引进的新技术，并通过对引进技术的改进，达到二次技术创新，使该企业的产品达到了当时的世界先进水平（第五代产品的水平）（许庆瑞，2000）。

1.3.2 浙江省小微企业“抢先一步”创新模式定义和内涵

综合上述浙江省创新省情的特点，总结出浙江省小微企业创新模式是“抢先一步”的创新战略，正是这一模式才可能改变浙江省自然禀赋原本就相对落后的状况。实践也证明了这一模式能够取得较好的经济效果。浙江省经济发展模式可概括为：“浙江模式”= 以小微企业为创新主体＋在地方政府支持下的制度自主创新＋率先利用和组合全国创新要素实现技术的模仿创新。而从浙江省小微企业的创新发展进程来看，浙江省就是凭着浙江企业家吃苦耐劳的创业精神，靠着他们的聪明智慧，在观念创新、制度创新和技术创新方面抢先兄弟省份一步，优先组合创新要素，降低创新成本，从而在创新绩效和经济发展方面取得好成绩。

创新主体在一定的创新环境下充分利用先发优势，抢先一步在创新链的各个环节进行创新，从而达到最佳的资源配置和经济效果。创新链涉及构思产生、研究开发、原型生产、制造、销售和市场等环节。图 1.5 展示了创新主体与创新环境交互作用的创新模式。

图 1.5 中，Ⅰ部分定义为观念创新，涉及企业家精神、企业文化等。在此把企业家对既定条件下的新技术的选择和运用也归属于观念创新，因为对原先没有的新技术引进，需要企业家的观察力、判断力和付之行动的决心；Ⅱ部分定义为技术创新，涉及研究开发、原型生产、制造、销售和市场等环节；Ⅲ部分定义为制度创新，涉及企业创新主体的制度改革和创新环境中各个环节的改革。因此首先要有观念创新、制度创新和技术创新的分步创新（以观念创新为先导，制度创新为保障，技术创新为根本），最终达到三者协同创新（观念创新、制度创新和技术创新协调匹配，发挥最大作用）。

浙江省小微企业创新模式就是要在上面分析的创新模式中创新链的各个环节比别人早走一步，从而创新先发优势。小微企业在创新模式中的优势主要体现在以下三个方面。

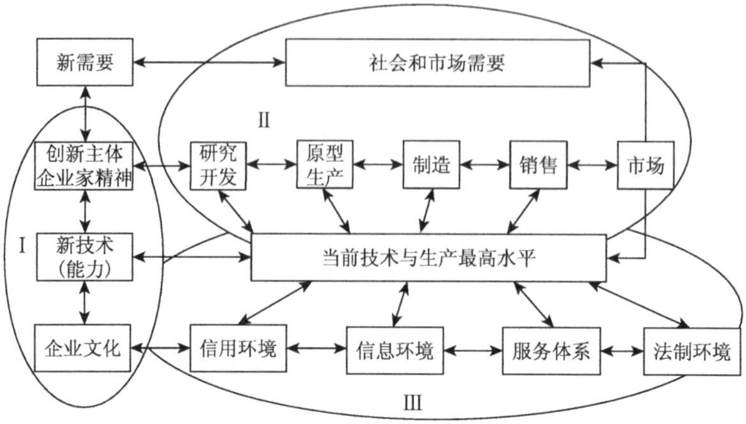

图 1.5　创新主体与创新环境交互作用的创新模式

（1）小微企业创新主体在企业家精神方面胆识更是过人，判断力更强，信心更足，因为他们处于创业阶段，有较少的包袱和约束，因而比大企业的企业家更富有远见，能及时捕捉投资机会和敢冒风险。小微企业宽松的企业文化有利于技术创新活动的开展。高科技小微企业中的科技人员更容易发挥个人的才能。因为小微企业中人员相对较少，人员之间更容易相互了解，从而采取有效措施，使个人的才能得到充分发挥。

（2）大企业比小微企业有更复杂的管理结构，大企业的官僚体制不利于技术创新的风险投入，一般情况下决策也更趋保守。大企业对那些规模小、风险大的创新项目兴趣不大，而这对小微企业可能正是良好的发展机会。小微企业的领导层比较精干，更有利于根据市场的变化做出技术创新的决策。

（3）大企业在面临技术创新选择的时候，有时会陷入进退两难的境地。进行技术创新则意味着要打破许多原有的仍在发挥效益的物质及条件。而人们往往更容易感受到这种直接的损失。一旦在技术创新和竞争中失败，大企业往往会付出更大的代价。因此，大企业在技术创新活动特别是在高新技术领域比小微企业更为谨慎。小微企业由于摊子小，经营活动灵活，即使遇到这些情况也比较容易收缩并转向其他方向。小微企业专业化程度较高、机动灵活的特点使企业对技术创新更具适应性。一项高技术产品在销售初期通常具有高利润，可以在较短时间内为小微企业带来丰厚的利润，补偿初期的资金投入，为进一步发展奠定基础。

1.3.3　浙江省小微企业“抢先一步”模式的主要特征

熊彼特创新理论认为：在竞争产品市场中，创新的必要条件是市场经济的建立。因为熊彼特认为企业家能够发挥重新组合生产要素的能力才算是真正的企业家。因而在改革开放之前，我国完全处于计划经济体制下，从严格意义上讲没有真正的企业家。用数学方式来描述当时厂长、经理所面临的现实就是处于二进制状态，0 代表计划之外不能做的，1 代表计划允许能做的。当时厂长、经理需要按照国家计划来组织生产，因而企业家的精神也可能被扼杀了。

改革开放之初，我国的经济是计划经济指导下的市场经济，这时厂长、经理所面临的经济政策环境用数学方式来描述就是处于十进制状态下。具体解释如下：我国采取的是渐进的改革过程，各级各地政府对政策的理解程度不同、宽松程度不同，因此厂长、经理可以选择数字 0～9 来执行，0 代表完全按照计划来执行生产，但企业的经营是低效率的，1～9 逐级升高，是逐级按照市场规律办事，生产或经营效率也是逐级升高。从全国范围来看，各地主要是采用比较接近低位数的政策运行，而浙江省当时是采用中位数或高位数的政策。这时企业家精神起到了主要作用，他们创新了按照熊彼特理论所说的局部范围内市场经济的环境。以温州模式为代表的地区局部市场环境，使得企业家可以充分发挥重新组合生产要素的能力。

我国从技术上来看是相对落后的，创新的技术资源、人才资源等比较缺乏。但中华人民共和国成立以来多年的积累，也沉淀了一批可用的资源。因此哪个地区抢先一步，就能从相对丰富的资源中获得创新要素。当时浙江省采用国有企业的产品转移、技术转移，通过科研机构和高等院校的人员业余兼职、跳槽等途径引入人才。首先通过引入创新、模仿创新实现了原始资本的积累和市场占领，况且在当时短缺经济存在的情况下，有足够的市场带动企业的生产。按照熊彼特创新模式Ⅰ，将技术作为外生变量来研究正符合中国的国情。

浙江省小微企业在我国国情下所采用的创新模式及其主要特征就是在全国创新资源相对不平衡的情况下如何能做到抢先一步。

1. 观念创新、制度创新与技术创新三者分步创新从而达到协同创新

改革开放后，我国在全社会范围进行了一场真理标准问题的大讨论，在人民群众心目中明确了实践是检验真理的唯一标准。改革开放的总设计师邓小平同志提出“解放思想、实事求是”，这是顺应时代的要求转变观念，进一步释放中国人的智慧和聪明，进一步完善我国社会体制中的不足。改革开放的巨大成功首先就是观念创新，没有这一点，如果我们还是认为贫穷就是社会主义，一切会不可想象。

观念创新问题要区分守旧观念和创新观念。新旧观念之分，不是简单地以时间先后来划分，也不是看它是否流行或哗众取宠式的标新立异，更不能把凡是我国历史上没有的外来观念都视为创新观念。创新观念代表着新时代和新事物，是对传统观念的辩证扬弃，是新的进步生产力的推动者，是社会发展与进步的科学预见。而守旧的观念则恰恰相反，它以一种习惯势力和社会思潮，束缚着人们的头脑，维系落后的生产力和生产关系，并以强大的惯性来阻碍社会经济与技术的进步、变革和创新。因此一种观念是否创新，是否具有积极的实践意义，其判别标准就是看它是否有利于解放和发展社会生产力。

在制度创新方面，中华人民共和国成立就是社会制度的重大创新。但是我国社会主义制度也有许多不完善的地方，因而改革就是对原有制度的完善和创新。从历史发展看，改革开放以来的制度创新首先是从农业中推行家庭联产承包责任制开始的。随着农民温饱问题的解决，制度改革也逐步向工业体制改革进行。工业体制转轨即从计划经济向市场经济逐步转变的过程，正是在国有经济出现危机时，非公有经济的蓬勃发展带来了“东方不亮西方亮”的局面。家庭联产承包这种诱致性变迁，直接导致我国经济奇迹的出现，沿海省（区、市）率先实行产权制度和市场制度变革，经济发展远远超过内地省（区、市）。历史和实践证明，在相当长一段时期内，制约我国经济增长和经济发展的关键因素是制度。

在技术创新方面，我国取得的成绩更令人瞩目。在体制转轨过程中，我国积极探索和实践技术创新，各类企业在产品创新、工艺创新和管理创新等方面都成绩骄人。原先我国商品贫乏、供不应求，大量产品都是舶来品，可如今我国的产品遍布全世界。纺织、家电业生产能力、创新能力都已达世界水平。在高技术产业，我国也拥有许多自主创新的技术，如高铁建设技术、人工智能技术等。

观念和制度创新同技术创新一样，也是人类社会不断发展的基本动力（表 1.5）。就单个的行为主体而言，制度既是外生的，又是内生的。制度的外生性是指制度不是由单个主体的行为所决定或改变的，这些制度对其而言是给定的，因而常常被称作制度环境。制度环境对单个行为主体的给定性，并不意味着制度环境是一成不变的，制度环境的变化取决于集体的行动、政府的行为或生产力的变革。从某种意义上说，人类社会的发展史也是一部制度环境的变迁史。制度的内生性是指制度可以由单个主体的行为所决定、选择和安排。在这种状况下，制度对于经济主体或企业而言，就是一种要素，它的合理安排和创新，能产生不可估量的绩效。

表 1.5　浙江省小微企业创新制度演变过程

阶段	产权制度	激励制度	组织制度
第一阶段	集体企业	高薪聘请科技人员	星期日工程师
第二阶段	集体企业＋戴红帽子*＋少量个体企业	重奖有重大贡献科技人员	向大专院校购买技术
第三阶段	集体＋个私＋部分股份制	技术入股	厂内研究所
第四阶段	个私＋股份制＋少量集体	企业投资组建或控股、参股高技术企业	与大专院校、科研院所结成战略联盟，形成虚拟研发组织

* 戴红帽子指具有政治保护的企业

浙江省能够依托“以小微企业为创新主体＋在地方政府支持下的制度自主创新＋率先利用和组合全国创新要素实现技术的模仿创新”模式实现持续快速发展，首先，依靠观念创新抢先一步。一是大力发展乡镇企业，二是大力发展个体私营企业。在观念创新方面，浙江省以实践为检验真理的唯一标准，不搞争论、不戴帽子、不抓辫子，脚踏实地探索适合浙江省小微企业创新模式。其次，依靠不断的制度创新。浙江省首先进行产权制度的改革。从 20 世纪 80 年代后期开始，温台地区的个体私营企业逐步向股份合作制、股份制企业发展，其他地区的乡镇企业也从 90 年代初开始实行企业改制。1994 年浙江省政府发文明确，产权可以量化，职工可以持股，经营者持大股，这一改革使浙江又一次走在了全国前列，创业所有者和经营者的积极性空前高涨。经济发展过程的各个阶段都会出现一些适合于本地区发展的机会，确立正确的发展战略和方针，抓住机遇，形成发展的先发性优势，家庭联产承包责任制、乡镇企业和专业市场分别是发生在第一、第二、第三产业的三次影响最大的农村制度创新。其他还有如农业承包土地从“两权分离”向“三权分离”的探索、在个体私营企业中建立党组织、科技人员带科技入股、民间金融组织与制度构造、股份合作制企业的创办等。可以说，这些制度的创新基本上是诱致性的制度创新，它的形成主要不是由于外部力量的强制性作用，而是群众在实践中不断探索，自愿选择，同时政府加以引导的结果。这是浙江经济发展的一条重要经验。

浙江企业大多为小微企业，由于技术能力和条件的限制，大部分采用以引进为基础的技术创新战略。通过这种战略，企业用较少的资金和人力，获取了较为先进的技术，节约了大量的时间和物力，因此是当时合适的一种技术创新战略。在调查企业中，有 10%的企业随着技术创新能力的提高，已逐步走上自主技术创新的道路，出现两种创新战略并用的格局。技术装备的更新是技术创新的必要条件，企业技术装备水平是企业技术创新的物质基础。企业的较高技术装备水平为创新的展开奠定了良好的物质基础。企业技术装备水平为企业工艺创新提供了条件。

同时，浙江省小微企业积极开展创新联合。在宁海、上虞、萧山、海宁等技术创新试点县（市、区），企业追求技术进步蔚然成风。例如，近年来宁海科技合作活动取得了很大进展，至今，全县九成以上规模企业与大专院校、科研院所建立了科技合作关系。为使科技合作取得切实效果，该县广大小微企业积极进行探索和创新，科技合作模式以一次性转让式向捆绑式、带土移植式、远程委托设计式、异地创建技术研发机构式等多形式发展。宁海县金海化工有限公司原是一家简单的无机化工生产厂家，通过与中国科学院化学研究所和美国雅宝中国有限公司共同投资开发高精细化工项目的捆绑式合作，几年时间一跃成为国内最大的抗氧化剂研发、生产基地，2000 年实现销售额 1.05 亿元，利税 4600 万元。

直接引进科技成果的开发者、产品专利的发明者或科研设计的拥有者，带成果、带专利、带工艺进入企业这种带土移植式合作，创造了宁海许多企业跳跃式发展的神话。宁海县金海化工有限公司还被评为国家火炬计划重点高新技术企业。不少企业把国际大企业作为追赶的目标，并将此作为企业技术创新的高标准定位，如浙江上风集团有限公司瞄准英国豪顿公司，浙江龙盛集团股份有限公司瞄准德国巴斯夫公司，浙江阳光集团股份有限公司瞄准荷兰飞利浦公司，卧龙控股集团有限公司瞄准德国西门子公司。正是浙江省在观念创新、制度创新和技术创新方面三者分步创新，从而达到三者最终的协同创新，浙江省经济才会在改革开放后取得如此辉煌的成绩。

2.弥补创新要素所有不足

因为浙江省自然禀赋相对不足，小微企业必须从创新要素的组合上入手。浙江省的科研机构、科研人员相对少，企业自身技术创新也不强。企业就把外省的人才、技术抢先使用。从要素市场看，重点是培育资本、人才、技术、产权等要素市场，集聚更多生产要素，尤其是高素质人才。事实上区域之间的竞争主要是要素集聚能力的竞争，前提是资源配置效率较高，其背后起作用的是体制、机制。浙江省小微企业抢先一步的模式是一种开放型模式，是指企业自身技术创新的能力很低，不能做到自主开发或联合开发，最后依托社会力量来实现技术创新项目的开发，包括技术、资金、人才、市场等，都靠社会力量来提供，企业牵头，企业实际上也处于技术创新的主体地位。这种模式，不等于企业一无所有，企业总要有一项长处，社会开发力量才会向企业聚集，如企业或有资金，或有设备，或有市场，或有组织协调能力等。这种模式看来简单，实际上要求企业有较强的协调能力和宽容性格，因为技术创新的成果是多位开发者共享，成果的利润要多方合理分割。企业不可能独占技术创新成果。但是，对自身技术创新能力较弱的小企业来说，这也许是最佳的模式选择。正是这种模式使浙江省小微企业创新成本低廉，创新绩效明显。

浙江省不少企业还根据产品的开发方向，到相应的科研院校密集地设立分支机构，以吸引当地适用技术人才，通过异地创建技术研发机构这样的科技合作形式，使传统产品得到提升，企业层次快速提高。例如，宁波恒博通讯设备有限公司在西安高新技术产业开发区建设研发中心，招聘了 40 多名当地高级技术人才，研究开发出会议电视系统；浙江宁海蓝宝石燃气表具厂则在杭州设立技术研究开发中心，开发出智能燃气表，生产能力曾居全国第二位。

3. 区域集聚效应弥补规模经济不足

集聚是实现区域创新的必不可少的条件。Porter 指出：群聚区能够提高生产率，能够提供持续不断的公司改革的动力，促进创新，能够促发新企业的诞生。而规模经济则是指在企业生产扩张的开始阶段，厂商由于扩张生产规模而使经济效益得到提高（高鸿业，2000）。在企业发展过程中，一些行业往往会在一定地域环境产生大量小微企业集群，从生物链角度来看，二者相互包容，互相促进。

首先，从区域集聚角度来衡量，产业集聚是新企业诞生的摇篮。由于集中的顾客群降低了设立新企业的投资风险，投资者容易发现市场机会。在产业集聚的地方工作，创业者能更容易发现产品或服务的缺口，受到启发建立新的企业。再加上产业集聚区域的进入障碍低于其他地区，所需要的设备、技术、投入品及员工都能在区域内解决，因而开办新的企业要比其他地区容易得多。

集聚促发了企业家的集体学习。在集聚的区域内出现了干中学、用中学，促使企业家对原有技术进行改组和传播；创造新的生产方法和新的消费方式。集聚对创新的贡献还在于同行业之间的非正式交流。这种非正式的交流不是通过契约的形式来实现的。

其次，从规模经济角度来衡量，Scherer 等通过研究企业内部的交易成本对技术创新的影响，认为规模经济也会产生不经济因素。企业规模越大，官僚体制越复杂，其决策时间越长。研究项目间的资源分配可能会产生组织与决策上的惯性，从而难以灵活适应市场的变化。小微企业凭借其在规模与技术上的独特优势在市场竞争力上可以领先于大企业。规模经济极限与灵敏多变的市场信息促进小微企业发展。在信息社会，大企业的规模经济达到了极限，过度的扩张反而造成技术信息、市场信息反馈迟缓，制约了大企业的发展。相反，小微企业在信息化的市场中表现出很高的灵活性，在利润率低的行业，其市场适应能力远远超过大企业，大企业的规模经济难以再体现其优势，反而使大企业显得极为笨拙。而小微企业的最佳经济规模已经逐渐超过大企业的最佳经济规模。

大企业与小微企业合理分工，协作经营。社会化大分工的发展越来越细，产业划分也越来越多。一个核心产业往往附带出许多配套产业。大企业在发展核心产业的同时，无力完成也无须完成其核心产业的配套产业。小微企业在配套产业的效率通常高于大企业，给大企业以有力支持。大企业的发展也为小微企业带来稳定的市场，使众多小微企业可以比较从容地开发新技术，更新老产品，适应市场多样化需求。现代市场经济的发展推动市场消费需求向多样化、个性化方向发展。小微企业比大企业更适合于根据市场需求的多样性、时尚性、季节性等特性组织生产。还有许多产业或因产品附加值低，或因产业地域性特点，或因产业规模所需求的资金、设备、人员有限等，不适合大企业生产，这方面的市场需求也给小微企业提供了广阔的发展空间。

浙江省已形成了 10 多个产品覆盖全国甚至垄断国内市场的区域集聚。其主要类型可概况如下：①商品集散型。例如，义乌的小商品市场，每年成交额达几百亿元，经营的商品达上万种，产品覆盖全国。②生产基地型。绍兴的化纤和轻纺工业每年销售收入超过 200 亿元，总产量占全国的 1/10，年总产量达 40 多亿米。③产销联结型。宁海的皮装，每年销售额达 200 多亿元；温州的打火机产量居世界第一，温州的男鞋生产和销售居全国第一。例如，温州龙港周围的乡镇企业迅速发展，金乡的标牌证章、宜山的再生纺织、湖前的塑料编织、钱库的集市贸易等，日益富裕起来的集体和个体私营企业，迫切需要向设施配套、功能完善的城镇集聚。当地政府顺应农民的意愿，通过兴办特色工业园区，吸引一大批分散在农村的工业企业进入区域。截至 2001 年，民间投入 20 多亿元，建起了一座拥有 15 万人口的新城，年工业产值达 40 多亿元。2000 年以来，他们又通过民间投资近 6 亿元，建立了包装印刷的产前、产中、产后连锁经营的大产业园区，新增工业产值约 15 亿元。乐清柳市镇通过特色工业园区，集聚了低压电器生产企业 1000 多家，现已成为全国最大的低压电器产销基地，1999 年实现产值 100 多亿元，占乐清市工业总值的 40%左右。这些区域集聚产业的发展，已成为支撑地方经济的主要支柱和财政收入的最大税源，成为推动浙江全省经济快速发展的最大增长极。

4. 市场拉动力弥补技术推动力的不足

小微企业技术创新之轮滚动的力量，包括拉力和推力，可用图 1.6 表示。

图 1.6　技术创新动力模型（二动力模型）

（1）拉力有市场需求和政府激励。施莫克乐（J. Schmookler）在《发明与经济增长》一书中指出，技术创新主要受市场需求的引导，而厄特巴克（Utterback）在 1974 年的一项研究表明，60%～80%的重要创新是受需求拉动的。小微企业大多处在买方市场，只有以市场需求为出发点，其产品才可能有销路。此外，市场需求的不断变化为企业提供了新的市场机会和创新诱因。而以此为导向的技术创新活动在给企业带来利润的同时，又变更了市场需求，形成了一个“需求→创新→再创新”向上发展的良性循环。为了激励企业进行技术创新，为企业提供优惠政策已成为国际通行做法。政府优惠政策不是强制性的，它是在企业自主、自愿选择的基础上起作用的。企业按照利益和效率标准自发地决策技术创新行为。从各国的经验看，政府激励企业技术创新的措施有新产品减免税、R&D 投入的减免税、优惠贷款、风险基金制度等。

（2）推力有科学技术、市场竞争和政府推力。在技术生命周期越来越短的趋势下，科技进步对企业技术创新的推动作用也不可低估。美国马奎斯（D. Marquis）等的研究表明，在 567 项技术创新案例中，20%左右的情况归因于科学技术的推动。科技推动的创新是科技发明的诞生所驱动的。这类创新的 R&D 投入大，往往是根本性创新，创新周期长，风险也大。由于 R&D 投入的限制，小微企业科学技术推力产生的创新相对较少。市场竞争是小微企业技术创新的一种无形推力。大多数小微企业处于竞争激烈的市场环境中，要在这种环境中生存与发展，犹如“逆水行舟，不进则退”。在对外开放的大趋势下，企业不仅要面对国内市场的竞争，更要正视国际市场的竞争。竞争与保护是相对的，随着经济全球化的加速，各国保护国内市场的“菜单”越来越少。许多企业产生了由市场竞争所带来的强烈的危机感。这种危机感本身就是企业通过技术创新谋取竞争优势的推力。政府推力来自环境保护、衰退产业退出等政策。有些污染环境的企业，或需要强制淘汰旧设备，如果在一定期限内没有改善，可能会被政府有关部门强制性地关闭。这些政策也会推动企业通过技术创新实现可持续发展。

在所有的创新动力中，一些学者认为，技术推动的创新规模较大（表 1.6），效应较强；但更多学者在研究后发现：市场需求是激励创新活动启动、持续以至成功的最重要的决定性因素。当然对技术创新的技术方面和市场需求方面，不可强调一方面而偏废另一方面。

表 1.6　技术创新成功的推力

项目源	技术创新成功率	
	美国	英国
来自技术的推动	22%	27%
来自市场需求的推动	47%	48%
来自生产的需求	31%	25%

浙江省小微企业能够围绕专业市场，及时根据市场信息的变化来组织生产，同时通过自身积累，逐步加大技术投入和改进的力度，如柯桥区的轻纺市场。柯桥区从 20 世纪 90 年代初首次引进无梭织机取得成功后，1995 年开始，把织机无梭化改造作为提升纺织业技术装备水平的主要目标，集中投入资金 120 多亿元，引进无梭织机 2.2 万台。在无梭化改造过程中，坚持从市场需求出发，引进性能优良的无梭织机，其功能从轻磅到重磅、从窄幅到阔幅、从平纹到多臂，最大限度地满足了产品开发的需要。并有计划地淘汰陈旧有梭织机 3 万余台，使全县无梭化率超过 50%，用 4 年左右时间，走过了西方发达国家 30 多年的无梭化改造历程。同时，大力开展纺织前后道设备配套改造，引进了高性能高效率倍捻机、包覆机、纺丝生产线、碱减量染整设备等。1999 年全县又组织实施了总投资为 17 亿元的 12 项纺丝、印染后整理设备等升级项目。通过利用高档设备对纺织业的技术改造，全县纺织生产技术装备水平已达到世界发达国家水平，为纺织业的技术创新提供了条件。浙江省小微企业家纷纷走出国门，开拓海外市场，如中东、非洲、南美等地。浙江小微企业继续抢先一步占领资源和市场，在市场需求的带动下，浙江小微企业创新能力也得到不断提升。

浙江的经济发展在全国举足轻重，浙江的经验对全国有借鉴意义。从浙江企业技术创新的实践中，可以得到如下认识：工业的发展和技术的演进，是一个渐进推进过程，有其自身的规律，技术创新有其历史的逻辑性。我国是一个发展中国家，我国的工业技术水平与国外先进水平相比有很大的差距。我国还处于学习和追赶的阶段，在这种情况下推行率先创新战略是脱离现实，违背历史发展规律的。抢先一步创新是浙江乃至全国在历史的现阶段最讲效率的技术创新战略。选择抢先一步创新还有两方面工作要做：一方面，引进是必要的，要总结改革开放以来浙江技术引进的经验教训；另一方面，抢先一步创新的精髓在于消化吸收再创新。企业要把技术创新的重点放在二次创新上，使外国产品中国化，外地产品本地化，把学来的东西真正变成自己的东西。抢先一步创新是实现技术立省、技术立国的必经阶段，但不是终极目标。希望通过抢先一步创新使浙江企业乃至全国企业积累技术能力，积聚国内、国际市场的竞争能力，加快浙江乃至全国工业成长的步伐，促进经济的集约型发展，繁荣我国经济、文化、社会，最终实现自主率先创新，使我国成为工业大国、技术大国从而走向世界。

1.4　新时期浙江省小微企业创新模式发展

随着改革开放的进一步深化，浙江省小微企业创新模式逐步在全国推广，各地都已经认识到抢先一步的重要性和必要性，原有的创新环境有了很大的改变。而随着我国加入世界贸易组织（World Trade Organization，WTO），市场经济必然会在全国范围内建立起来，更多更新的法律制度会相应配套建立，因而浙江省小微企业面临的是更严峻和更具挑战的创新形势。有限的创新资源会成为全国各类企业的争夺对象，原本相对封闭的国内市场也成为各国争夺的对象。因而在新时期下，对浙江省小微企业创新模式的发展要有一个新的思考和准备。新时期浙江省小微企业的新发展模式依然要贯彻抢先一步的战略，依据创新理论还是要从创新主体和创新环境两方面入手：对于创新主体，主要是强化企业在创新模式中的作用并进一步发挥企业家精神；创新环境是重点改善和发展浙江省小微企业外部创新支撑体系。

加入 WTO 后，我国和各成员将享受国民待遇。国民待遇是最惠国待遇的有益补充。在实现所有 WTO 成员平等待遇基础上，WTO 成员的商品或服务进入另一成员领土后，也应该享受与该地区的商品或服务相同的待遇。这正是 WTO 非歧视贸易原则的另一体现——国民待遇原则，严格讲应是外国商品或服务与进口国国内商品或服务处于平等待遇的原则。对杭州和绍兴一百家小微企业的调查显示：34.2%的企业认为中国加入 WTO 后，企业会获得更多的利益；41%的企业认为企业经营将更加困难；8.5%的企业认为没有影响。2001 年，时任对外贸易经济合作部副部长、对外贸易经济合作部首席谈判代表龙永图强调说，加入 WTO 后，中国将遵守 WTO 的一系列基本原则。主要有两项：一是国民待遇原则。严格按照国际通行的规则办事，遵守多边贸易协定，增加经济贸易政策和法规的透明度，并切实履行各项开放市场的承诺，对所有企业包括国有、三资、民营、私营企业都将实行国民待遇。可以看出，小微企业将享受更加公平的竞争环境，获得更大的发展空间。二是在法律制度方面承诺遵守透明度原则。今后凡是要执行的经济法律法规都必须公布，这样，往日暗箱操作的情况将一去不复返。过去小微企业信息渠道不畅，了解政府发布的政策常常滞后。实行法律透明度原则后，小微企业可以和其他企业一样在同一时间获得国家公布的所有经济法律法规，在同一起跑线上竞争。加入 WTO 后，中国建立了一个稳定、透明的法律环境，为企业营造全新的竞争环境，所有企业包括小微企业应进一步增强法律意识。

加入 WTO 后，一般的竞争通常来自小微企业。美国前国务卿、美国联合技术有限公司前主席黑格（Haig）将军认为（李道佳等，2001），政府必须把一些强加小微企业的压力减除掉，并保证工人养老及社会保障系统的确立。小微企业在享受国民待遇的同时也要参与国际竞争，这必然要求进一步提升小微企业的国际竞争力。从小微企业创新模式发展来看，主要做好两个方面的工作：一是众多的小微企业要苦练内功，从根本上提升企业素质与核心竞争能力。首先，要坚持专业化发展道路，重视小微企业技改；其次，需要注重知识的积累和综合，使之成为学习型企业；最后，构建虚拟科研网，实现小微企业创新拓展能力，实现技术互补，分散风险，降低研究开发成本，获得规模效益和持续发展能力。二是创造更适合小微企业发展的宏观环境，包括以信用为本的筹资融资环境、与工业化同步的信息化环境、以中介为主的服务环境、以促进小微企业为中心的法律政策环境等社会化服务体系等。

1.4.1　浙江省小微企业创新主体和作用

浙江省小微企业创新模式中的关键是企业要作为创新主体。而在创新模式中广大小微企业的企业家的作用巨大。企业家在企业创新中占有举足轻重的地位，发挥着极其特殊的作用。对于发展中国家而言，正如前面所分析的，一般认为：浙江省在工业化起步阶段的创新任务十分艰巨，由于浙江省所面临的社会经济条件的特殊性，特别是改革开放以来，浙江省在经济发展过程中，产生了大量私营、民营企业家群体，在浙江省独特的创新环境里发挥出他们独一无二的企业家精神。厉以宁曾比喻：经济发达国家的企业家就是正常环境中生长的植物，因为那里的宏观秩序正常了，法律、法规健全了。中国的企业家就是特殊环境中生长的植物。他们能耐寒、耐涝、耐高温、耐霜冻等。中国企业家经历过这些，所以他们是在特殊环境中生长的。但这不要紧，学校培养出素质，这种素质是把一切不平凡的经历看作磨炼。这样将来有大量的人才能够忍受一切灾难，承受压力，并且把它看作磨炼，泰然处之。正是有了这种稀缺的企业家精神，作为创新的承载者，众多的小微企业要苦练内功，从根本上提升企业素质与核心竞争能力；重视提高企业家的素质和努力营造内生的企业文化。

1. 提升浙江省小微企业核心竞争力

由于对核心能力的研究不够充分和深入，目前尚缺乏对核心能力公认的一致的定义。关于这一观念的产生和形成，其根源最早可以追溯到经济学家熊彼特（Schumpeter）和彭罗斯（Penrose）的工作。其后，从持有“资源观”的经济学家到近年发展出来的“能力观”（competence-based view）的学者，先后对能力与核心能力提出了许多不同的概念和观点（许庆瑞，2000）。

1990 年伯拉哈拉特（Prahalad）与哈默（Hamel）提出核心竞争力（core competence）的概念，他们在发表的 *The core competence of the corporation* 一文中，认为核心能力是公司特有的一组技能和技术的集合体。借助它，企业或其经营单位具备了比其竞争对手更能满足消费者需求的技能。它在满足现有消费者的同时，发展一系列核心产品或核心服务。核心能力不是单一的、分散的技能或技术，不是某个个人或小规模的小组所能完全掌握的。伯拉哈拉特与哈默最早把核心能力的特征概括为图 1.7。

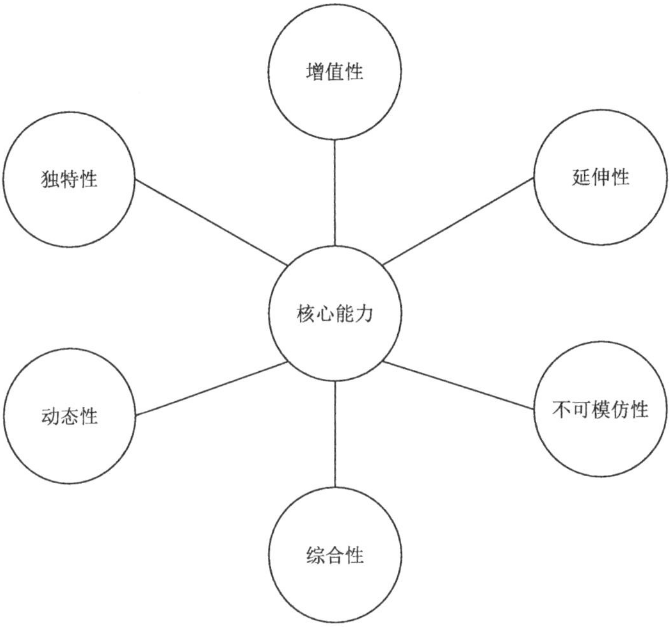

图 1.7　核心能力的特征

学术界关于核心能力的定义仍未达成一致意见，核心能力是企业资源积累的发展过程，它导致建立起企业特有的能力。因而对核心能力的管理主要集中在四项关键工作，即核心能力的选择、建立、部署和保护。但归根结底，重要的是要提升浙江省小微企业的核心竞争力，才能真正地落实核心能力的管理。

小微企业提升企业核心竞争力，首先，要坚持专业化发展道路，重视小微企业技改。浙江省在工业大规模的结构调整中，走出一条多元化投资企业技改的路子。多元化投资就是多个不同所有制性质投资主体或同一所有制不同的投资主体共同出资，组成混合经济性质的投资法人进行技术改造投资，这种情况越来越多（吴克强和何玲玲，2001）。使传统工业占据较大比重的浙江，保持了工业经济持续高增长和高效益的态势。截至 2001 年 10 月，浙江规模以上工业企业实现利润增幅已保持连续 34 个月增长 20%以上。传统产业在浙江工业经济中占据至关重要的地位，全省经济快速发展的动力，有八成以上来自传统产业。浙江纺织行业抓住限产压锭的契机，在淘汰落后生产能力的同时，加快纺织工业技术改造的步伐，实施纺织业的结构改造。“九五”期间，浙江纺织业将技改投资主要集中在引进以新型无梭织机、印染后整理设备、新型化纤生产线等先进技术装备上，使全省的纺织工业跃入一个新的平台，企业市场竞争力得以显著增强，全行业不仅在全国率先实现整体脱困，在全国纺织业的利润比例也不断上升。

2001 年前 3 季度，浙江工业企业技术改造中用于节约能源的投资为 12.24 亿元，提高产品质量的投资为 24.42 亿元，分别比同期增长 116.5%和 46.8%。截至 2001 年，浙江省已经实现 144 个项目利用引进技术和装备，总用汇达 4.5 亿美元。“九五”期间，浙江的民营企业飞跃集团，花 3 亿巨资用于引进装备和技术改造，使工业缝纫机的技术含量和附加值明显提高，企业的核心竞争力也得以显著增强。由此，飞跃集团生产的工业缝纫机不仅打进了欧美等发达国家，在国际市场上每台的平均售价从“八五”时期的 500 元人民币上升到“九五”期末的 2500 元人民币，最高达到 9 万元人民币。2001 年，“飞跃”等品牌缝纫机产量占国内全行业比例近 40%，产量的 80%供出口。

其次，提升小微企业核心竞争力需要知识的积累和综合，包括内部的和外部的知识。任何一种核心能力都包含了大量的各种知识和技能。为了有效地进行综合，第一，必须有多学科知识和技能的信息交流和联系，因而建立和发展信息联系与沟通的网络，是提高综合能力的重要条件。第二，需要有掌握多学科知识的“通才”。这种人才在提高综合能力方面，比“专才”更加重要。例如，一个汽车公司要在技术上取得领先地位，必须把广泛的技术领域，包括燃烧工程、材料科学、电子学、流体力学等的有关知识和技术进行综合，研制出具有世界先进水平的传动链。在这里，综合的能力同发明与创造同等重要。

再次，提升小微企业核心竞争力，需要构建虚拟科研网，拓展企业创新能力，实现技术互补，分散风险，降低研究开发成本，获得规模效益和持续发展能力。虚拟科研网是一种用以对市场环境变化做出快速反应的企业虚拟知识联盟，是一个能够提供意见和信息，进行合同分析或资源外部包装设计的广泛的会员网络。这种联盟既有战术上的联盟，也有战略上的联盟，其主要功能是拓展企业自身的能力，它能够比一个独立的实验室发掘出更多种类的知识源泉。通过组织外部的专题研究、原型产品的生产与检测或专门的设计，企业能够比竞争对手以更快的速度推出多种多样的新产品，快速占领市场制高点，取得更好的经济效益。知识经济时代，知识成为企业最重要的资产。要提升企业核心能力，企业必须拥有高品质、高科技及快速的研究能力。企业必须同时具备品质、成本、周期、创新四种能力，才能取得成功。面对多变的市场需求和激烈的竞争环境，对于大多数知识资源有限的企业，难以通过有效的资源配置兼顾企业均衡和竞争能力，其一般的选择是尽量采用外部资源，并积极创造条件，实现内外部资源的优势互补。

当今，技术与人力资源的全球市场已经建立，为更好地利用外部资源建立自身的核心能力创造了良好的外部条件。浙江省不少企业为了利用外部资源构建自己的核心能力，已先后在国外建立研究与发展机构，从竞争对手那里聘用高级技术人才，或从大学或研究部门聘用人才；同大学进行合作研究、寻求运用世界级的专利。通过扩大核心能力的应用范围，降低使用核心能力的单位产品成本（分摊成本）。这主要通过扩大产品市场或地区市场达到。产品系列越多、使用范围越广，核心能力的使用经济性就越好。

最后，小微企业要有持之以恒的精神，在失败中总结经验，逐步提升企业核心竞争力。同时要正确评价核心科技人才的业绩，并能根据他们的业绩给予应有的报酬和精神激励，这也是保护和培植核心能力的重要措施。

2. 提高浙江省小微企业家素质

最早将企业家引入经济学的，是法国经济学大师萨伊（J. B. Say）；英国经济学家马歇尔（A. Marehall）则是在市场分析中特别强调企业家管理才能的先驱；而熊彼特用超越市场结构的形式展现企业家的形象，把他看作敢冒风险、勇于创新的利润追求者，正是在这个意义上，企业家往往同隐藏在背后的一种企业“创建精神”（enterprising spirit）联系在一起。熊彼特之后，人们对企业家的作用又增加了两点认识：一是芝加哥学派的奠基人弗兰克·奈特（Frank Knight）认为企业家是那些有判断能力、有信心和有冒险精神的企业领导者，他们的作用在于消除不确定性，即消除那些完全不能预计和估算的风险；二是企业家的作用在于对付“市场失灵”。

根据 2001 年《福布斯》发布的“中国 50 富豪”排行榜，9 位上榜的浙江企业家分别是：鲁冠球（第 6 名，万向集团，拥有财富 3.6 亿美元）、徐文荣（第 8 名，横店集团控股有限公司，个人财富为 3.25 亿美元）、丁磊［第 20 名，网易（杭州）网络有限公司，个人财产为 1.34 亿美元］、郭广昌［第 25 名，上海复星高科技（集团）有限公司，个人财富为 1.16 亿美元］、李书福（第 32 名，浙江吉利控股集团有限公司，个人财产为 9400 万美元）、楼忠福（第 34 名，广厦建设集团有限责任公司，个人财产为 8300 万美元）、陈金义（第 35 名，浙江金义集团有限公司，个人财产为 8000 万美元）、南存辉（第 36 名，正泰集团股份有限公司，个人财产为 7200 万美元）、陆汉振（第 47 名，浙江金轮机电实业有限公司，个人财产为 4600 万美元）。《福布斯》的数据并非绝对正确，只是说明我国浙江企业家是有实力的。对于现代经济增长而言，没有任何一种人像企业家那样具有如此重要的功能。构成经济增长必需要素的那些部件若没有企业家的“创新”活动予以组合便不能形成任何有益于经济增长的结构。对于经济发展来说，企业家是它的先锋队。一个没有企业家的社会，无论其资源多么丰富、资本如何雄厚、劳力怎样强壮，都不会有现实的持续经济增长，因此，理解现代经济增长奥秘的关键在于说明企业家形成的条件及企业家精神。改革开放以来浙江经济持续高速增长，本质上来源于这种不断创新的企业家精神，或者说，浙江自改革开放以来源源不断地涌现出了一批又一批具有创新精神的企业家。每一种经济形式都形成了自己的代表人物，从国有经济中的滕增寿、冯根生，到集体经济的鲁冠球、宗庆后，再到私有经济的南存辉、陈金义等，多年来为世人所瞩目。

企业家作为一种商品资源具有一般商品特性，如稀缺性（从个体角度讲，鲁冠球、徐文荣、李书福、楼忠福、陈金义、南存辉等企业家不可能再生，属一次性稀缺资源），同样它也具有一般商品所不具有的特质，如能动性（企业家的决策能力和冒险品质会生长提高，不像其他商品一出厂便功能定型）等。在不完全市场信息下，劳动力商品具有逆向选择的特性；供给者的极度垄断性（顶尖企业家不能由别人替代）、逆价格规律（吉芬现象）、供给出价过低不仅不能扩大需求量，反而使需求者却步，等等（刘玉录，2001）。正是企业家作为一种奇特商品，发挥企业家精神、提高企业家自身素质等是新时期历史发展的必然要求。

“经济起飞”理论的倡导者罗斯托，特别强调经济起飞是由一定的主导部门带动起来的，同时他在分析中又把企业家阶层看作主导部门形成的中坚人物。罗斯托指出：“他们（企业家阶层）能够打破旧的传统，引进新产品，引用新技术即新的生产方法，开拓新的产品市场和原材料供应来源，创立新的企业组织。正是企业家的这些创新活动，把资本和技术投向最具效率和前途的生产活动中去，推动主导部门的形成和发展。所以，关键因素是企业家，而不是最初的资本储备。”（罗斯托，1988）

2001年初的达沃斯会议对新经济型企业领导者素质的讨论结果是：传统的成功领导者的基本素质是有远见、信誉、公平、沟通技巧和调动员工积极性的能力。新经济型企业领导者不仅要具备上述素质，更重要的是：①具备把握变革的能力，使企业能够持续发展同时平稳转型。②具有从失败中学习的能力。成功是领导最大的风险，赞美和奉承会使企业领导滋生自满，故步自封。③倾听雇员、股东、客户意见，有能力把握他们的期望。④企业领导有能力建立结构多元化和人才多样性的企业。⑤首席执行官（chief executive officer，CEO）是企业的象征，是第一个实行管理规定的人，第一个尝试新技术的人。⑥有能力利用媒体，建立公众形象，并能做到适可而止。⑦具有社会责任感。

的确，在发达国家工业化和现代化进程中，企业家的地位和作用得到了充分的体现，企业家及其精神无可置疑地是一个发动因素。对于发展中国家而言，在工业化起步阶段一般都特别强调政府对企业家具有替代作用，显然这是必需的。然而，本书认为，随着工业化的不断推进，仍然强调政府持续对私人企业家的替代是不合理和十分有害的。事实上，企业家及企业家精神，在发展中国家的工业化进程中，同样具有其他因素不可替代的作用。

企业家的某些素质，如首创精神、精明能干、富有远见，却不一定为政府官员所具备。对于连续不断地发展经济来说，企业家和他们的这种素质特别重要，甚至比物质资本更重要。“不平衡增长”理论的倡导者赫希曼（A. O. Hirschman）在批驳“平衡增长”理论时指出：发展中国家最稀缺的资源并不是资本，而是运营资本的能力，最紧迫的问题并非资本形成的多少，而是现有资源能否得到合理而有效的配置。赫希曼指出，在经济发展过程中，倘若缺少富有远见、能及时捕捉投资机会、富于开拓精神而敢冒风险的企业家阶层和较高水平管理的有机配合，所投入的资本便不能发挥其应有的效益。社会主义市场经济充满了大量的不确定性，特别需要敢冒风险、有判断力和充满信心的企业家。因为潜在的收益和机遇正蕴藏在这些不确定性之中，如果仅靠政府的计划安排及其“大推进”（big push），不仅很难抓住许多稍纵即逝的细小机会，而且政府计划一旦失败，会在更大程度上延误工业化进程。

在相同条件下，企业经营的好坏，主要取决于企业经营者素质的高低，因此，研究世界知名企业家的素质特点，以选拔和培养我们自己的、能够在国际市场竞争中克敌制胜的企业家，有着重要的意义。比尔·盖茨是一个家喻户晓的案例，从企业家的素质来看他具有远见卓识、自我挑战、网罗人才等最显著的特点（汤翁义，2000）。特别是全球第一大网络服务供应商美国在线（AOL）和传统传媒巨子时代华纳的特大合并，更使微软面临严峻挑战。在广泛了解用户想法、足迹遍及全球、听取微软海外机构意见之后，盖茨推出了使微软脱胎换骨的重大改革措施。一是重新定位。原来的“让每个桌上都有一台电脑”的口号已经过时，新的战斗口号叫响：“让人们随时随地都能做自己想做的事，无论是用什么设备。”二是机构重组。微软重新划分为八个部门，一切以用户为中心。产品开发、预算和销售都要围绕不同的用户群运作。三是下放权力。原来，事无巨细统统由盖茨和巴尔默说了算。现在，各部门都可自主经营各自负责的业务，并可自由支配预算，只要他们能够达到收益和利润指标。四是退而求高。盖茨辞去微软 CEO 的职务，全力投入设计开发面向未来的新软件，同时研究制定微软总体技术发展战略。五是组成技术智囊团。技术智囊团为微软技术创新指明方向。当时制定的近期目标是：“让人们可以在任何地方上网；从网上索取所需要的任何信息；通过互联网共同开发研究课题；通过互联网控制办公和家用电器；使个人电脑操作像电视或电话一样简便易用。”比尔·盖茨表现出来的远见卓识、善用人才和自我挑战的特点，是值得企业家们认真学习的。现代企业家已经不是原来意义上的了，企业家要具有国际眼光，要懂经营、懂技术、懂外语和懂法律等。要不断提高自身素质，转变观念才能适应新形势的发展要求。

3. 营造内生的浙江省小微企业文化环境

在新时期浙江省小微企业要营造企业内生的文化环境。企业文化是指在企业的长期发展进程中逐渐形成的共同信念、公共人生观，包括价值观、信仰、经营哲学、生产目标、历史传统、礼仪习俗、道德准则、行为规范、人际关系、管理制度、员工心态，以及由此表现出来的企业风范和企业精神（陈劲，2001）。优秀的企业文化是现代企业的精神支柱，也是企业核心能力的重要表现。营造优秀企业文化，首先，要继承和发扬我国优秀的文化传统，包括关心社会现实的人生态度，重视集体和和谐的人际关系，顽强的再生能力和对外来文化的同化能力，顽强不屈的奋斗精神等。在此基础上还要铲除传统文化中浓厚的封建色彩、极左思想的烙印，淡化体制形成的残缺心理结构等。其次，把建立企业利益共同体作为营造优秀企业文化的关键。只有当企业全体员工把自己的利益同企业的经营好坏紧密联系在一起，与企业同呼吸、共命运，同舟共济，才能极大地激发他们的工作热情，激发全体员工的能动性和创新精神。最后，企业必须建立全方位为顾客服务的营销文化观念，加强以顾客为服务导向的企业文化建设。在知识经济时代，必须更新观念，摒弃中国传统文化中那些不利于发挥人的潜能的评价标准和落后习俗，努力营造宽松、自由、兼收、并蓄及鼓励个性发展和创造的文化氛围，从而发挥人们的聪明才智，形成讲创新、搞创新光荣的文化环境，为科技振兴小微企业做出创造性的贡献。建立鼓励创新、允许失败、尊重成功的创新文化环境。

根据不同的划分标准，可以把企业文化划分为不同的类型。从经营管理哲学和组织控制程度这两个维度将企业文化划分为四种类型。经营管理哲学的两个极端是以员工为中心和以任务为中心，它反映企业最高的指导思想；组织控制程度的两个极端是强调灵活和强调稳定，它反映企业内部管理和组织结构的严谨程度。根据这两个维度划分的四类企业文化为：秩序型、效果型、参与型和学习型，如图 1.8 所示。秩序型文化（以任务为中心——强调稳定），强调秩序、权力和效率；效果型文化（以任务为中心——强调灵活），强调目标完成和绩效；参与型文化（以员工为中心——强调稳定），强调关系、员工参与和归属感；学习型文化（以员工为中心——强调灵活），强调员工成就、知识创造与增值。这四类文化的基本特征如表 1.7 所示。

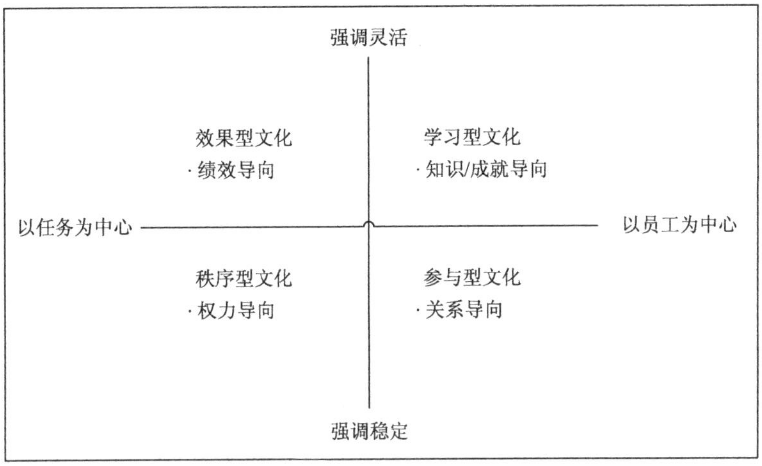

图 1.8　企业文化的分类

表 1.7　四种类型企业文化的基本特征

项目	秩序型	效果型	参与型	学习型
企业哲学	权力、权威至上	绩效至上	关系至上	成就和知识至上
战略计划	短期	中短期	中长期	长期
企业目标	低成本、高效率	质优价廉、信誉、市场意识强	满足顾客和员工的要求，建立内部和谐的人际关系	追求企业和员工的共同发展，应用、创造知识并使知识增值
信息获取与共享	信息获取内部聚焦；中央控制；有限的信息共享	信息获取基本上是内部源；具体问题的信息共享	由多用户收集信息，包括内部和外部信息源；一定范围的信息共享	由内部和外部多用户收集信息；信息广泛扩散与共享；信息拉动取代推动
生产特点	大批量、低成本	大批量、高质量	小批量、多品种	多样化、系列化
管理特点	集权、集中控制和严格管理	集体和分权结合；管理正规化、系统化	分权；员工参与管理	权变；形成组织内部网络；促进组织学习

为了在知识经济时代取胜，企业要把自身培养成一种“学习型组织”，从而产生最大的创新效益。学习型企业是指通过培养整个企业的学习气氛，充分发挥员工的创造性思维能力，从而建立起一种有机的、高度性的、横向网络式的、符合人性的、能持续发展的企业。

学习型企业具有以下三种特征：第一，共同愿景。共同愿景是将纷繁的个人愿景整合为企业的共同愿景，将全体成员凝聚在一起，激发个体的积极性、主动性、创造性和追求卓越的本性，从而形成强大生命力。第二，团队学习。企业通过整合其个体的学习，形成蓬勃发展的前进动力。团队学习对企业与个体来说既是选择的双赢，也是结果的双赢。未来成功的企业必将是企业与员工共同学习、共同发展的学习型企业。第三，终身学习。比尔·克林顿在 1999 年演讲中指出："终生教育是知识时代成功之本。"知识无涯，学习无涯，企业只有通过终身不懈地学习，才能对市场和竞争伙伴有清醒和理性的判断，从而在竞争市场中赢得一席之地。

1.4.2 巩固和发展浙江省小微企业外部创新支撑体系

同样，发展浙江省小微企业创新模式也要按照抢先一步的轨迹，首先要抢先巩固和发展创新支撑体系，即要在目前知识经济发展及经济全球化背景下，巩固和发展创新支撑体系。创新支撑体系主要包括企业内部的创新支撑体系和外部的创新支撑体系。这里主要从企业外部创新环境的建立来研究。当然创新产生的体系必然包括基础设施（尤其是交通、通信和信息网络）的建设、教育研究机构的构建及高素质人才的培养等。可用图 1.9 表示浙江省小微企业创新支撑体系。

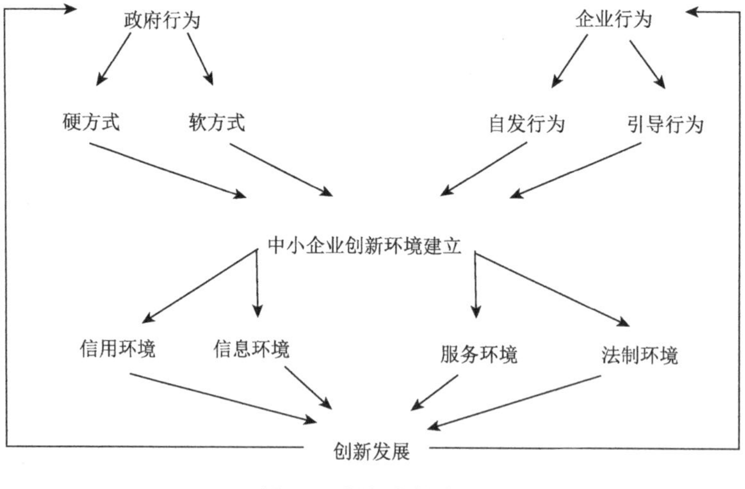

图 1.9 创新支撑体系

现代信息技术的发展，不仅使传统产业经济区发展所需的物质资本可以更简便地长距离快捷地流动，而且使有关联的产业在远距离外的区域也可以发展，并随着投资者的决策空间扩大，影响力更大更广。随着现代社会向知识信息时代的高速发展，知识信息成为经济发展的基础资源，高新技术产业的发展成为时代的主导产业。在此基础上，信息网络必然成为经济发展的最重要也是最基本的手段，必然成为现代社会最具有代表性的生产力。现代区域经济发展的创新已经完全不同于熊彼特时代的创新，它是一种信息网络激发的创新过程，创新的产生得益于信息的交流，这种交流网络得以形成，并成为区域创新网络生命力的实质和根本；而这种交流网络的物质体现就是信息网络的大发展。

在社会信息化进程中，浙江省小微企业的外部创新环境主要包含信用环境、信息环境、服务环境和法制环境四方面。信用环境是浙江省小微企业生存、发展和壮大的基础，信息环境是浙江省小微企业今后创新的必需土壤，服务环境是政府和中介机构为保障企业发展的促进物，法制环境则是浙江省小微企业良性竞争的舞台。技术创新是一个涉及一系列因素的复杂过程，包括对研究与发展、生产和市场营销的投入，也需要合适的社会支撑体系。一些地区为了促进经济和创新，在健全教育、技术转移、咨询和通信等基础设施的同时，也积极地建立社会资本(social capital)。社会资本就是创新主体——企业与其他知识创造机构、社会服务机构的关系，它具有网络、规范和信任等社会组织特征，是企业所在区域的有效合伙和合作关系的测度。良好的社会资本使得企业可以迅速地获得创新的资源（资金、人才、信息和知识等），可以平等、公平地进行合作创新及创新成果的交易与扩散，在此基础上企业（特别是该地区信用比较好的企业）可以集中精力构建自己的核心能力，这样就可以进一步降低创新的风险和费用，提高技术创新的效率。区域创新系统的完善，往往意味着该地区社会资本的提高。下面主要针对这四块内容来详细探讨在新时期条件下，浙江省小微企业创新环境的塑造问题。

1. 培育诚信的浙江省小微企业信用环境

一般情况下，区域经济的发展都将经历以下阶段：以物易物—货币交易—信用交易。信用经济最主要的特征，就是信用交易在市场上占主导。具体量化标准为，当人均地区生产总值达到 2000 美元时进入简单信用经济时期。根据联合国的估算，浙江省已经达到 2000 美元，有了进入信用经济的基础。信用是市场经济的基础，也是整个社会赖以生存和发展的基础。社会主义市场经济本身就是信用经济。信用是一种市场工具，在市场条件下不能充分利用信用这一工具，企业规模就无法做大，甚至有可能无法生存。在社会经济的快速发展过程中，浙江省部分私营企业信用不高问题非常突出，任意更改撕毁合同、合同欺诈、资金拖欠、三角债等现象屡见不鲜。企业的信用特别是小微企业的信用问题会影响企业的生存和发展的程度（崔砺金和秦杰，2001）。据中国人民银行 2001 年发布的报告（中国人民银行，2001），小微企业贷款难的原因主要来自企业方面，同时社会信用环境差也是其中一个原因。在中国人民银行对县级企业贷款发放情况的调查中，企业贷款满足率为 68.5%。银行未批准贷款的首要理由为：企业经营方面存在问题，如欠息、逾期贷款、逃废债、挪用贷款等共占 23.6%。调查显示，企业信用状况好的东部省份如江苏、浙江、山东等的企业贷款占比大，贷款满足率为 74%，高出全国 5.5 个百分点。而中西部企业贷款占比小，经营状况差，贷款满足率低。

企业信誉低下，最终将严重破坏社会主义市场经济秩序。因而对于培育诚信的小微企业信用环境，要从企业自身和行业自律两个方面入手。

首先，小微企业要建立一种完善的企业信用制度，这应包括四个方面：合约管理、营销预警、商账催收和财务管理。要对企业进行分层、分类、分阶段，采取不同的解决方法。在小微企业创立的阶段主要可采用基金的形式扶持。对于一般的劳动密集型的企业要设立创业基金，而对科技含量高的企业要设立专门的科技创新基金。在企业运营过程中，进行担保贷款。担保机构要充分发挥作用，为一些信用好的、发展前景好的企业提供担保，银行也要积极配合。在企业由小变大的时候，政策性银行和商业银行展开转贷合作。政策性银行充分利用资金优势，商业银行利用网点优势，满足企业的扩大再生产的需要。

我国在信用担保方面，开展了建立小微企业信用担保体系建设试点工作，为发展有前景、产品有市场、资金回笼快的各类小微企业，包括个体私营企业提供贷款担保服务，在一定程度上缓解了企业间间接融资难的问题。在直接融资方面，国家对符合有关政策和香港创业板上市资格的各类小微企业，提供支持和服务。小微企业技术创新基金为各类科技型小微企业的技术创新提供资金支持。

浙江省在全省范围内推广一项旨在重建企业信用的“信用公示工程”，由企业自身形成的信用自律在小微企业经济中已经形成良好风尚。这项工程起初是由富阳市工商局率先建立起了以合同公示为主要内容的合同信用工程，实行合同信誉公示。该工程为企业追回历年拖欠款 2000 多万元，先后规范不完善的合同 100 多份，涉及金额 3000 多万元；2000 多份公示合同履约率达到 100%。在此基础上，他们又推出了“企业信用公示工程”（孟怀虎，2001），将企业全方位地推向社会。2001 年，仅富阳就为 5394 家企业建立了“企业信用公示信息库”，同时也为 5700 多家被吊销歇业的企业建立了“死亡档案”。无论是健在的企业还是“死亡”的企业，其信息档案不仅记载着企业 20 多年来所获得的各项荣誉，更记录了企业有无制假、漏税、银行信用等级、有关司法部门处分等内容。对 5700 多家被注销或歇业的“企业”进行公示，主要是防止这些“企业”“借尸还魂”在社会上搞信用欺诈。

浙江工商部门在推广富阳经验基础上创建“80 年代有产品就有客户，90 年代有广告就有销路，2001 年商品过剩，有信誉才有市场”的“信用公示工程”。这项工程已经得到了全省 173 万个体私营企业的响应。个体私营企业在实践中意识和感悟到信用的重要性。

其次，培育行业协会等民间自律性组织。随着市场经济体制的建立和政府机构改革的深化，行业协会的重要地位和作用日益显现。当前应加快培育、规范和发展行业协会，完善行业管理，推动政府职能的转变。

行业协会是市场经济的产物。在市场经济国家，行业协会是备受关注的经济结构治理的制度组织，在欧洲国家、日本，甚至美国的经济部门的治理中发挥着十分重要的作用。在制度化较强的场合，它甚至被称为“私益政府”。例如，行业协会是具有同一、相似或相近市场地位的特殊部门的经济行为人组织起来的，界定和促进本部门公共利益的集体性组织。它们的行为方式主要有四种：①组织和（强制）实施成员间的合作行为；②与其他协会组织订立集体性合约；③变通或影响政府公共政策，以保持和增加其本身和其成员的利益；④提供能够影响交易行为和效果的各类信息。也就是说，行业协会是一种管制方式，借助它，同行企业相互联合，并将权力授予一个中心组织，以增进共同利益，管制行业内行为，并使产业内成员及那些其战略和行为能危害行业利益的成员之间的关系有序化（余晖，2001）。

在浙江省纺织行业调查中发现，大部分企业都反映在加入 WTO 后的国际市场竞争中，行业组织在保护国内产业，支持国内企业增强国际竞争力方面，起重要的协调作用（李杰，2001），主要作用有以下几个方面。

（1）价格协调：为了避免出现企业采用低价格战略打入国际市场，竞相压价，从而遭到进口国的反倾销或反补贴诉讼，不少国家的行业协会对其行业产品价格进行限制，确定最低限价，以保护本国产品在国际市场上的合理价格，减少国际贸易中的摩擦。

（2）利用 WTO 的保障条款，维护本国经贸利益。WTO 的保障条款规定：当某种商品的进口对国内的相关商品造成严重损害或形成严重损害的威胁时，该进口国可以采取临时性的限制措施来保护国内的产业，如提高关税，实施数量限制等。在利用保障条款时，必须提供全面详细可靠的证据，行业协会此时可以代表行业提出报告。

（3）作为反倾销、反补贴申诉的提诉人。从各国的实践看，行业协会作为提诉人的案件占绝大多数，而以政府反倾销机构或单个企业作为提诉人的情况十分罕见。

（4）帮助企业应诉。行业协会对国内外企业的生产与销售情况都比较熟悉；应诉中的各种费用相对较高，因此可以由协会出面，由有关企业分摊费用；行业协会采取联合行动，对反倾销行为的对抗能力明显增强。

（5）帮助企业开拓国际市场，加强与国外有关行业组织的联系；代表行业利益，对政府决策施加影响；行业标准的制定、原产地证明的发放及贸易信息和贸易事务的服务。

2. 发展与工业化同步的浙江省小微企业信息环境

小微企业的创新活动同任何其他科技活动一样，研究、发展与技术创新活动是一个源源不断地产生知识并加以不断发展的“流”，这个“知识流”也是信息流。信息流指科技信息在企业内部纵横沟通、传递、交换并同外界进行不断交流的运动。信息化（许庆瑞，2000）是指国民经济的发展从以物质与能量为经济结构的重心向以信息为经济结构的重心转变的过程；在这个过程中，不断地采用现代信息技术装备国民经济各部分和社会各领域，从而极大地提高社会劳动生产率（黄顺基，1996）。

信息化不但是经济和社会发展的“倍增器”，而且是“发动机”和“均衡器”。信息化的网络已成为连接企业与政府、企业与市场、企业与社会的主要桥梁。随着信息化的发展，如果小微企业还迟迟站在信息网络之外，不能走向信息化的社会，企业的技术创新阻碍层就会不断加厚，企业就会丧失活力，甚至丧失生命。信息已是小微企业经济发展的重要源泉，是不可替代的经济增长之源。现代化的企业离不开信息，现代企业的技术创新潜能的释放离不开信息技术、信息产业的发展。一些西方发达国家和亚洲“四小龙”的经济发展证明，信息化是经济腾飞、社会发展的捷径。我国小微企业要充分发挥其技术创新的作用，摆脱目前的困境，提高质量，加速企业经济发展，选择的捷径必然是推进信息化、加速信息化进程，从而扫除创新中的信息障碍，释放创新潜能，使企业得以生存和发展。

而信息化从不完全信息市场下企业理论来看能节省交易费用和搜寻成本，其核心在于具有信息优势。浙江省专业市场的产生和蓬勃发展，最根本的原因是交易费用的节省。从整体上看，信息化作为工业化发展的网络平台，是沟通和联结生产者与消费者的桥梁和纽带。而这种桥梁和纽带作用最主要是通过信息流的形式得以实现的，这也是信息化在未来发展中能吸引顾客、服务顾客、留住顾客的一个重要方面。因此，应从深层次来理解信息化的本质，信息化并不仅仅是应用计算机，更重要的是还应该包括分析和处理市场所负载的信息。例如，在专业市场建设中要弥补专业市场传统功能的缺陷，就要加强信息化的建设，其中一个重要方面就是要努力把专业市场建设成一个信息交换中心。从浙江省专业市场发展的现状来看，浙江特大型和大型专业市场都已建立了计算机网络来收集、处理和传递信息。例如，义乌小商品城、南浔建材市场、余姚塑料品商城等专业市场，都已成立了信息网络公司，把主要商品信息输入计算机信息网络。专业市场的生存和发展有赖于不断提升自身素质，提高商品档次，引导国有、集体企业进入市场，参与公平竞争，适应市场经济发展的要求。在 2001 年前市场疲软、我国轻纺工业普遍不景气的情况下，绍兴的轻纺企业则大胆进驻专业市场，依靠中国轻纺城的优势，掌握了全国各地商品价格、款式等信息，不断改进产品，加快了产品更新的周期，使轻纺产品得以不断发展。有鉴于此，专业市场要加强和发展进出口贸易代理功能，发挥两大窗口作用：一是为国内广大企业特别是进入专业市场交易的企业进入国际市场提供窗口；二是利用专业市场的商品展销功能，为国际上的商品特别是新产品打入国内市场提供窗口。这样专业市场就可以利用信息、网络和机制方面的优势，积极开展直接服务于广大企业的进出口贸易代理业务。

3. 建立优质的浙江省小微企业服务环境

建立企业技术创新支撑体系中重要的一项是建立优质的浙江省小微企业服务环境。按照市场增进论的观点（梅强，2001）：经济活动中的政府直接协调失灵可能并不比市场协调失灵少。为此除了依靠市场协调以外，应积极推动不同的民间组织（包括企业组织、贸易联合会、金融中介、劳工和农民组织及商业协会等）发展起来，这样政府的基本职能将更多地在于促进这些组织的发展，并与其相互作用形成一种新的协调制度，而较少直接干预资源配置。这一观点认为很大一部分经济活动应由分散的民间组织来协调，政府的活动主要是促进这些民间组织的完善、健全各类技术服务中介机构。从小微企业技术创新实践来看，除了企业的组织和实施之外，也要靠政府的支持，同时更要发挥市场机制的作用，通过技术服务中介机构，为小微企业提供技术信息、咨询、培训等方面服务，并探索建立小微企业技术服务机构与大企业、行业技术中心等相联系的技术信息网络体系，从而推动企业的技术创新。

从政府角度来看，构建小微企业服务体系是落实政府扶持小微企业政策的有效载体。小微企业需要多方面的服务，从解决小微企业发展的“瓶颈”问题来看，主要在资金融集、技术支持、人才培训、市场开拓、创业辅导、网络创新、管理咨询等诸多方面提供服务。由于涉及面极其广泛，需充分利用社会资源，建立小微企业服务网络体系，也就是小微企业社会化服务体系，从而为小微企业提供多元化、综合性、智力型的全面服务。对政府而言，首先在于要运用政策和资源的垄断控制力，对宏观经济的运行进行干预，通过刺激经济增长为小微企业的发展创造更广阔的发展空间。并且要建立功能完备的小微企业管理机构，明确小微企业管理机构的职能和权限。小微企业管理机构的职能可以包括：协助小微企业获得贷款；为小微企业提供必要的财政支持；提供管理咨询和人员培训；提供信息服务和技术支持等。尤其要在财政支持上花大力气，如设立小微企业扶持基金、为企业设立政策担保。通过设立专门基金，如研究发展贴息基金、贷款担保基金，鼓励小微企业的创造性行为，强化企业创新动机。通过少量财政资金的支持，利用其杠杆效应，帮助小微企业加速技术革新、市场开拓，从而提高其市场竞争力。对于不同发展前景的小微企业，应提供不同的政策。对于可能成长为大型企业的小微企业，则加速其成长；对于适合小规模运行的企业，则为其提供继续存在的环境。在推进企业进行技术改造与技术创新过程中，浙江省政府着力做好以下工作：不断改善经济环境，制定配套的扶持政策，简化审批环节；利用财政贴息的方式，鼓励企业技术改造投资；及时发布投资信息导向目录，引导银行和社会资金投向改造的重点领域。

要建立优质的小微企业服务体系，力争做到服务规范化。小微企业服务体系的主体是政府和社会化服务中介机构。政府要帮助设立一系列专门为小微企业提供各种服务的机构。在市场经济条件下，政府不可能也不需要承担所有的社会服务，而且根据市场增进论的观点，更多的服务主要应由从事社会化服务的中介机构去完成。应该大力发展各类中介服务机构，要完善的中介服务机构是科技与经济结合的畅通桥梁，输送技术和信息的强有力纽带。然而，政府有义务牵头各有关中介机构组成小微企业服务体系，所有由资助性政策扶持的项目都通过这一服务体系去完成，以免出现低效率的、无秩序的、低质量的服务。从浙江省目前状况来看，技术经营机构和生产力促进中心是两种主要形式，并初步形成了一个面向广大小微企业的社会化科技服务体系。今后发展方向主要是为小微企业提供综合服务，如提供科技、经济、人才、政策等方面的信息服务，提供企业诊断和改善管理方面的服务，提供人才培训服务；组织企业与研究开发机构间的交流与合作，协助企业建立技术依托；组织新技术（包括管理技术）的开发应用、示范和推广，协助企业导入新技术、新产品和新工艺；协助企业开拓国际合作渠道；研究在社会主义市场经济条件下促进企业技术创新和小微企业发展及提高生产力的对策，向政府提供相关建议，承担政府委托的任务。除技术经营机构、生产力促进中心外，中介子系统还包括面向小微企业的信息、咨询、财务、顾问等服务性机构。正是通过市场的手段，让更多的中介机构参与有利可图的社会服务，在政府的调节下为小微企业发展起积极作用。浙江省大胆探索建立规范政府调控行为的崭新体制和机制，建立完善会计核算中心、便民服务中心、招投标中心、经济发展环境投诉中心。全省总结并推广上虞建立便民服务中心的做法，使得全省 7 成的市县都建立了各类办事服务中心，确保小微企业和投资商“进一次门办成、盖一次章办好、交规定费办完、按承诺日办结”。湖州、上虞等地创造性地将便民服务中心延伸到乡镇，实行上下联动，方便小微企业办事。可以说，构建小微企业社会服务体系是落实政府扶持小微企业政策的有效载体，该服务体系将充分体现政府扶持小微企业的政策意图，有力地促进小微企业发展。

4. 完善浙江省小微企业法制环境

现代市场经济是要在完善的法制基础之上才能够良好地运作，然而我国大部分地区或省（区、市）基本处于非完全的市场经济状况下。吴敬涟教授指出："改革开放以来，我国实际上面临着两个过渡，即从计划经济过渡到市场经济；从初期市场经济过渡到现代市场经济。现代市场经济的最重要的特点是实行法治。即使对于浙江这样第一个过渡基础实现的地方，完成第二个过渡任务也很艰苦。"

要维护市场经济正常运作，就应该保证各类企业尤其是小微企业能在市场经济中较好生存，这就需要运用法律制度来规范市场环境。要抓紧建立符合国情的反对垄断、保障公平交易和保护公平竞争的法制体系，禁止假借"加强行业管理"和"加强宏观调控"等名义妨碍公平竞争、实行地区保护主义和行业保护主义。各级执法机构应该严格执法，规范技术市场、资本市场和劳动力市场等市场，创造和维护公平竞争的市场环境，促进浙江省小微企业提高效率和实现创新资源的合理配置。

要建立维护知识产权的法律制度，要让浙江省小微企业在产权交易方面，尽快建立明确的法律制度。国家有关部门制定了企业上市和产权交易中知识产权的定价和交易规则，使知识产权的价值得以充分体现。这就要求倡导推广以保护知识产权为核心的技术入股、持股经营制度，以及技术开发奖励制度等，维护研究开发和创新者的权益，鼓励科技人员为本企业多出科技成果，提高企业的技术水平和市场竞争能力。鼓励和帮助科研人员与技术人员创办自己的企业，促使小微企业能够尽快地发展壮大，同时也要在退出机制上有更多的灵活性。在职务发明的问题上，既要维护小微企业的知识产权，也要维护发明人员、技术创新人员取得合理报酬的权利。

促进小微企业立法，完善公平竞争的市场环境。减少小微企业与大企业在竞争中的起点不平等和机会不平等状况是小微企业立法的依据和目的。一些小微企业作为边缘性企业，与大企业在同一行业进行竞争。如果这种竞争是"自由放任的"，小微企业在成本上的劣势就会使其惨遭淘汰。经营的集中会加强大企业的市场力量，在不同行业造成消费者的不便或造成就业机会的减少，这都有悖于增进社会福利这一经济运行的基本要求。因此制定有关中小企业的特殊法律法规，包括限制大企业市场扩张的反垄断法，是世界各国支持和保护中小企业的通行做法。例如，日本有《中小企业基本法》、《中小企业现代化促进法》和《中小企业信用保险法》等多部有关中小企业的法律；美国有《中小企业法》和《中小企业投资法》等保障及创造中小企业参与公平竞争机会的法律。可以说没有法制的保障和实施，风险资金不可能真正进入小微企业的融资渠道，同时风险资金也不可能全身而退。因而浙江省也要结合自身实际相应推动有关的立法，制定相应的法令法规并建立完善的浙江省小微企业法制环境。

同时企业也应该在实施创新模式的同时考虑立法的重要性。通用电气贝克休斯有限公司的定向电视案例是比较成功的创新和法制结合的例子（Jolly，2001）。通用电气贝克休斯有限公司于1994年推出的定向电视卫星服务是已失败的太空有线电视的替代品。该项目包括将数字电视信号从一个高功率卫星直接传输给家用电视接收器，而用户只须配备一个比萨饼大小的碟形天线和一个解码器。在解决技术问题的同时，通用电气贝克休斯有限公司也有一个目标，是游说立法机关颁布一个新的有线电视管理法令。当1992年宣布该法令时，通用电气贝克休斯有限公司已成功地在该法令中加入了一项条款，该条款要求节目制作商要向其竞争对手提供节目，从而避免了这项技术的应用被强大的有线电视业所垄断。浙江省也有鲁冠球等积极呼吁国家制定乡镇企业法的例子。因此，担任各级人大代表、政协委员的浙江省小微企业的企业家们应该树立法律保障意识，积极参政议政，创建有利于浙江省小微企业发展的法制环境。

第 2 章　浙江省软件企业竞合行为与创新绩效关系研究

2.1　绪　　论

2.1.1　背景及问题提出

1. 研究背景

企业战略主要研究企业经营优势的构成、来源、构建、保持与演进的过程，探讨企业经营成败的关键因素。20 世纪 80 年代 Porter 从产业经济学和战略理论角度总结的《竞争战略》奠定了竞争优势理论的基础，在当时的管理理论界独树一帜，成为战略理论的权威。之后尼尔森（Nielsen）发表了《合作战略》一文，提出了企业取得优势的另一种战略行为。但是，随着 90 年代信息时代的到来，企业的经营环境发生了变化，技术的不断创新引发了产业的变革，产业边界日益模糊。北方电讯（中国）有限公司（Nortel）前任执行总裁 Raymond Noorda 提出了竞合（coopetition）之后，战略管理领域出现了更新更复杂的竞合优势理论，接着竞合思路在理论界潮涌而出：《合作竞争大未来》、《以合作求竞争》、《合争》、《共赢》、《合纵连横》和《伙伴竞争未来》，改变了以往对竞争和合作的两分态度，并影响着越来越多的战略执行主体。

三国时期，西蜀刘备与东吴孙权联合抗曹的故事成就了一段历史佳话，而在今天看来，它却是一个典型的竞合案例。在商战中，没有永远的敌人，也没有绝对的朋友。厂商间身份的互换从无一刻停歇过，但他们的目的却是共同的且只有一个，那就是赢利。与其"两军对垒勇者胜"，倒不如"一个好汉三个帮"，所以竞争的厂商们最终走上了竞合之路。理论上，竞合可以发生在任何行业，但是国内外文献与各种媒体资讯显示，竞合战略在信息通信技术（information communications technology，ICT）产业、生物技术（biotechnology，BT）产业及移动通信产业（mobile communication industry）体现尤其突出。

以信息技术（information technology，IT）产业为例，这个从 20 世纪五六十年代发展起来至今仍保持着朝阳之势的产业，无论在哪个时期都不乏传奇的变革：70 年代曾经联合英特尔（Intel）击败摩托罗拉（Motorola）的国际商业机器

（International Business Machines，IBM）公司，在出现了生产中央处理器（central processing unit，CPU）的想法之后，便成了英特尔需要联合康柏（Compaq）来打压的对手；80 年代为 IBM 兼容机提供操作系统的微软不断壮大并最终于 1991 年解除了与 IBM 的合作，步入竞争与合作的复杂关系中。1998 年之前，甲骨文（Oracle）和思爱普（Systems Applications and Products，SAP）一直是生意上的好伙伴，可是自从甲骨文 CEO 埃里森看上企业应用软件这块肥肉，两者关系便是竞争多于合作，在应用软件上各立山头，水火难容。2004 年，纠缠了 10 年的微软与太阳计算机系统有限公司（Sun）专利纷争 180 度大转弯，两巨头冰释前嫌，握手言和，致力于 Unix 与 Windows 平台及开发工具（如 Sun 的 Java 语言及微软的.Net）之间的兼容性工作，对抗 Linix 形成的市场压力……

目光转入国内的软件厂商，并购、参股、合资风生水起：2001 年，金蝶公司与 IBM 开始“试婚”，经过四年完成了应用软件产品和数据库的无缝接合，正式公布“开发商互利计划”。众所周知，在中间件领域见长的 IBM 并不能无视金蝶公司的“中间件＋EPR[①]”战略。从 2003 年开始，微软便逐渐推行进入管理软件市场的计划，陆续并购 Navision、Great Plains、Axapta 与 Solomon 等公司，2004 年底完成对四家公司的收购，在美国小微企业 ERP 的市场份额名列前茅，且不断拓展国内战略伙伴的广度，与中软国际有限公司、创智信息科技股份有限公司、神州数码控股有限公司（简称神州数码）三家中国本土软件厂商签署协议，结成战略合作伙伴关系。2006 年 5 月，东软集团股份有限公司与德国 SAP 软件公司宣布结成战略合作伙伴关系，共同拓展中国管理软件市场，东软集团股份有限公司将开发基于 SAP NetWeaver 平台的 ERP 行业应用软件和小微企业解决方案，作为合作的一部分，SAP 将向东软集团股份有限公司投资 1000 万欧元，换得东软集团股份有限公司 2%的股份，东软集团股份有限公司“与狼同行”的动力在于能给自己带来业务上的创新和增强自身的实力……

2. 问题提出

综上理论与案例可以推断，当今 Porter 的竞争战略并非所向无敌，取而代之的是商家一致推崇并实践的竞争合作并存战略。那么隐藏在这种转变背后的原因和动力机制成为一个值得探究的问题。

面对国际竞争的局势，企业为了节约成本、提高效率、规范企业管理、提高自身竞争力，极力推进信息化建设。与其他大多数行业一样，作为企业信息化建设的中坚力量的软件行业也呈现过度分散的状况，每个行业参与者如过江之鲫，

① ERP：enterprise resource planning，企业资源计划。

规模小，产业结构链不完整，企业之间需要加强协作与整合，但是这是否适合中国企业是值得商榷的。一种更为妥帖和值得我国小微企业效仿的方法是发展战略联盟，一种处于交易和并购内部化的解决方式，融合竞争与合作呈现动态耦合关系的虚拟体。从微软、IBM 等国际巨头的合纵连横战略中可以粗略地总结出，获得外部支持是一条提升自己创新能力的捷径，那么企业可以从哪些对象，即联盟成员中获取这类外部支持力量？企业在处理外部关系时，可与之竞争也可与之合作，怎样才能更好地获取力量并体现在自己的绩效之中？绩效如何来衡量？在“财务”、“运营”和“成长力”这类可以衡量一个企业绩效的词汇中，也许“创新”是一个最鲜亮和体现企业潜力的指标。

综上所述可以得出一个值得探求的问题：企业竞合行为选择与本身创新绩效的关系。

2.1.2　研究目标和意义

1. 研究目标

（1）通过文献的搜索与整理，归纳出竞争、合作、竞合各自的概念并分析三种行为的联系与差异。

（2）整理竞合形成的理论基础、竞合参与者、研究领域和开放式创新理论。

（3）构建竞合与创新绩效的理论模型和变量测度体系，以软件企业为对象进行实证调查，分析不同竞合路径对创新绩效的影响，提出有指导意义的竞合战略建议。

（4）探讨软件行业内一个竞合创新案例。

2. 研究意义

理论上，竞争与合作一直是战略管理领域引导公司取得优势的两大手段，竞合战略在全球化和知识时代孕育而生，开始成为理论界关注的热点问题之一。而国内对竞合战略的研究基本处于偏重倡导阶段，各种类型的竞合形式在不同行业当中被追捧，而对竞合本身意义的探寻甚少。对竞争、合作和竞合含义进行系统归纳，有利于区别三种战略模式的不同之处，认清竞合行为的本质，正确地指导实践。

竞合行为与创新绩效关系研究属于创新管理范畴，众多学者已经从组织、人才、知识、社会资本等方面研究创新路径，本章试图从企业行为入手，首先通过文献整理，归纳出企业组织模型，在此框架下讨论软件企业与供方、买方、互补者和同行业者之间的交互行为对本身创新绩效的影响，从新的角度补充创新路径的研究。同时本章不再满足于行为与绩效之间关系的模糊认识，对特定行业领域进行调查研究，提供了实际可参考的证据，研究更有深度和可信度。

现实意义上，通过问卷调查和数据分析，本章的研究能够了解目前浙江省软件企业与供方、买方、互补者和同行业者的竞合程度，寻找出不同路径对于企业内部技术创新和外部市场创新之间的因果关系和不同影响程度。结论能够理性地指导企业正确识别创新路径，通过竞合伙伴的选取，取得预期的创新绩效，为企业发展增加原动力。并且通过问卷发放也能起到对竞合观念的信息传递作用，改变对伙伴关系的单一化认识，在软件即服务（software as a service，SaaS）模式大肆风靡之前，更加关注外部社会网络，在面临产业链重新整合的情况下，通过合纵连横，增强自身创新能力。

2.1.3 技术路线与研究方法

1. 技术路线

本章采用实证研究的技术路线（图 2.1），研究设计主要按照华莱士模型（李怀祖，2004）“假设（H）—观测（O）—经验概括（E）”来展开。

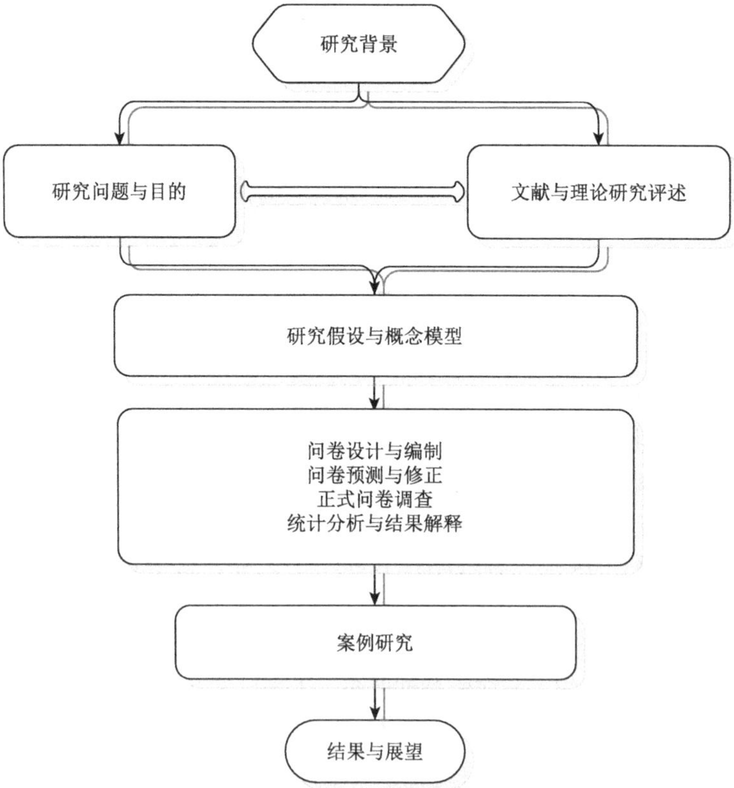

图 2.1　技术路线图

2. 研究方法

在研究的基本方法上采用定性研究和定量研究相结合的方法。定性研究是从现象到本质的认识过程，通过定性描述可以理清各要素之间的因果关系，但是可靠性不强；而定量分析通过量化的标准去测度事物，可以使研究对象更加精确化，依靠规范的实证为理论提供可靠的支持。两者结合，达到质与量的统一，互为补充。

在定性研究方面采用归纳与演绎的方法，首先通过大量的文献阅读，将前人在竞争、合作、竞合及与绩效的关系方面的研究成果进行归纳并总结，再通过理论演绎的方法，提出假设和理论模型，假定这些理论总结适用于其他研究领域。通过对典型企业进行前期访谈，获得行业实际竞合与创新情况，对模型和量表进行完善，形成最终的调查问卷。

本章根据既有文献总结概括出测度变量构造问题，采用问卷调查的方式进行定量研究。对公司性质、规模等采用定类测量法，对供方、买方和同行业者竞合程度测量采用定序量表①，每个按照强度分为 5 个不同等级，其中多项选择题得分方法的计算类似于指数；同行业者部分竞合关系采用利克特（Likert）5 点量表形式。Likert 量表由 Rensis Likert 于 1970 年发展，它通过让受试者以同意或不同意的方式对某些态度、物件、个人或事件加以评点，来衡量受试者态度的差异。

2.1.4　创新点

（1）以往对于竞合行为的研究，基本停留在方法论阶段，对竞合发生的理论基础和可能适用范围没有做系统研究。本章将重新整理并理清竞合的内涵、产生的理论基础、适用范围等知识。

（2）对竞合战略与企业创新绩效的研究成果少，尚不能将竞合战略上升到理论阶段，本章将选择高新技术产业中的软件企业，实证研究中心企业与供方、买方、互补者和竞争者的关系情况及其对企业创新绩效的实际影响。

（3）在数据分析方法上，使用 SPSS 进行描述性和信度、效度分析，使用 AMOS 来构建中心企业与四类市场参与者竞合行为与创新绩效之间关系的结构方程模型，在竞合因子与创新绩效之间构建出路径关系并验证模型拟合度。

① 测度方法中指数与量表的区别是，一个指数就是由多个不同的回答所构成的一个简单累加的分数，每个陈述具有同等地位，即分方向相同；一个量表是一种具有结构强度顺序的复合测量，即全部陈述或项目都是按照一定的结构顺序来安排，以反映所测量的概念或态度具有的各种不同的程度。

2.2 理论综述

随着经济全球化，企业间的关系网络变得更为复杂，传统的单纯竞争或合作观念开始演变成为目前学者和实践者都比较关注和支持的竞合关系（coopetition）。在产业发展研究新阶段，Porter 的产业结构分析框架有了新的发展，企业与供方、买方、竞争者和互补者之间不再是单纯的竞争关系，中心企业与它们之间既竞争又合作的战略与企业绩效关系变得前所未有的紧密。而创新是企业发展的动力，也一直是政府、企业和学者关注的名词，因为创新代表着进步和优势，关系着企业甚至国家的经济命脉，探索竞合战略与创新绩效之间的关系有着重要的现实意义。

本章的文献搜索分为外文和中文两条线索。英文全文文献通过在 Elsevier、EBSCO 的 Business Source Premier、INFORMS、John Wiley 和 ProQuest 等数据库中键入 coopetition、competition、collaboration 和 innovation 等关键词检索获得，还有一些经典文献后的参考文献。中文文献则是通过中国期刊网和万方数据知识服务平台检索“竞合”、“联盟”和“创新绩效”等关键词获得。从中挑选与本章研究有密切联系的文献进行阅读，试图将竞争、合作、竞合进行梳理，对竞合行为参与者、表现形式、竞合战略与绩效的关系进行分析，形成文献综述。

2.2.1 竞合认知

1. 竞争与合作

竞争与合作行为广泛地存在于自然界和人类社会，而这两个词条的应用主要出现在生物学和经济学上。生物学认为同种或不同种的许多个体对事物和空间等生活的必需资源有共同的要求，当需求量超过供应量时所产生的相互作用，称为竞争。经济学上的竞争指经济主体在市场上为实现自身利益而进行的相互角逐。而《现代汉语词典》的定义是：“为了自己方面的利益而跟人争胜。”合作是个人与个人或群体与群体之间为达到共同的目的彼此相互配合的一种联合行动。对于竞争与合作行为的研究广泛体现在社会心理学、生物演化论、博弈论、企业战略等领域。生物界遵循的“物竞天择，适者生存”是竞争原则的写照，自然界和人类社会都避免不了竞争，是以竞争在早期就被讨论和研究。

战略管理界的权威 Porter 认为竞争优势是“一个公司能够为它的购买者创造的，超过其生产成本的，不断增长的价值”。他在产业组织框架下，提出了决定企业竞争优势的五个驱动力（新进入者的威胁、供应商的谈判能力、购买者的议价能力、替代产品的威胁及企业间的对抗），并总结了创造竞争优势的三大手段：低成本、差异化、专业化。传统的竞争指对手之间划分界线，而 Loasby（1991）认为商业竞争是与对手公司的交互过程。Baldwin 和 Bengtsson（2004）认为认知观念是竞争的一部分，因为它可以直接影响与其他公司的交互，这与张超（2004）的“竞争气氛”异曲同工。在经济全球化趋势下，企业进行多点（产品、生产销售领域）和多层次（子公司、部门）的竞争，竞争内容有技术、信息、人力资源、自然资源、本土供应和政府优待等投入，订单、合同和市场占有率等产出（Luo，2005）。

战略管理中的合作理念是在 20 世纪 80 年代提出的，其中有代表性的是尼尔森（Nielsen）在 1988 年所发表的《合作战略》一文，他将合作战略视为和竞争战略一样能够提升企业经营优势的另一条路径。2000 年 Bleeke 和 Ernst 在《协作型竞争》一书中指出，驱动企业不遗余力地与同行业其他企业、经销商和供应商进行竞争的传统思维，已经难以确保企业持续获得持久性的高利润（项保华，2001）。合作行为通常指企业之间通过挖掘互补性的资源、技能和能力来寻求共同利益的行为。

合作有合资、外包协议、专利许可、特许、公会、联合生产、联合营销等表现形式，对于跨国公司来说，合作目的延伸到增强东道国的产业基础、通过政治压力来获得市场准入或公平竞争，来对抗不可补偿的知识产权向本地企业泄漏，共同分享供应链和全球分销体系，在本国和外国形成生产、发展和资源供应群体（Luo，2005）。

Gerard 在研究买卖双方（seller-buyer）关系时提炼出买卖双方交互的 34 个测度指标，并通过因子分析得出 8 个合作方面：产品定制、产品性能信息获取、产品培训、产品支持、主动性政治参与、产品展示、实时问题解决援助、产品相对优势澄清，这些因素能促进高科技工艺产品的成功（Athaide et al.，1996）。

Bidault 等（1998）在研究供应商参与对日本、北美和西欧汽车产业绩效的影响时利用了 5 个问题来测度企业的早期供应商介入（early supplier involvement，ESI）程度，分别是：供应商通过与企业分享他们的设备与能力的方式投入新产品设计，对新产品的成本和质量改进提供建议，在公司整体的基础上参与部分组件的细化设计，对某一部件从设计到制造负全责，供应商对系统设计/组件整合从设计到制造的全过程负责。

2. 竞合理念

竞合比较正式的英文表述有 coopetition、cooperative competition、competitive collaboration、competition、collaboration 等。本章选取最简捷和最原始的 coopetition，它是由 Nortel 前任执行总裁 Raymond Noorda 创造的新术语，由 competition 和

cooperation 的拼写组合而成。后来 Brandenburger 和 Nalebuff（1996）将这一术语作为他们著作的名称，且定义为“当创作一块蛋糕时，是合作，当要切割时是竞争”。

竞合的早期研究延续了竞争战略的精髓，认为是与竞争对手之间的合作，这种理念在 Jorde 和 Teece（1989）、Burgers 等（1998）、Quintana-García 和 Benavides-Velasco（2004）的论文中有所体现，竞合研究的初级阶段认为合作是为了获取超越对手的竞争优势，战略联盟成为这一时期的研究热点。还有学者认为竞合是与一些企业竞争的同时与其他不同的企业合作（Lado et al.，1997；Dyer and Singh，1998；Gnyawali and Madhavan，2001）。最被广泛接受的竞合概念是，两个或两个以上的公司同时进行合作与竞争，竞争与合作是同种关系中的两方面，它们之间在不同的商业活动中进行区分，根据竞争和合作的不同程度，将竞合分成三种类型（图 2.2）（Bengtsson and Kock，2000），此定义被 Cristina Quintana-García、Fabrizio Zerbini、Luo 等众多学者采纳。竞争与合作都是以目的为导向的，不同于冲突和勾结以对象为导向，在竞争与合作过程中可能会影响其他对象（Baldwin and Bengtsson，2004）。

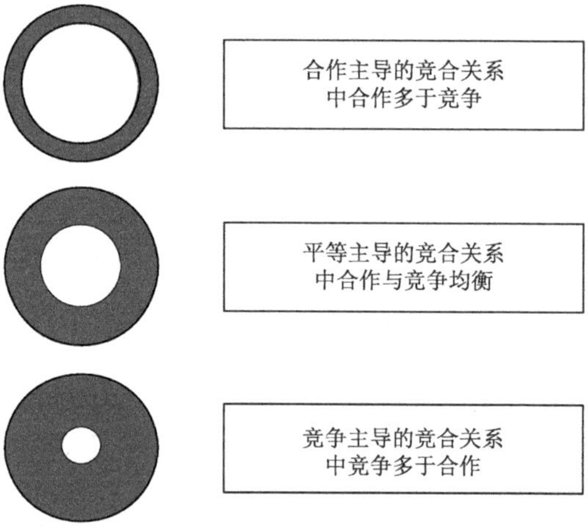

图 2.2　不同类型的竞合关系

资料来源：Bengtsson M，Kock S. “Coopetition” in business networks-to cooperate and compete simultaneously. Industrial Marketing Management，2000，29（5）：411-426

国内文献中出现的竞合一词原先都是法律范畴内的，对应的英文为 concurrence，如法规竞合、责任竞合等，用竞合来描述商场战略是从 1999 年开始的，之后竞合战略在旅游、银行、零售、家电等传统产业和高科技行业当中被广泛地描述和应用（荆林波，2005；张福海，2006）。其意义也是竞争与合作的统一，其他表达方式有竞争性合作、合争（甘华鸣和姜钦华，2002）等。

任新建（2006）在总结前人研究的基础上发展了竞合的二维模型（图 2.3），分别以竞争行为和合作行为为平面坐标中的二维，以竞争行为与合作行为的强度作为区分标准，他认为竞争与合作并不是如 Bengtsson 和 Kock 所描述的此消彼长的一维关系，而是二者相对独立、相互联系，共同发挥作用。真正的竞合行为应是一种既包含竞争又包含合作的行为，它与非竞争非合作行为具有本质上的区别。

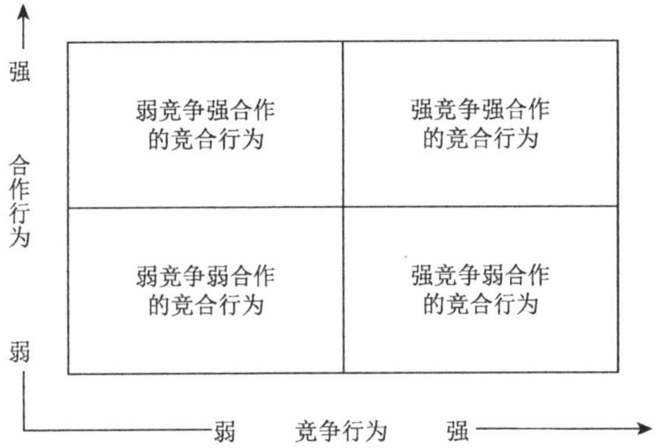

图 2.3 竞合二维模型

资料来源：任新建. 企业竞合行为选择与绩效关系研究.上海：复旦大学，2006

依据竞争和合作强度的不同，竞合在二维坐标上表现为四种行为：弱竞争弱合作的竞合行为、弱竞争强合作的竞合行为、强竞争弱合作的竞合行为和强竞争强合作的竞合行为。

（1）弱竞争弱合作的竞合行为。该种竞合行为说明企业与其他互动参与主体之间虽然存在一定的竞合行为，但无论是竞争还是合作都表现得并不明显。这种竞合行为有别于基本竞合态势矩阵中的无竞争无合作态势。1973 年 Grannoveter 根据网络“力度”（strength）的不同，将“联结”（tie）分为强联结（strong tie）和弱联结（weak tie）两种。那么，企业之间的弱竞争弱合作的竞合行为可以归结到弱联结类型。但这并不能说明这种弱联结缺乏重要性，事实上，许多弱的互动关系代表了企业间关系进一步发展的方向。这也是 Grannoveter 认为弱联结更有力度的主要原因。

（2）弱竞争强合作的竞合行为。在这种竞合行为下，企业之间的合作性大于彼此之间的竞争性。例如，上下游企业之间伙伴关系，Wong（1999）认为通过充分的合作，可以实现整个供应链的最大利益。但这种合作的程度取决于企业和其他参与主体的目标是竞争性的还是合作性的。如果企业认为其目标和参与者的目标具有明显的正相关性，它就会推动合作；反之，如果企业认为彼此之间的目标是负相关的，它就会实施竞争行为。

（3）强竞争弱合作的竞合行为。强竞争弱合作的竞合行为经常发生在同行业的竞争对手之间。行为的同质性和目标的无差异性是企业竞争的主要原因，同行业的竞争对手之间经常以获取持续经营优势，击败对手为目标（Porter，1985）。然而，竞争对手间也可能共享资源、共同投入研发或市场开拓。

（4）强竞争强合作的竞合行为。该种竞合行为指企业与其他参与主体之间无论是竞争还是合作，都表现出很高的程度。竞争与合作行为往往互相促进、彼此加强，Jarilo 在 1988 年对联盟网络的研究证明了这一点。

3. 概念比较

综上所述，对竞争、合作和竞合概念的区分如图 2.4 所示。它们的含义和内在逻辑是不同的，竞合是一种更复杂、更精确的表述，它内在包含了合作和竞争两种矛盾逻辑，但又把它们统一在一起，所以也加深了研究的难度。

图 2.4　竞争、合作和竞合的概念区别

国外学者对竞合概念的分歧集中在时间和对象两个维度上。以 Lado、Boyd 和 Hanlon 为代表的学者认为竞争、合作在不同对象之间进行，在时间上具有同一性，由此可推断，对单个市场参与者而言，并没有突破传统的完全竞争或完全合作；Brandenburger 与 Nalebuff 认为竞争与合作关系的对象具有同一性，但是两者发生的时间是不同的，在价值网构建的基础上，参与者先进行合作创造价值，在价值分配时产生竞争；而以 Bengtsson 和 Kock 为代表的学者认为竞争与合作不论在时间上还是对象上都具有同一性，并按照竞争与合作的不同程度，把竞合分成三种不同类型：以合作为主要导向的竞合、竞争与合作均衡作用的竞合、以竞争为主要导向的竞合。各位学者对竞合概念的不同理解可以归纳为图 2.5。

国内对于竞合概念做明确界定的文献较少，主要有甘华鸣、任新建等的研究。而甘华鸣的竞合概念基本与 Brandenburger 与 Nalebuff 对其的定义相一致，这个意义在对竞争性联盟进行研究时显得更加适用，竞争者之间联盟与竞合的区别是前者分析业务本身的合作而不是组织整体，不考虑众多产品和对手之间的竞争和整

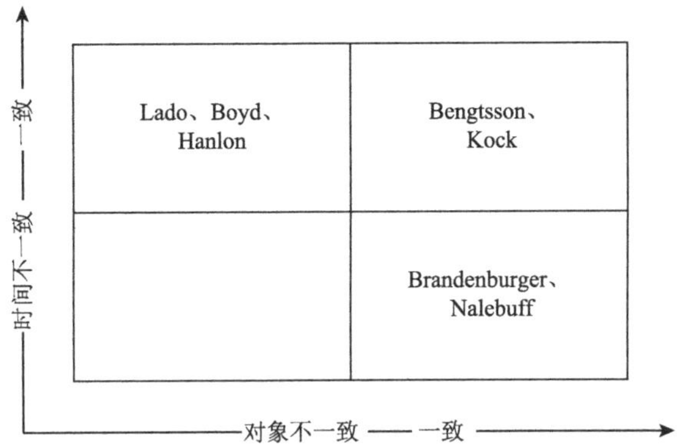

图 2.5　学者对竞合概念的不同理解

体合作后产生的结果，如政府游说力、建立行业标准等。竞合强调两种相互矛盾的交涉发生的同时性，从而与单纯竞争或合作区别开来。联盟往往有正式文件的约束，而竞合是一种动态的竞争与合作非正式关系（Luo，2004）。任新建在研究竞合与企业绩效的博士论文中，系统综合了国内外学者对竞合概念的理解，阐述以往研究的单一性，创新性地提出竞合概念二维模型。但是在操作化过程中，任新建仍然将企业面对不同对象的行为分成竞争和合作两个因子。本章在研究中虽然采用了他的概念界定，但是在研究的操作化过程中将更彻底地将竞争和合作关系相融合来描述企业行为。

综之，从竞合认知的角度来看，目前文献对于竞合的概念还存在分歧，按竞合的同时性和竞合对象分，主要有三类：①同时与相同的对象间既竞争又合作；②在不同时间段上，与同一对象进行，即在前期合作共同创造价值，在后期价值分配时进行竞争；③同一时间与一些对象进行竞争而与其他对象进行合作。这种对概念的分歧为后期研究者开拓研究空间的同时也带来挑战，所以下一步研究的首要步骤是对竞合概念的界定，以及其与单纯竞争或合作的区别。

2.2.2　企业竞合

1. 竞合理论基础

众多学者研究过竞争或合作形成的理论基础，而竞合作为一种融合两者的高级形式，它的理论基础也与前两者有着不可分割的联系，从不同的视角下研究，本章将竞合的理论基础概括为以下几个方面。

1）交易成本理论

交易成本经济学（transaction cost economics，TCE）可以概括为：要完成一

种相关交易，市场与等级制度（组织）是可供选择的工具，是否在企业间（跨市场的）或企业内推行一系列交易，取决于每种模式的相对效率（卡尔潘，2003）。Negassi（2004）运用交易成本理论解释了合作是一种介于市场交易和内部一体化的动态组织形式，可以降低机会主义，控制交易理智和风险，减少机构官僚主义；将溢出效果内部化，特别是 R&D，合作可以解决"搭便车"问题，对外部成员建立壁垒。交易成本理论认为，当机会主义行为存在于各方、有限的理性妨碍着决策者时，企业的总目标总是选择最有效的方式，这也可以解释企业与供应商之间的讨价还价竞争，以及在产品定价时与顾客的博弈。

2）产业组织模型

产业组织（industrial organization）阐述的是外部环境对企业战略行为的作用，认为产业环境对企业本身绩效有强烈的影响，企业需要通过制定合适的战略来提高竞争力。Porter 认为新进入者的威胁、供应商的谈判能力、购买者的谈判能力、替代产品的威胁及企业间对抗这五种驱动力的交互决定着企业潜在利润，新进入者和替代产品的威胁会导致企业之间联合制造进入壁垒。关于竞争形成的原因，也有从产业结构角度解释的，企业的对称性决定了竞争的激烈程度（张超，2004），集中度和市场成熟度决定了企业从价格还是从多样化方面进行竞争。

3）博弈理论

博弈理论（game theory）认为战略竞争的本质是局中人之间的交互作用，任何局中人的决策都依赖于其他局中人的实际和预期的决定。"囚徒困境"（prisoner's dilemma）讨论了两个局中人的四种不同策略组合所产生的结果。纳什均衡是多人共赢博弈的先驱，Brandenburger 运用这个框架解释了四类局中人：顾客、供应商、竞争者和互补者，认为局中人既可以为竞争者，也可以为互补者。当顾客有其他经营者的产品而不是仅有你的产品时，认为你的产品价值变得更高，那么这个经营者是你的互补者。当顾客有其他经营者的产品而不是仅有你的产品时，若顾客认为你的产品价值变低了，那么这个经营者是你的竞争者（卡尔潘，2003）。博弈理论认为竞争与合作是企业应该给予关注的两个重要的成对组件。

4）资源基础观

资源基础观（resource-based view，RBV）认为竞争优势的重要决定因素是企业拥有、管理开发、组织使用和进一步开发的资源（Wernerfelt，1984；Barney，1991）。企业资源包括资金和技术、声誉、文化、人力等有形和无形的资源，它是企业核心能力和绩效的基础（Prahalad and Hamel，1990）。企业总是和其他企业共同从事某项活动，这使得资源分享成为解释企业间合作的主要理由（Borys and Jemison，1989；Hamel，1991；卡尔潘，2003）。企业成长的内在要求与现实资源的稀缺总是成为纠缠在一起的矛盾（Mahoney and Pandian，1992；卡尔潘，2003），而为了克服资源不足的缺陷，企业间进行合作以解决各自资源不足的矛盾便成为理性的选择。实际上，没有任何一家公司能够拥有发展所需要的全部资源（Barnard，1938；Richardson，1972；卡尔潘，2003）。资源的专用性使得企业能够通过合作行为，以比单干更小的代价来获取更多利益，于是合作可以看作共享资源的有效形式之一（Combs and Ketchen，1999；卡尔潘，2003）。增加合力处理外部利益相关者问题，巩固市场地位；将竞争对手的技术内部化。而在既定的资源总量下，企业又需要就技术、信息、人力资源、自然资源、本土供应和政府优待等投入进行争夺，所以资源的性质和数量成为决定企业间竞争合作程度的重要原因（Luo，2007）。

2. 竞合参与者识别

1）Porter 五力模型

Porter 是将产业组织理论运用于战略分析的代表人物，他认为产业环境中其他参与主体对企业绩效存在巨大影响，提出系统分析产业中影响力量的五力模型（图 2.6）。Porter 认为新进入者的威胁、供应商的谈判能力、购买者的谈判能力、

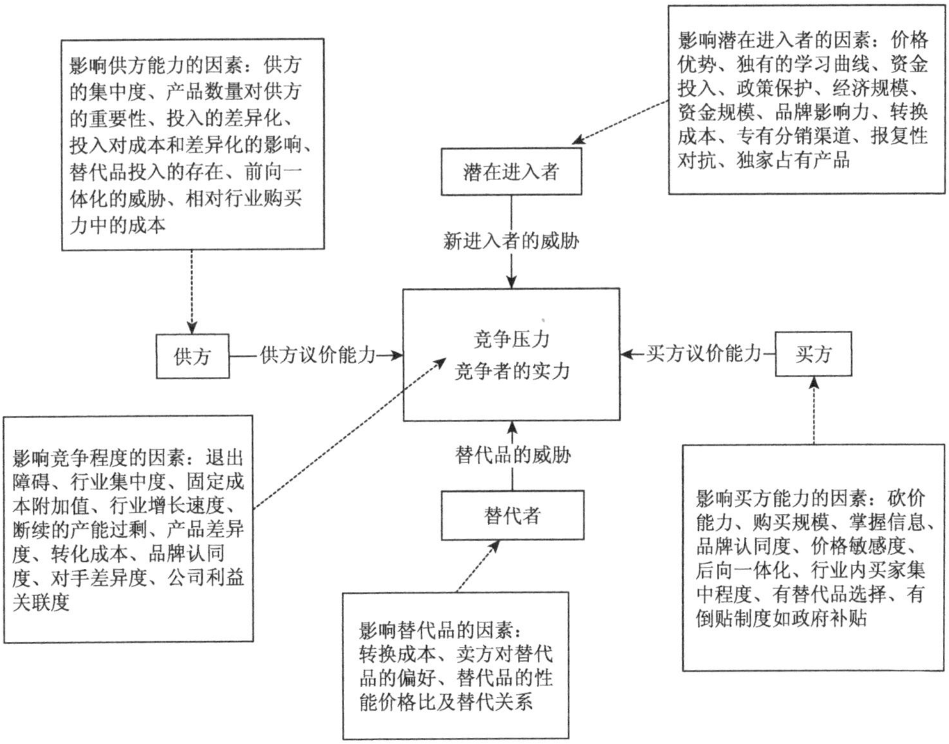

图 2.6　Porter 产业组织理论框架

资料来源：项保华. 战略管理——艺术与实务. 北京：华夏出版社，2001

替代产品的威胁及企业间对抗这五种力量构成了企业竞争的参与主体，并且决定了企业的绩效。

现有竞争者的实力的增强会导致企业对市场营销、研究与开发的投入增加或降低产品价格，从而影响企业绩效。供方议价能力使供应商通过提高原材料（上游产品）价格或降低所提供产品或服务的质量，以榨取企业的盈利。买方议价能力将降低企业出售产品的价格，影响企业的绩效。市场上可替代企业产品和服务的存在，意味着企业的产品和服务的价格将会受到限制。行业内不断出现的新进入者，会对企业构成潜在的威胁。对进入威胁的阻止取决于企业所在行业进入壁垒的高低和企业对新进入者的反击程度。Porter（1980）指出，企业战略的核心在于寻找盈利良好的产业，并在产业中寻求应对五种力量的优势地位。

2）Brandenburger 与 Nalebuff 的价值网

Brandenburger 和 Nalebuff（1996）认为，企业竞合活动的参与主体包括顾客、供应商、竞争者和互补者四种。每一参与主体与企业之间都存在既竞争又合作的关系，并且这五者之间也相互作用，共同组成竞合的价值网（value net）（图 2.7）。

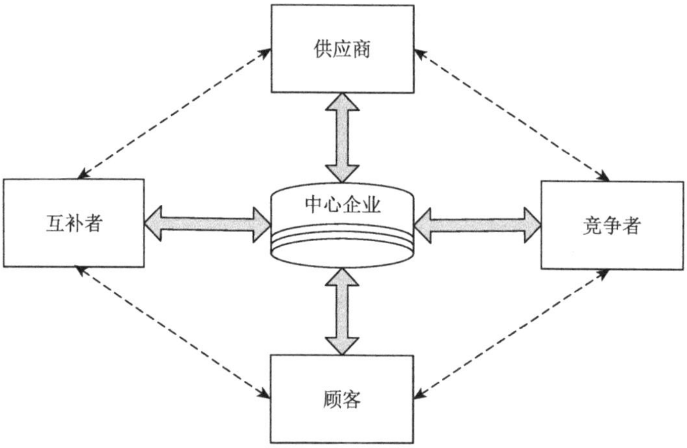

图 2.7 Brandenburger 和 Nalebuff 的价值网模型

资料来源：Brandenburger A M，Nalebufll B J. Coopetition. New York：Doubleday Currency，1996：290

在价值网中，企业应通过恰当的竞合行为，寻求与其他四类参与主体之间的双赢。他们指出，寻求双赢的好处在于：首先，因为这种策略以前并没有被深入思考，企业往往能够发现它的巨大潜力；其次，因为其他参与者并没有被迫放弃自己的利益，他们会减小对该策略的排斥性，从而使这种策略更容易得到推行；再次，因为双赢行动并不会引发对手的报复性行动，这种策略往往能够持久；最后，对双赢策略的模仿是有利的，而不是有害的（Brandenburger and Nalebuff，1996）。

3）项保华六力互动模型

项保华构建了用于分析企业竞合关系的六力互动模型（图 2.8），相比 Porter 的五力模型，六力互动模型更为清晰地显示了企业与替代品厂商、同行业厂商、互补品厂商和潜在进入者之间的既竞争又合作的互动关系。其合作主要表现在对于资源及市场增量的开拓上，如企业与互补品厂商合作，提供配套产品系列服务；与同行业厂商合作，突破行业拓展障碍，争取更大顾客规模；与潜在进入者结盟，增强自身在行业中地位；与替代品厂商合作，更好地满足顾客不同需要。其竞争主要表现在对于资源及市场存量的分割上，如对于企业运行基础的争夺和对企业外部增值体系及最终顾客的争夺等（项保华，2001）。企业竞争应从加强与资源供方及产品买方的沟通联络入手，只有与这两者形成紧密的合作关系，才有可能有效地抵御其他企业的竞争。

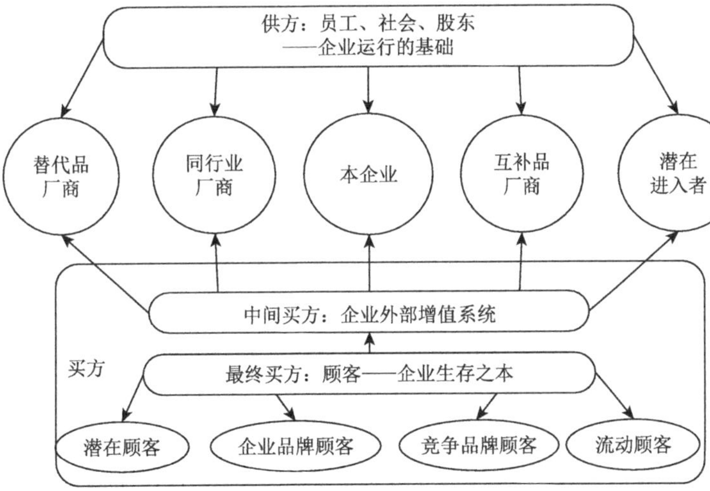

图 2.8　项保华六力互动模型

资料来源：项保华. 战略管理——艺术与实务. 北京：华夏出版社，2001

4）Bruce S. Tether 的合作创新参与者

Tether 在 *Who co-operates for innovation，and why：An empirical analysis* 中利用英国国家统计局在 1997 年获得的 CIS-2①数据总结出了参与合作创新活动的角色，识别出 1275 家被调查企业中有 45%（575 家）的企业承认与其他对象有合作协议，各类参与者的比例如表 2.1 所示。

① CIS-2，英国第二次大规模和官方企业创新调查活动。

表 2.1 Tether 总结合作创新参与者

参与角色类型	数量	创新公司中比例
外部参与者	541	42%
供应商	283	22%
顾客	298	23%
竞争者	188	15%
大学	207	16%
咨询公司或私人研究机构	206	16%
其他（政府或技术研究组织）	206	16%

资料来源：Tether B S. Who co-operates for innovation，and why：An empirical analysis. Research Policy，2002（31）：947-967

此外，其他学者对于企业竞合参与主体的认识还包括以下几种。Afuah（2000）将合作竞争者分为供应商、顾客、互补品生产者和联盟伙伴并进行分析。Quintana-García 和 Benavides-Velasco（2002；2004）则认为企业之间的合作竞争主体包括直接竞争对手、上游联盟伙伴和下游联盟伙伴三方。崔焕金（2005）从知识创新角度识别了两种竞合联盟：中心-卫星型联盟和市场型联盟，前者由盟主和众多外围小微企业组成，后者指联盟个体以平等的市场交易主体身份且以水平联系为主构建的虚拟团队。陈敏菊（2007）研究竞争性企业之间合作创新影响因素时提出的合作创新网络包括竞争企业、供应商、客户、研发机构和创新中介。

综上，Porter 在分析行业影响因素时，过于关注各种力量之间的竞争性博弈，忽视了企业与其他参与主体之间可能的合作关系。这使得企业过于强调竞争导向，容易陷入战略迷局。由于对竞争行为的过分关注，Porter 并没有把互补品生产者纳入这一分析体系，从而导致企业竞合分析主体的缺失和分析框架的不完整。项保华不仅将供应商和客户做了详细列举，还将企业外部的各种作用力分得更为细致：供应商、客户、潜在进入者、同行业厂商、互补品厂商、替代品厂商。从理论框架上来看其非常完善，但是从实际应用上来看不如价值网更加简洁明了，因为相比价值网多出的两个力量——潜在进入者和替代品厂商，潜在进入者和替代品厂商都可以归入竞争者之列。综合观察其他学者的研究结论，可以看出基本上都与价值网相同或接近，因此本章将选价值网理论框架对研究假设进行陈述，而 Tether 的归类则在实证研究中作为参考。

在企业竞合理论领域，竞合理论的基础部分来源于对联盟的研究结果，两者共通，完善的理论基础是对竞争与合作两部分研究理论的结合，因为竞合作为一种新型的企业间关系，其内涵是竞争与合作两者的有机统一。竞合参与者的识别结果比较统一，沿袭了 Porter 竞争理论，主体部分是中心企业、供应商、顾客、互补者与竞争者。大型公司从竞合关系中取得的优势触发了对竞合的研究与思考，这种思想被广泛应用于行业当中，而对于真正适合该战略的因素没有深入研究，定量研究结果少使得竞合不能在理论上形成巩固的地位，也给竞合思想的具体运用带来了潜在的不可靠因素。

3. 竞合研究领域

在参考了中外文献之后，找出了从实证和案例角度对企业竞合战略进行探讨的文章，把它们讨论的行业，以及行业中的参与者总结于表 2.2 中，试图找出促使竞合战略成功的产业因素，选择出适合进行竞合实证研究的产业。

表 2.2　竞合研究领域汇总表

行业	参与者	作者年份
家电	中国彩电供应商	孙洪庆（2002）
钢铁	钢铁、铁矿石、煤炭、船运、汽车、家电	谢企华（2004）
移动通信	通信设备制造商、移动运营商、移动电话和数据用户、软件制造商、内容供应商	张超（2004）
金融	中外资银行	张福海（2006）
零售	卖场、物流企业、软件供应商	荆林波（2005）
纺织业	织造企业、服装面料加工企业、辅料生产企业、其他印染企业	任新建（2006）
电信	运营商、用户、软硬件提供商	周洪成和陈力（2007）
卫星宽带	其他宽带服务供应商、电话公司、有线电视内容供应商、终端设备制造商、地面站、发送设备制造商、宽带服务终端使用者等	Carayannis 和 Alexander（2001）
智能卡	芯片和半导体生产商、智能卡生产商、系统集成商、软件开发商、交通航空公司、银行终端用户	Baldwin 和 Bengtsson（2004）
生物	专业生物技术公司，大学、私人或公共研究机构，化学、制药、农业等领域的各类公司，医院，设备药品供应商	Quintana-García 和 Benavides-Velasco（2004）

可以看出，企业竞合行为不仅涉及家电、金融、零售等传统行业，也涉及生物、通信、电子等新兴的高科技行业。其中张超、任新建、Maria Bengtsson、Quintana-García 四人对所选取产业进行了实证研究，选择的产业分别是移动通信产业、纺织业、智能卡业和生物业，结果具有相对较高的可信度。其余作者或对产业进行案例分析，或做展望性质的竞合战略描述，信度不高，但是提供了将来进一步深入研究的方向和分析框架。

除了孙洪庆描述的家电战略联盟是失败案例之外，其余都给出了竞合战略能促进企业绩效的结论。对于彩电战略联盟的失败，作者给出的原因是联盟成员对“共赢”策略和价值链思想的认识度不高、各自的核心专长相冲突和彼此之间的信任度不高，以及背叛行为的产生。而 Soekijad 和 Andriessen（2003）给出了竞争性联盟中要取得知识共享的成功的几大因素：组织之间需要有共同的利益目标、个人之间的信任与组织的凝合、相互的赏识和多样化的技能，因为在没有共同利益的情况下，没有组织会将自己看到的市场机会和计划透露给别人。

通过以上分析可以总结出，促进竞合战略实施的产业因素，可能有以下几点：存在共同的潜在利益，有合作的诱惑；双方在资源和能力等方面存在互补性，有合作的必要；但是仍然存在影响利益分配的其他因子，即竞争的不可避免性。另外，产业边界模糊、生态系统角色复杂、企业间竞争压力增大、企业对于知识共享的需求、技术发展方向的不确定性与研发的风险等也会促进竞合关系的形成。

2.2.3 开放式创新理论

1. 创新来源

开放式创新模式[①]是由美国学者 Heory Chesbrough 提出的，该模式认为当企业着眼于发展新技术时可以基于特定的企业模式，利用企业内部和外部两条市场通道将企业内、外部所有新创意集成起来创造价值，同时建立起相应的内部分享机制，即强调外部知识资源对于企业创新过程的重要性。

开放式创新的意义在于整体的价值大于部分营运之和，整体除包括企业自身之外，还有供应商、联盟、合作伙伴、客户乃至竞争对手，它的出现大大拓展了创新的来源。

1）创意来自顾客

von Hipple（1988）将用户作为创新的重要源泉进行了深入研究，后来又进一步提出领先用户的概念并探讨了其对创新的重要作用。Shapiro 也提出应该倾听用户心声并让用户参与企业的研发、营销等过程，与其达成伙伴关系共同创新。他还发展了“领先用户”，进一步提出从“背离用户”和“潜在用户”中寻找创新源泉（余芳珍和唐奇良，2007）。一些学者提出了基于 ICT 的分布式创新模型（distributed innovation model）：在线或虚拟用户社区可以使顾客参与新产品开发过程。总之，新技术的采用使得企业与用户的互动从“企业开发顾客知识”观向“企业与顾客共同创造知识”观转变。

2）创意来自供应商

有关机构对《财富》前 1000 家公司的大量研究表明，在新产品推介过程中，

① 开放式创新是相对封闭式创新提出的，封闭式创新是企业必须自行产生新思想，而且从开发、构造、营销推广、融资到技术支持等活动都应该全部由企业自己来进行，这种范式要求企业有很强的自我依赖性，企业也往往不相信其他企业的创新能力。

越早让供应商参与其中，整个项目所节省的资金也就越多。所以，一些公司积极寻求机会，与其供应商建立合作关系，共享计划、产品设计和规范信息，以及运作方式上的改进只要有利，就采取外包的方式，这样公司能取得明显的竞争优势。供应商参与创新在国外文献中有专门的术语，有的学者称为“供应商早期参与”（early supplier involvement，ESI）或供应商参与新产品开发。在产品开发的早期阶段，供应商关于技术、成本、设计和制造方面的知识在产品定义和项目计划上扮演了重要的角色（Khurana and Rosenthal，1998）。

我国学者在研究合作创新时也表明了供应商参与创新的必要性，如张乃成（2000）、许庆瑞等（2004）的研究表明，创新的企业为了获得成功，必须与上游或下游企业形成横向或纵向的联系。特别是在技术变化迅速、产业演变剧烈的部门，技术的不确定性急剧增加，是以更需要经常采用合作创新这种灵活的创新机制来快速响应外部环境的变化。

3）创意来自竞争对手

企业创意不仅仅来自企业内部资源，买方、供应商甚至竞争对手也可以成为很好的创意来源（Dundon，2002；余芳珍和唐奇良，2007）。对于企业而言，通过对竞争情报的关注、竞争者的资源和能力分析，有效地整合企业内外部乃至全球资源，比竞争对手更快更有效地为顾客创造新的价值，使公司在众多企业中脱颖而出从而获得超群的收入来源。

4）创意来自关联单位

企业激发创意需要系统地借助外脑，即大学与研究机构的合作，以及其他关联单位的合作。通过与关联单位的合作，创造出更多创意活动的支持因子（Ysseldyke and Christenson，2002；余芳珍和唐奇良，2007）。

2. 创新形成机制

1）吸收能力

Cohen 和 Levinthal 在 1990 年提出吸收能力概念，认为企业“有能力去辨识新的价值、获取外部知识、去消化吸收并将知识运用于商业目的上”。企业吸收能力越高，对于外界环境的经营控制能力也越高，越有机会将竞争对手的外溢知识引入企业内部。

Zahra 和 George（2002）将吸收能力分为潜在能力与实现能力。潜在能力为取得能力、辨识能力；实现能力为转换能力、应用能力。取得能力即企业有能力去评价及取得外部新知识；辨识能力指透过组织员工的日常运作去分析、解释及了解由外部而来的资讯。转换能力指企业有能力去组合现存的知识和新取得的知识；应用能力指将新知识纳入企业的现行运作之中的能力。在吸收能力如何影响组织结果中，上述四种能力扮演不同却互补的角色。Eisenhardt 和 Martin（2000）认为这些能力在不同企业间具有其共通性并维持相同结构，但因为在企业追求发展、利用的过程中是有特性的，这些变化使企业得以发展不同形态的竞争优势。

2）转化能力

转化能力（transformative capacity）是指组织内部持续重新定义产品技术的能力，当组织所拥有的知识或技术与目前的市场需求之间有差距产生时，组织若拥有此能力将保留正确的知识或技术，组织会在创新活动中获得较大的成效或较快达成组织的目标（杨静武，2007）。

Garud 和 Nayyar（1994）认为，吸收能力是如何察觉、开发外界技术性知识的能力，技术性知识来自企业外界；转化能力则是基于厂商内部机会，不断重新定义产品组合能力。因此，技术性机会来自企业内部。

3）技术扩散

技术扩散（technological diffusion）是指一种“新技术”透过某种“信息的传播方式”，从而散布在某一群“潜在使用者”中。可见技术扩散包含四个要素：新技术、时间、潜在使用者的特质及传播信息的方式（杨静武，2007）。Mansfield（1961）按技术扩散的范围将其分为三种：①企业间的扩散（inter-firm diffusion），指某一产业中，新生产方法由一企业扩散到另一企业。②企业内的扩散（intra-firm diffusion），指个别企业采用新生产方法之后，由部分到大量，甚至全部采用该生产方法的过程。③全面扩散（overall diffusion），指某种新生产方法透过产业间的扩散，乃至全面采用的过程，一般也称产业间的扩散。因此，如何将现有的先进技术合理扩散，关系到企业能否最大程度地获利。因此，技术扩散能力可以概括为正确通过技术扩散获取最大利润的能力。

3. 创新能力

国内外不少学者都试图通过理论分析或者数量分析的方法给出企业创新能力的评价指标，但截至目前并没有一个较为统一的研究成果。表 2.3 综合了许庆瑞、许志晋、杨宏进、曹崇延、王淮学、曲国禹、刘学铭、郑春东、和金生、吴贵生等的研究成果。本节试图从创新投入能力、创新实施能力和创新产出能力视角对学者们的研究成果进行整理归纳。

表 2.3 创新能力评价指标相关研究成果

指标		研究者						
		许庆瑞等（1995）	许志晋等（1997）	杨宏进（1998）	曹崇延和王淮学（1998）	曲国禹和刘学铭（1999）	郑春东和和金生（2000）	吴贵生等（2000）
创新投入	投入能力	▲	▲	▲	▲	▲	▲	▲
	研发能力	▲	▲		▲		▲	▲

续表

指标		研究者						
		许庆瑞等（1995）	许志晋等（1997）	杨宏进（1998）	曹崇延和王淮学（1998）	曲国禹和刘学铭（1999）	郑春东和和金生（2000）	吴贵生等（2000）
创新实施	生产能力	▲	▲		▲		▲	▲
	组织能力				▲			
	实施能力			▲				▲
	管理能力		▲	▲	▲		▲	▲
创新产出	产出能力			▲	▲	▲		
	营销能力	▲	▲		▲	▲	▲	▲

综上所述，企业技术创新能力的评价指标表面上参差不齐，但实际内容上却有很多的共同之处：创新的投入能力，包含人才、资金、设备等，创新实施能力，包含生产能力、管理能力等，创新产出能力，包含市场营销、企业本身的财务能力等，这正符合创新鼻祖熊彼特对它的解释——以转化成市场利润为特征。

2.3　研究假设与理论模型构建

2.3.1　研究假设

通过第 2 章对竞合参与者的识别和开放式创新理论的了解，可以粗略地概括出，中心企业竞合战略的相关者为四类：供方（包含员工和其他供应厂商）、买方、互补者、竞争者（包括同行业者、替代品厂商和潜在进入者），因此创新路径可以从四个维度来论述。

1. 供方竞合与创新绩效

供应商对产品创新影响的研究始于 20 世纪 80 年代后期对日本机动车和电子公司的成功原因的探索，Womack 等（1991）论述了日本汽车行业中供应商在新产品开发中的重要作用。早期供应商介入（early supplier involvement，ESI）指供应商在产品开发/创新早期阶段的参与，特别是概念设计阶段，与制造商形成的一种纵向合作关系（Bidault et al.，1998）。与供应商建立长期的基于信任的关系可以作为公司内部 R&D 的一个补充（Tether，2002）。与供应商合作有利于工艺改进（Fritsch and Lukas，2001）。Song 和 Benedetto（2008）的实证研究证明了供应商参与对突破性创新有直接促进作用。国内关于供应商合作创新的研究现状如表 2.4 所示。

表 2.4　供应商合作创新的研究现状

研究者	方法	结论
张乃成（2000）	多案例分析	汽车零部件供应商促进绿色环保产品、核心产品模块化及生产工艺流程创新
许庆瑞等（2004）	宝钢集团有限公司案例分析	供应商参与技术创新是共赢模式
徐吉麟（2007）	经验及案例	供应商管理确保创新与成本优势

魏江和朱海燕（2006）在对杭州软件集群内产品柜面系统创新路径的分析中总结出：从美国 Novell 网络系统公司的 Netware 操作系统和 Btieve 数据库，到微软的 SQL 数据库和 NT 操作系统的过渡，连同市场推动力，共同促进了该产品从第一代到第三代的过渡，可见软件企业的创新与供应商（操作系统和数据库等上游厂商）创新有着密切联系。

中心企业与供方之间的主流关系是合作，但是这并不能掩盖他们之间的竞争气氛。赵小惠等（2007）通过博弈模型分析出产品创新合作伙伴关系的建立将有利于产品创新效率的提高，并且在一定范围内供应商数量越多，所创造的共同价值越大，合理利益分配机制是合作稳固的基础。这可以解释为对单个供方形成一种竞争威胁反而提升中心企业的创新绩效。供方在技术创新上的投入、中间买方的营销努力都有利于扩大潜在的产品市场，任一方的努力都可以对双方产生利益的溢出效应，Gurnani 等（2007）探讨了在三种不同情况下，对供方和买方各自最有利的产品定价和投入决策选择，这种分配策略的不平衡在某种程度上会阻碍中心企业的创新绩效。从知识溢出方面考虑，中心企业若完全公开新产品知识，则需要防范供方跨越价值链经营，造成市场绩效的降低。

中心企业从选择供应商，到与之交互，再到分配利益这本身是一个复杂的过程，并不存在完全的竞争或完全的合作，用竞合来形容他们之间的行为显得更为贴切。因此得出第一个假设，H1：中心企业与供方的竞合关系与内部技术创新绩效（a）、外部市场创新绩效（b）正相关。

2. 买方竞合与创新绩效

自 von Hippel 提出领先用户是产品创新的重要来源后，众多学者认为创新的成功与客户合作存在着极大关系，能降低新产品上市的市场风险（Rothwell，1977；Quinn，1985；Rothwell and Gardiner，1985；Kline and Rosenberg，1986；Fritsch and Lukas，2001；Tether，2002）。

Foreman 等（1994）总结了与客户合作的几大好处：提供客户方面的知识补充；找到功能与价格的平衡点；提出创新的改进；增加创新被其他公司接受的机会，特别是突破性创新（Tether，2002）。Athaide 探讨了高科技背景下，工艺创新产品［计算机辅助设计（computer aided design，CAD）、办公自动化（office automation，OA）系统］企业之间的买卖双方关系，总结了 More 等的研究后得出：客户参与新产品开发的早期阶段，可以使产品符合市场需求，在实施过程保持密切联系可以保证创新的成功，在实施后的跟踪可以发现新的应用机会和掌握产品的修改需求。

对于高新技术产业，产品存在生命周期短、更新换代速度快的特征，因此了解客户需求，和客户的频繁互动将是公司获取产品竞争力的一个重要方式（魏江和朱海燕，2006），时任 IBM 大中华区市场总监左洪认为，创新不是口号，理解并满足用户的需求才是创新的根本目的，即用户的需求是创新的源泉。

随着买方对上游的要求越来越高，强势买方会进一步提高与中心企业的价格博弈能力，使供应链利润更多向买方转移；买方也会因战略需要而产生向上游拓展的动机，对中心企业形成潜在的进入威胁；随着市场变化和技术变革，掌握更充分市场信息的买方会形成对上游中心企业的"锁定"，甚至使中心企业现有能力过时（任新建，2006）。可见，买方的竞争行为会直接影响中心企业的市场绩效。因此得出第二个假设，H2：中心企业与买方的竞合关系与内部技术创新绩效（a）、外部市场创新绩效（b）正相关。

3. 互补者竞合与创新绩效

本章对互补者的概念界定如下：①按照 Brandenburger 和 Nalebuff（1996）对互补品的定义，凡是有助于提升企业自身产品或服务在顾客心中价值的其他产品或服务，都可以视为企业的互补品。②产业环境下，大学、咨询机构等知识型互补机构。

Faems 等通过 1992 年的比利时社区创新调查（community innovation survey，CIS）跨部门（cross-section）调查数据发现，企业开发创新产品从而提高销售额，与和大学合作呈正相关。Belderbos 等（2004）发现在 R&D 合作伙伴选择时存在实质的异构性，具有创新知识的对象更有可能被选择为合作伙伴，与大学和研究机构合作的企业在技术和产品发展方面有更好的表现。

董丽凤（2006）在《协作中品位创新的味道》中阐述了 IBM 的合作创新模式，IBM 与百度共同合作拓展硬盘搜索市场，与高校启动了 IT 人才的培训计划"先锋部落"，每一次合作，都给 IBM 提供产品或策略创新的灵感，都为下一个研发主题提供参考，使 IBM 从蚂蚁变成大象（石钟韶等，2005）。

因此得出第 3 个假设，H3：中心企业与互补者的合作关系与内部技术创新绩效（a）、外部市场创新绩效（b）正相关。

4. 竞争者竞合与创新绩效

Rosenkranz（1995）总结了合资 R&D 的三个原因：对技术溢出的担心；投入

与产出的随机效应；其他公司对创新项目结果的影响。他还通过数学建模方法，对寡头企业的创新产品在产品质量与创新时间上进行了合作与不合作的部分平衡博弈分析，证明了合资 R&D 可以增加公司利润和社会财富（Bengtsson and Kock，2000）。竞争者之间的合作可以使企业资源和能力进行整合，与其他个体进行竞争，能够降低新产品开发的费用，或在竞争者之间分担；缩短订货与交货时间；增强单个公司的核心竞争力，因此是有益的（Bengtsson and Kock，2000）。

竞争促进技术进步、产品创新，对社会是有益的（Porter，1985）。Porter 还认为在很多当地的竞争者中，业务的改进和创新与竞争者的关系相关性更大。相邻的竞争者在短时间之内，可以通过观察彼此的动作和反抗手段，快速模仿彼此的产品。心理因素，如威望和荣誉感同样刺激企业积极竞争并进行创新。通过这种方式，敌对状态加剧了竞争者之间的"战争"，增强了产业的动态性。竞争给予公司的压力，促使他们去深化产品，更有效地运行（Bengtsson and Kock，2000）。

张超（2004）通过对长三角地区移动通信产业的实证研究发现，竞争对手之间的产业对称性与集群的持续性创新正相关，没有验证与突破性创新的正相关关系，友好企业价值观不利于突破性和持续性创新，但是没有验证高强度的竞争有利于企业创新。

综上得出第 4 个假设，H4：中心企业与竞争者的竞合关系与内部技术创新绩效（a）、外部市场创新绩效（b）正相关。

2.3.2　概念操作化与变量测度体系

1. 概念操作化定义

本章以中心企业与供方、买方、竞争者和互补者四类市场参与者之间的竞合互动为研究框架，探讨中心企业的创新绩效表现，涉及竞合关系、创新绩效等抽象概念，因此需要先对其进行可操作化定义，用经验性的观察结果来解释概念。

1）竞合

Afuah（2000）提出合作竞争者（co-opetitors）的概念，认为这些合作竞争者与企业的关系既包含合作的成分，也包含竞争的成分。Bengtsson 和 Kock（2000）认为，竞合将竞争和合作这两种不同行为纳入一个框架中。Brandenburger 和 Nalebuff（1996）认识到合作和竞争是竞合整体的一部分，他们也使用竞合这一概念来描述这样一种关系。在 Brandenburger 和 Nalebuff 的认识中，竞合是广义的。竞争对手之间在吸引顾客等方面同样可能存在合作的可能，而表面合作的企业之间可能在利益分配上存在竞争关系。Lado 等（1997）认为，比起单个的竞争或合作行为，竞争与合作的有机融合能够促进更高程度的知识寻租和技能发展。一方面，竞争能够刺激创新，从而有助于提高知识技能和市场份额；另一方面，企业间的合作同样能够促进知识的开发和利用，提高产品或服务质量，拓展市场份额。Quintana-García 和 Benavides-Velasco（2004）认为，竞合包含了竞争和合作两种不同的互动逻辑。一方面，企业之间因为利益冲突而产生竞争敌对关系；另一方面，为了实现共同的目标，企业之间又要建立信任和承诺关系。张超（2004）认为竞合是基于产业结构的企业间竞争气氛与合作关系的综合体。任新建（2006）认为竞合是指企业之间有机融合并且灵活运用竞争与合作这两种行为，以充分发挥竞争与合作优势，提升企业经营绩效的行为。

综合以上论述，结合本章的理论模型，将竞合定义为：企业在与供方、买方、竞争者或互补者中任一方之间有机融合竞争与合作的交互模式，强调竞争与合作对象的同一性和同时性。

2）创新绩效

创新是一个体系，所以很多学者对创新绩效的衡量从投入和产出两个方面来考察，创新投入包括 R&D 人力、设备和资本等，创新产出从专利数量、新产品销售收入和利润率、市场份额、产品和服务的特性改进、技术改进程度、顾客满意度等方面来衡量（李成刚和吴涛，2007；刘帮成，2007；吴晓波等，2007）。而绩效的含义是业绩与效能，所以它是创新能力中与创新产出相对等的一部分。很多文献对它的衡量采用专利产出、与新产品相关的企业财务状况等，其中有少数学者将平衡计分卡①的思想引入创新绩效测度中。例如，姚梅芳等（2004）从财务方面、客户方面、经营过程、学习和成长来评价高科技网络及软件企业的绩效；赵家新（2007）也研究过基于平衡计分卡的高科技企业综合创新绩效评价体系，他将平衡计分卡中传统的结果因素模块"财务"从单一模块扩展到经济、社会、环境 3 个模块，实现了经济、社会和环境的均衡；同时将客户模块、内部经营过程模块和学习与成长 3 个效率模块，分别修正为外部效应模块、内部效率模块、核心能力模块。

本书认为企业的创新绩效应从内部技术创新和外部客户创新产出两个角度进行衡量。内部技术创新绩效包括专利数量、技术敏感性和产品更新速度；外部客户创新绩效包括客户满意度、新产品销售收入和市场占有率增速等。

2. 变量测度体系构建

变量测度体系的建立采取文献析出和预试修正的方法，通过文献阅读提取出

① 平衡计分卡（balanced scorecard，BSC）是由美国哈佛商学院教授罗特伯 • S. 卡普兰（Robert S. Kaplan）和大卫 • P. 诺顿（David P. Norton）创建的一种以信息为基础的管理系统，它主要用于分析哪些是完成企业使命的关键性成功因素及评价这些关键性成功因素的项目，并不断检查审核这一过程，以确保企业绩效评价真实、客观的方法。资料来源：姚梅芳，郑雪冬，金玉石：《基于 Kaplan-Norton BSC 法的高科技网络及软件创业企业绩效评价体系研究》.《工业技术经济》，2004 年，第 6 期：103-105。

企业与供方、买方、竞争者和互补者的竞合程度及创新绩效衡量方式，综合提取出一些问项，形成问卷雏形。

1）中心企业与供方的竞合关系

为了了解测度中心企业与供方的竞合程度，本章综合了 van Cuilenburg 和 Siaa（1995）、Porter（1985）、Afuah（2000）、Quintana-García 和 Benavides-Velasco（2004）、任新建（2006）、Bidault 等（1998）、Tether（2002）等的研究成果，形成的测量问项见表 2.5。

表 2.5 供方竞合测度

编号	竞合行为	来源
1	跨越价值链经营： 供应商和中心企业直接经营彼方产品	Porter（1985）；van Cuilenburg 和 Siaa（1995）；Quintana-García 和 Benavides-Velasco（2004）
2	议价能力： ①供应商为中心企业竞争对手供货； ②中心企业从多个供方竞争中获利	Porter（1985）；Wong（1999）；任新建（2006）；Afuah（2000）
3	供应商在产品开发/创新早期阶段参与	Bidault 等（1998）
4	建立长期的基于信任的协调关系	Tether（2002）；张超（2004）

2）中心企业与买方的竞合关系

为了了解测度中心企业与买方的竞合程度，本章综合了 Quintana-García 和 Benavides-Velasco（2002）、Cusumano 和 Takeishi（1991）、张超（2004）、Wong（1999）、任新建（2006）、Athaide 等（1996）、Kotabe 等（2003）、Rothwell 和 Gardiner（1985）等的研究成果，形成表 2.6 中的测量问项集合。

表 2.6 买方竞合测度

编号	竞合行为	来源
1	对产品提出苛刻要求或更换供方	Quintana-García 和 Benavides-Velasco（2002）；Cusumano 和 Takeishi（1991）；张超（2004）
2	议价能力： ①买方压价；②中心企业抬价	Wong（1999）；任新建（2006）
3	信息共享、合作研发： ①用户参与新产品开发的早期阶段； ②探索用户需求	von Hippel（1988）；Athaide 等（1996）；Kotabe 等（2003）
4	感情维系： ①保持长期密切联系； ②提供技术服务和培训	Rothwell 和 Gardiner（1985）；张超（2004）

3）中心企业与互补者的合作关系

为了了解测度中心企业与互补者的合作程度，本章综合了 Faems 等（2005）、

Belderbos 等（2004）、薛红志和张玉利（2006）等的研究成果，形成测量问项集合，见表 2.7。

表 2.7　互补者合作测度

编号	合作行为	来源
1	与大学、咨询机构等进行 R&D 合作	Faems 等（2005）；Belderbos 等（2004）
2	互补性资源合作	薛红志和张玉利（2006）

4）中心企业与竞争者的竞合关系

为了了解测度中心企业与竞争者的竞合程度，本章综合了 Hamel（1991）、Bengtsson 和 Kock（2000）、张超（2004）、Porter（1980）、任新建（2006）、Rosenkranz（1995）、Luo（2007）等的研究成果，形成测量问项集合，见表 2.8。

表 2.8　竞争者竞合测度

编号	竞合行为	来源
1	产业结构导致的竞争气氛	Hamel（1991）；Bengtsson 和 Kock（2000）；张超（2004）
2	市场、价格实际竞争	Porter（1980）；任新建（2006）
3	R&D 合作	Rosenkranz（1995）；Bengtsson 和 Kock（2000）
4	行业标准制定	Luo（2007）；张超（2004）

5）创新绩效

为了了解测度中心企业本身的创新绩效，本章查找了最新的创新绩效相关实证研究及对创新绩效指标体系构建的文献，主要参考了姚梅芳等（2004）和吴晓波等（2007）的研究成果，并综合了其他人的指标和软件行业的特性，把中心企业的创新绩效分为内部创新绩效和外部创新绩效两类指标来测度，见表 2.9。内部创新绩效包含产品创新带来的财务绩效和技术创新带来的产品开发实施升级周期缩短等。外部创新绩效包含产品和技术创新带来的市场绩效和客户保持率、获得率等指标。

表 2.9　创新绩效测度

创新绩效	测度指标	来源
内部创新绩效	专利数	刘帮成（2007）；张昕和李廉水（2007）
	研发投资回报率	赵家新（2007）；吴晓波等（2007）；尹建海和杨建华（2008）

续表

创新绩效	测度指标	来源
内部创新绩效	新技术应用率、产品性能	张超（2004）；姚梅芳等（2004）
	开发、实施、升级周期	姚梅芳等（2004）
外部创新绩效	新产品销售收入/市场占有率	李成刚和吴涛（2007）；杨勇和达庆利（2007）
	获得新客户、保持老客户	姚梅芳等（2004）
	新产品或服务的市场满意度	刘帮成（2007）；吴晓波等（2007）

2.3.3 理论模型构建

通过创新来提升企业的竞争优势是创新领域研究的焦点，关于内部 R&D 的研究曾一度停留在将企业作为单一创新驱动因素上；之后又出现了用户合作、供应商合作、战略联盟等研究，将创新角色拓展到多驱动因素；而最新倡导的开放式创新（Chesbrough，2006；陈劲和陈钰芬，2007）则将创新源扩展至企业所处生态环境下各种角色交织的复杂网络中。封闭式创新已成为历史，21 世纪是开放式创新发挥效用的时代，因此创新视角也应放到更广阔的空间，即观察商业生态系统（Moore，1993）中的各个角色：供方、买方、互补者和竞争者给企业创新带来的影响。

本书不是研究各类市场参与者和中心企业对象本身，而是将重点放在他们之间的交互和中心企业本身的创新绩效关系上。交互关系是同时融合竞争与合作两种逻辑的“竞合”，因此本章将四个对象、两种互动逻辑进行了融合，结合上面的分析假设和变量测度体系的构建，形成了本章的研究框架（图 2.9）。

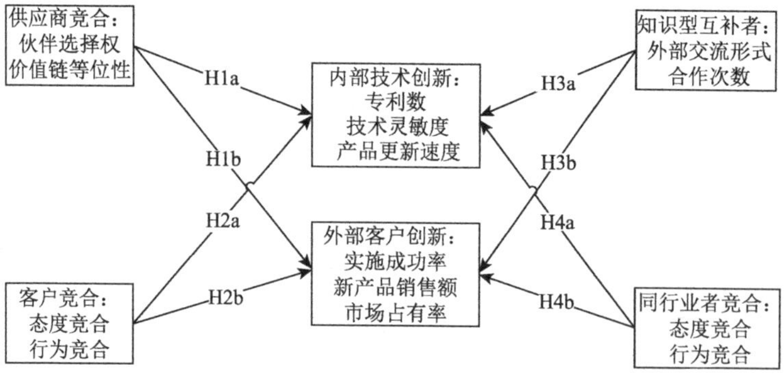

图 2.9　中心企业竞合行为选择与创新绩效关系研究模型

2.4　问卷调查与统计分析

本节描述了实证研究的样本选择过程、围绕样本特征的问卷设计及数据收集过程，并运用社会科学统计软件 SPSS 进行数据分析，来对问卷进行描述性及信度、效度分析。运用 AMOS 对理论假设模型进行验证和结果解释。

2.4.1　问卷调查

1. 样本选择

越来越多的竞合相关文献表明理论界与实践派在战略管理思想上的转变，即从对抗的竞争、宽容的竞争向合作的竞争转变，而这一转变在 IT、生物等高科技行业当中表现尤为明显，而竞合作为竞争和合作主体，与企业自身绩效的关系尚未得到充分的研究，为了检验它们之间的关系，本节选取浙江省管理软件行业作为研究总体，这是基于以下几方面原因。

1）行业高度创新需求

通过对文献的搜索与参考，本书在理论综述部分对竞合战略的产业研究领域进行了综合，尽管竞合管理的行业涉及范围广泛，但进行过实证研究的大多为移动通信产业（张超，2004）、智能卡（Baldwin and Bengtsson，2004）、生物医药产业（Bayona et al.，2004）等高科技行业，其结果具有较高的可信度和推广性。任新建（2006）的研究尽管是基于竞合行为的，但关注于竞合与运营绩效、市场绩效和财务绩效的关系，因此选取了传统产业纺织行业。而本书更关注创新方面绩效，选择的软件行业属新兴高科技产业，更符合本书对创新研究的需要。

2）完整产业链需求

通过对企业竞合参与者的综述得出，不论是 Porter 的五力模型、Brandenburger 和 Nalebuff 的价值网还是项保华的六力互动模型，围绕在中心企业的参与者都为供方、买方、互补者和竞争者四大类。在确定软件行业为观测总体之后排除了主要业务为外包、集成电路设计、互联网等的软件企业，选择管理软件、办公软件、行业专用软件、电子政务等独立软件开发商，底层需要数据库、操作系统、平台软件等的上游企业，也需要计算机、网络等互补品硬件支持和服务提供商等短信业务及其他软性业务，符合竞合战略对研究对象产业链完整的要求。另外，考虑到 SaaS 模式的兴起对管理软件企业合纵连横、重新站队的考验，竞合战略在这一过程中能提供重要的启示。

3）数据可获得性需求

考虑到资源的可获得性和研究的可行性，本节选择浙江省范围内的企业作为样本选择范围。并且通过查对软件行业协会的名单和企业简介，样本数量能够达到统计分析的要求。

2. 问卷设计与发放

问卷的设计基于本章变量测度体系的构建，通过文献分析出了预试修正的方法，对管理软件企业之间竞合关系和中心企业创新绩效关系研究测量包括 5 个维度：中心企业与供方的竞合程度、与买方的竞合程度、与互补者的竞合程度、与竞争者的竞合程度及本身的创新绩效。因此问卷的问项也由这五部分组成，再针对每个指标提出若干个题项，形成问卷雏形。

按照 Churchill（1979）的做法，在确定初始问项后，对题项的表面有效性和内容有效性做定性的考核（张超，2004）。所以首先邀请一名相关专业硕士研究生导师和 5 名技术经济及管理专业研究生作为判断者参加讨论分析，对表达模糊的问项进行了修改，对涉及跨越价值链、议价能力等专业词汇的问项进行了概念具体化操作，并在问卷中间加入了对“竞合”等专业生涩的概念的解释。随后为了贴近软件企业的现实情况，邀请了 4 位软件企业的在职员工进行试填，并请他们提出修改意见。针对与数据库、操作系统、开发软件等供应商松散耦合关系的情况，删除了“供方参与新产品开发”问项，同时为了体现竞争因素改为“与公司有合作关系的其他独立软件开发商、服务提供商、硬件或网络运营供应商的数量”，对跨越价值链的测度从合作形式多样化来反映；对顾客参与产品研发等赞同程度一致性较高的问题修改为“产品售后服务部门主动了解或被动接受客户意见和反馈的次数”；对竞争者之间的合作程度测度通过合作意愿和“关注行业趋势，与同行业者共同推进 SaaS 模式，在产业链中定位，寻求新发展”等侧面提问来表现；删除了如“研发投资回报率”等比较难回答的问项，对“是否与竞争者合作制定行业标准”等实际尚未进行过的行为问项也进行了删除。之后对 2 位管理软件企业管理人员进行访谈和问卷试填，听取意见进行修改，形成初步规模发放的问卷。

问卷首先通过电子邮件（E-mail）和在浙江省杭州市文三路的华星科技大厦、创业大厦等软件企业密集点现场进行发放，问卷回收数量上不尽如人意，但是面对面形式给问卷问题的发现和改进提供了可能。首先，利克特量表方法在实际应用中表现出得分偏高性和一致性等，特别是对于创新绩效部分，无明显区分度，因此问卷面临大修改。首先将供应商、互补者合作、客户合作部分和绩效部分问题采用定量化或分段法的方法，消除了一致性问题。最后形成的问卷，共 21 个问项。

鉴于 E-mail 和现场方式过低的回收率和过高的难度问题，笔者通过杭州市软件行业协会，利用 QQ 群的形式进行问卷发放。

问卷发放与回收工作从2008年6月底开始至9月初结束。主要样本取自杭州，少量样本取自宁波等地的软件企业，前期通过电子邮件、信件、现场发放等形式发放问卷，共计120份；后期采取QQ形式并结合现场填写的方式，累计发放问卷223份，回收112份，有效问卷104份。问卷回收率为50.2%，有效回收率为46.6%。

3. 问卷分析方法

所有的数据分析和结果输出均由SPSS和AMOS完成。对企业性质、企业营业额、企业规模和经营历史等特性做统计性描述；运用因子分析来检验五大指标的收敛效度和构建效度；针对主要量表进行内部一致性分析，以信度系数克龙巴赫（Cronbach）α 值来衡量同一概念下各测量问项的一致性，并检验各因子和量表的信度；然后构建结构方程模型，检验假设的拟合度。

2.4.2　数据分析

1. 描述性统计分析

1）企业性质描述性统计分析

企业性质分类参考国家统计局的有关企业性质分类标准，国有及国有控股包括全民、集体所有及国有控股企业。企业性质描述性分析如表2.10所示。从受调查企业的性质看，民营企业（52.7%）数量超过了有效样本量的一半，其次是外商独资企业（15.4%）和股份制企业（11.0%），没有调查到港澳台企业。

表2.10　企业性质

企业性质		出现频度	比例/%	有效比例/%	累计比例/%
有效	国有及国有控股	4	3.8	4.4	4.4
	民营企业	48	46.2	52.7	57.1
	股份制企业	10	9.6	11.0	68.1
	中外合资企业	8	7.7	8.8	76.9
	外商独资企业	14	13.5	15.4	92.3
	其他	7	6.7	7.7	100.0
	合计	91	87.5	100.0	
缺失	系统	13	12.5		
总计		104	100.0		

2）企业营业额与企业规模描述性统计分析

目前还没有出台服务业小微企业界定办法，因此在对营业额进行分段时参照了批发零售业、交通和邮政业的几个划分点，分别是 1000 万元和 3000 万元，考虑到杭州市软件行业协会的建议，对 1000 万元以下划分成 3 个等级，3000 万元到 1 亿元为另一划分标准，得到的结果如表 2.11 所示。若以 3000 万元为划分小微企业和大型企业的标准，则样本绝大多数属于小微企业范畴。对企业规模的划分则是通过确定最高标准 1000 人后，采取杭州市软件行业协会建议划分所得，结果如表 2.12 所示。企业规模具有广泛的代表性。

表 2.11　企业营业额

企业营业额		出现频度	比例/%	有效比例/%	累计比例/%
有效	50 万～100 万元	6	5.8	6.6	6.6
	101 万～500 万元	22	21.2	24.2	30.8
	501 万～1000 万元	12	11.5	13.2	44.0
	1001 万～3000 万元	16	15.4	17.6	61.5
	3001 万～1 亿元	18	17.3	19.8	81.3
	1 亿元以上	17	16.3	18.7	100.0
	合计	91	87.5	100.0	
缺失	系统	13	12.5		
总计		104	100.0		

表 2.12　企业规模

企业规模		出现频度	比例/%	有效比例/%	累计比例/%
有效	＜30 人	10	9.6	10.8	10.8
	30～50 人	18	17.3	19.4	30.1
	51～100 人	15	14.4	16.1	46.2
	101～500 人	28	26.9	30.1	76.3
	501～1000 人	9	8.7	9.7	86.0
	＞1000 人	13	12.5	14.0	100.0
	合计	93	89.4	100.0	
缺失	系统	11	10.6		
总计		104	100.0		

3）企业经营历史描述性统计分析

由表 2.13 得出，多数企业的经营历史在 3～10 年，10 年以上的企业占 1/4 左右。

表 2.13　经营历史

企业经营历史		出现频度	比例/%	有效比例/%	累计比例/%
有效	<3 年	4	3.8	4.5	4.5
	3～5 年	30	28.8	33.7	38.2
	6～10 年	27	26.0	30.3	68.5
	11～15 年	9	8.7	10.1	78.7
	>15 年	19	18.3	21.3	100.0
	合计	89	85.6	100.0	
缺失	系统	15	14.4		
总计		104	100.0		

4）问卷填写人员所在部门分析

从问卷填写人员的部门看，大多数的受调查者来自公司内部的研发部（开发部或技术部）、市场部、财务部和行政部（总裁办公室、总经理办公室等），基本符合问卷对填写人员的要求。

2. 均值与方差分析

从表 2.14 的均值可以看出：供应商竞合因子均值较低，从问卷内容考虑得出独立软件供应商与超过一个以上的同类供应商合作，合作形式处于产品交易与市场共拓的中间水平，因此是一种弱竞争与弱合作的竞合关系；客户因子的均值得分普遍高于 2.5 甚至超过 3，因此企业与客户之间是一种强合作弱竞争的竞合关系；与大学、咨询机构等知识型互补者的合作因子均值为 2.6～2.8，合作强度大；与竞争者竞合关系因子得分普遍较高，可能与使用利克特度量方法有关，该因子考察的是中心企业对竞争对手之间合作态度上的赞同程度，可以认为他们之间是强竞争和强合作的竞合关系。

表 2.14　均值与方差描述性统计分析

问项	*N*	最小值	最大值	均值	方差
x1 系统供应商	104	1	5	2.07	1.253
x2 数据库供应商	104	1	5	2.22	0.988
其他供应商（删除）	104	1	5	3.02	1.275
x3 合作领域	104	1	5	2.39	1.339
x4 需求分析	104	1	5	3.56	0.923
x5 售后服务	104	1	5	3.54	1.002

续表

问项	N	最小值	最大值	均值	方差
x6 客户态度	104	1	5	2.88	0.927
x7 企业态度	104	1	5	2.68	0.910
x8 外部交流	104	1	5	2.68	0.850
x9 校企合作	104	1	5	2.76	1.179
x10 实施咨询合作	104	1	5	2.76	1.067
x11 竞合态度 1	104	1	5	3.22	0.988
x12 竞合态度 2	104	1	5	3.93	1.010
x13 竞合行为 1	104	1	5	3.41	1.072
x14 竞合行为 2	104	1	5	3.59	0.921
y1 专利数	104	1	5	2.46	1.164
y2 技术敏感性	104	1	5	3.07	0.877
y3 产品更新速度	104	1	5	3.51	0.840
y4 客户满意度	104	1	5	3.54	0.951
y5 新产品销售收入	104	1	5	3.05	1.244
y6 市场占有率增速	104	1	5	3.12	1.077

3. 问卷信度与效度分析

信度是指测量结果具有一致性或稳定性的程度。样本的信度是用于考察问卷测量的可靠性，即测量所得结果的内部一致性（internal consistency）程度，内部一致性指标在问卷法观测数据中经常用到。在结构方程模型中，内部一致性是相关软件 AMOS 的一项重要计算指标，因为结构方程所包含的测量模型部分，主要是运用确认型因子分析技术，这就要求研究者为一般属于潜变量的因子设计若干个可测试的显变量，即测试项目，这些测试项目之间的内部一致性作为有待检验的指标（李怀祖，2004）。内部一致性系数最适合同质性检验，检验每一个因素中各个问项是否测量相同或相似的特性。

下面用克龙巴赫 α 值检验量表的信度（表 2.15），测量同一维度下各个问项的一致性及量表整体的一致性。克龙巴赫 α 值越接近 1，信度就越高。一般来说，该系数在 0.7 以上，表示具有高信度；在 0.35～0.7，认为内部一致性普通；小于 0.35 则较低（林震岩，2007）。克龙巴赫 α 值还可用于问卷修正，删除某变量后，如果 α 值提高，则表明删除是合适的（易丹辉，2008）。

表 2.15　问卷信度表

指标	问项数	指标 α 值	问卷 α 值	参考值
买方竞合	4	0.807	0.714	0.7
供方竞合	3	0.869		
互补者合作	3	0.760		
同行业者竞合	4	0.821		
内部创新	3	0.565		
外部创新	3	0.813		

效度指测量工具能够正确测量出所要测量问题的程度。测定效度就是要确认所收集的数据能否得到所要的结论、反映所要讨论的问题，同时也判定潜变量是否确定得合理。测量工具的效度可以从内容效度、标准效度、结构效度和共轭效度四方面进行度量。在进行结构方程模型分析以前，应先对各测度模型进行验证。下面采用探索性因子分析方法来分别检验买方竞合、供方竞合、互补者合作、同行业者竞合、内部创新和外部创新六大层面的模型拟合程度，并评价它们的建构效度。

KMO（Kaiser-Meyer-Olkin）是对样本适当性测量的统计量。KMO 值越大，表示变量间的共同因素越多，越适合进行因子分析。根据 Kaiser 的观点，KMO＞0.9 表示很棒，0.9＞KMO＞0.8 表示很好，0.8＞KMO＞0.7 表示中等，0.7＞KMO＞0.6 表示普通，0.6＞KMO＞0.5 表示粗劣，KMO＜0.5 表示不能接受，较不宜进行因子分析（林震岩，2007）。巴特利（Bartlett）球形检验可用来判断资料是否是多变量正态分布，也可用来检验相关系数矩阵是否适合进行因子分析（林震岩，2007）。

根据 KMO 与巴特利球形检验结果，对问卷各个指标数据进行因子分析是合适的，对表 2.16 数据进行迭代式多轮探索性因子分析，筛选掉因素负荷较小的问项 2 中"其他供应商"后，对剩下的 20 个问项的数据进行主成分抽取和斜交旋转，得到因素结构（表 2.17），从表 2.17 看，14 个问项归类为四个因子，因素结构是清晰的，各问项数据的载荷系数表明本指标体系具有可以进一步研究的良好的信度与效度。

表 2.16　KMO 与巴特利球形检验结果

KMO		0.696
巴特利球形检验	χ^2	612.978
	自由度	91
	显著度	0.000

表 2.17　旋转后的因子相关矩阵

问项	因子			
	1	2	3	4
系统供应商	−0.004	−0.057	0.831	0.006
数据库供应商	−0.105	−0.070	0.877	0.066
合作领域	0.019	0.030	0.837	0.015
需求分析	0.774	0.065	−0.035	−0.119
售后服务	0.865	0.177	−0.058	−0.087
客户态度	0.857	−0.006	0.015	0.107
企业态度	0.890	−0.068	−0.023	0.132
外部交流	−0.004	−0.213	−0.036	0.779
校企合作	−0.011	0.051	0.030	0.791
实施咨询合作	0.038	0.035	0.091	0.881
竞合态度 1	−0.019	0.794	−0.051	−0.045
竞合态度 2	0.047	0.780	−0.010	−0.045
竞合行为 1	0.089	0.813	−0.080	0.104
竞合行为 2	0.037	0.826	0.036	−0.132
特征值	3.135	2.601	2.008	1.577
解释变异量	24.114	20.011	15.449	12.133
积累解释变异量	24.114	44.125	59.575	71.708

提取方法：主成分分析；旋转方法：斜交旋转；经过 5 次迭代旋转收敛

2.4.3　结构方程模型

在因子分析的基础上，结合本章的研究假设，本小节利用 AMOS 软件对企业周边竞合关系和创新绩效关系进行结构方程模型的构建。

1. 模型设定与识别

模型设定是对理论所呈现的因果关系以结构方程模型（structure equation model，SEM）的形式加以表达。通过本章理论模型的构建得到一个因果关系的模型，即中心企业与周围相关企业的竞合战略与本企业创新绩效相关。从作用对象上来看，中心企业的创新绩效（两个内在潜变量）受到供方、买方竞合、互补者和竞争者四个竞合构面（四个外在潜变量）的影响，通过文献析出方法和专家讨论，用路径图的方式对模型进行阐述，如图 2.10 所示。

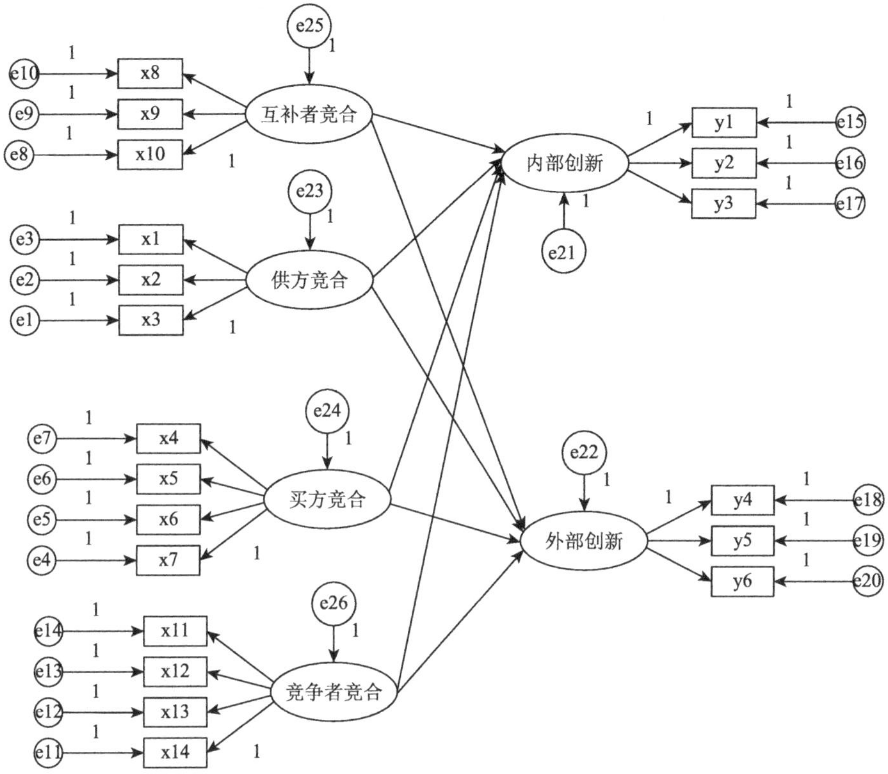

图 2.10　结构方程模型图

F1、F2、F3、F4 分别表示与供方、买方、互补者和竞争者之间的竞合关系程度，F5、F6 分别表示中心企业内部技术创新绩效和外部市场创新绩效；x1，x2，…，x14 和 y1，y2，…，y6 与表 2.14 中各变量相对应

结构方程模型拟合过程中的目标是使得模型隐含的协方差矩阵与样本协方差矩阵差距最小，所以模型的识别可以利用 $\varSigma=\Sigma(\theta)$ 中相应元素相等进行判定，$\Sigma(\theta)$ 的元素可以表示为协方差 $\varSigma$ 的函数。若每一个方程的每一个参数都恰好可以由观测变量方差-协方差矩阵的一个或多个元素的函数表示，则方差恰好可识别；如果信息过多则过渡识别；如果所需估计的参数过多，模型便不可识别。不同类型的 SEM 必须符合某些要求才能获得可识别的条件。

由路径图可以看出，模型有 14 个外因观察变量、4 个外因潜变量和 2 个内因潜变量。根据 Bollen（1989）的 T 法则，需要估计的参数数量为 48[①]，$t<(p+q)(p+q+1)=210$，所以模型属于过渡识别（侯杰泰等，2004）。

对于观测方程，每个潜变量的观测指标都为 3 或 4，根据三指标规则，每个因子至少含有三个指标，每个指标只测量一个潜变量，误差之间互不相关，满足

① 模型中，八个矩阵 $\boldsymbol{B}$、$\boldsymbol{\Gamma}$、$\boldsymbol{\Lambda}_x$、$\boldsymbol{\Lambda}_y$、$\boldsymbol{\Phi}$、$\boldsymbol{\Psi}$、$\boldsymbol{\Theta}_\varepsilon$、$\boldsymbol{\Theta}_\delta$ 所需要估计的参数分别为 0、8、10、4、4、2、14、6 个，共 48 个。

识别的充分条件。结构模型为一个递归模型，因此利用递归可以得知矩阵 $\boldsymbol{B}$ 为下三角矩阵，$\boldsymbol{\Psi}$ 为对角阵，模型参数可以唯一确定。

2. 模型评价

在估计方法的使用上，虽然一般多元回归技术的单一阶段的最小平方法可以估计 SEM，但是最大似然（maximum likelihood，ML）法和广义最小二乘（generalized least square，GLS）法最适合 AMOS。下面采用最大似然估计，当 S 越接近于 $\Sigma(\theta)$ 时，F_{ML} 越接近于零，使用该方法求出的估计值 $\hat{\theta}$ 称为 θ 的最大似然估计值。

估计函数：$F_{\mathrm{ML}}=\lg|\Sigma(\theta)|+\mathrm{tr}[S\Sigma^{-1}(\theta)]-\lg|S|-(p+q)$

下面对表 2.18、表 2.19 进行分析评价。由于本书的研究属纯验证型，所以利用采集的数据来验证模型是否被拒绝。对结构方程模型的评价通常包括三个方面：参数检验、拟合程度检验和解释能力评价。

表 2.18　竞合关系与创新绩效结构方程模型路径的估计及检验值

路径				路径系数	标准差	CR	P
γ_{51}	F5 内部创新	←	F1 供方	0.209	0.091	2.304	0.021
γ_{53}	F5 内部创新	←	F3 互补者	0.650	0.075	8.636	***
γ_{52}	F5 内部创新	←	F2 买方	0.105	0.050	2.094	0.036
γ_{61}	F6 外部创新	←	F1 供方	0.074	0.074	1.012	0.311
γ_{62}	F6 外部创新	←	F2 买方	0.631	0.066	9.564	***
γ_{54}	F5 内部创新	←	F4 竞争者	0.148	0.071	2.090	0.037
γ_{64}	F6 外部创新	←	F4 竞争者	0.039	0.057	0.675	0.500
γ_{63}	F6 外部创新	←	F3 互补者	−0.001	0.042	−0.029	0.977

*** $P<0.001$

表 2.19　整体模型拟合指数

模型拟合指数	指数值	参考值	分析结果
整体模型绝对拟合指数			
χ^2 值	216.884	—	—
χ^2/df（自由度 df = 162）	1.339	1～2	好
绝对拟合指数 P 值	0.003	>0.05	检验不通过
拟合优度指数（GFI）	0.835	>0.90	不好
均方根残差	0.073	<0.05	不好
标准化残差均方根	0.057	<0.05	不好

续表

模型拟合指数	指数值	参考值	分析结果
相对拟合指数			
标准拟合指数	0.868	>0.90	尚可
Tucker-Lewis 指数（TLI）	0.956	>0.90	好
比较拟合指数	0.962	>0.90	好
信息指数			
赤池信息量准则（AIC）	312.884	各模型中相对较小	好
阿凯克信息量准则（CAIC）	487.815		

1）参数检验

参数检验包含显著性和合理性检验两种。检验采用 T 统计量，由参数的估计值除以相应的标准误得到，AMOS 中用临界值 CR 表示。结构方程模型对每一个估计的参数建立原假设 H0：参数为零。若 CR＞1.96，则拒绝原假设，检验通过，表明参数显著不为零，假设模型中对参数进行自由估计是合理的；若不能拒绝原假设，则表明参数与零没有显著差异，可以从模型中剔出该条路径。

由表 2.18 可以看到，除了 F3 对 F6 的路径系数为−0.001 外，其他因子之间路径系数都为正，与原假设基本符合；F6←F1、F6←F4、F6←F3 的 CR 值分别为 1.012、0.675、−0.029，小于临界值 1.96，因此检验不通过，该三条路径系数与原假设为 0 没有显著区别，因此需要对模型进行进一步的修正。

2）整体模型拟合评价

结构方程模型参数估计的基本出发点为 $\Sigma = \Sigma(\theta)$，以样本方差-协方差矩阵 $\boldsymbol{S}$ 替代 Σ；以参数 θ 的估计值 $\hat{\theta}$ 替代 θ，$\boldsymbol{S}-\boldsymbol{\Sigma}(\hat{\theta})$，其中，$\boldsymbol{S}$ 为残差矩阵，$\boldsymbol{\Sigma}(\hat{\theta})$ 为样本残差矩阵，衡量假设模型与真实模型的接近程度，有三个指标可以衡量残差大小，分别是均方根残差（RMR）、标准化残差（NR）和标准化残差均方根（SRMR），本处采用 RMR 指标。

$$\mathrm{RMR} = \left[2\sum_{i=1}^{q}\sum_{j=1}^{i}\frac{\boldsymbol{S}_{ij}-\hat{\sigma}_{ij}}{q(q+1)} \right]^{\frac{1}{2}} \tag{2.1}$$

结构方程模型的整体评价，一般通过计算拟合指数完成，通过构造统计量衡量 $\boldsymbol{S}-\boldsymbol{\Sigma}(\hat{\theta})$ 的差距。拟合评价的绝对指数有 χ^2 和近似均方根误差（RMSEA）。一般 χ^2 值越小，模型拟合越好，因而在 χ^2 统计不显著的情况下，不拒绝假设模型，研究通过 P 值来考虑，H0 为真，P 值越大越好，一般应大于 0.1 或 0.2。RMSEA 低于 0.05 表明模型与数据拟合得很好，理论模型可以接受；RMSEA 在 0.05～0.08，可以认为拟合得不错；在 0.08～0.10，则认为一般；若大于 0.10，模型拟合效果不能接受，它对错误模型比较敏感，同时惩罚复杂模型，所以 RMSEA 是一个较为理想的用于模型评价的绝对拟合指数（易丹辉，2008）。

$$\chi^2=(N-1)\min|F|\sim\chi^2(1/2(q(q+1))-k) \tag{2.2}$$

$$\text{RMSEA}=(\hat{F}_0/\text{df})^{\frac{1}{2}}\text{，其中 }\hat{F}_0=\max\{(\hat{F}-\text{df})/(N-1),0\} \tag{2.3}$$

相对拟合指数是通过将假设模型与独立模型或基准模型 χ^2 值的比较得到的统计量，主要有标准拟合指数（NFI）、非标准拟合指数（NNFI）、比较拟合指数（CFI）及信息指数 AIC、BIC（贝叶斯信息准则）等。NFI = 0，表示假设模型拟合与独立模型或基准模型相同；NFI = 0.96，表示假设模型的拟合接近饱和模型，拟合效果不错，但此指标受样本容量的影响较大，所以不是很理想的评价指数。NNFI＞0.9，模型拟合较好。CFI＞0.9，模型拟合较好，该指数的不足是没有惩罚复杂模型。AIC 是用于比较不同模型拟合数据效果的一种信息指数，其数值越小，表明拟合效果越好。AIC 依赖于样本容量，用于在多个模型中找出参数估计比较稳定的模型。

$$\text{NFI}=\frac{\chi_1^2-\chi_{\text{M}}^2}{\chi_1^2} \tag{2.4}$$

式中，χ_1^2 是独立模型 χ^2 值；χ_{M}^2 是假设模型 χ^2 值。

$$\text{CFI}=1-\left(\frac{\tau_{\text{M}}}{\tau_1}\right) \tag{2.5}$$

式中，$\tau_{\text{M}}=\max\{(\chi_{\text{M}}^2-\text{df}_{\text{M}}),0\}$，$\tau_1=\max\{(\chi_1^2-\text{df}_1),0\}$

$$\text{AIC}=\chi^2+2K \tag{2.6}$$

式中，K 是模型自由参数的个数（易丹辉，2008）。

根据表 2.19 的拟合指数信息，初始模型构建得不是很理想，还需要做进一步的修正以达到理想效果。

3. 模型修正及结果

模型修正的意义在于用所获得的数据考察依据相关理论提出的初始假设模型，如果模型偏离数据所揭示的情况，则需要根据数据所反映的情况对初始模型进行修正，不断重复这个过程，直至得到一个与数据拟合较好而同时模型总体的实际意义、模型变量之间的实际意义和所得到的参数都有合理解释的模型。

模型修正有两个方向：一是向模型简约方面修正，即删除或限制一些路径，使模型变得更简洁；二是向模型扩展方面修正，即放松一些路径的限制，提高模型的拟合程度。这两个方向的修正分别是依据临界比率的大小变化进行调整。

$CR = \chi^2 / df$，用 CR 值进行判定做模型简化时，通过限定参数，大大增加自由度而增加很小的 χ^2 值。若将限定参数后模型记为简单模型，原模型为复杂模型，参考参数限定是否合理，可利用两个 χ^2 值之差，除以两个 χ^2 值自由度之差，生成新的 CR 值。如果 χ^2 检验显著，即概率 P 均位于 0.05～0.01，则表明参数限定不合理，复杂模型比较好；CR 值不显著，则表明两模型拟合效果相差不多，参数限定合适，可选取简单模型（易丹辉，2008）。

初始模型运算结果路径系数表显示，各项拟合指数尚可，但由模型参数的显著性检验发现模型中 F1、F3、F4 对 F6 之间的路径系数 CR 值小于 1.96，可认为数据拟合结果与原假设系数为零，没有显著差异。这说明对于采集到的数据，潜变量之间影响关系可以忽略，在初始模型中删除三条路径可得到新模型。

在模型评价时，引入 χ^2 值作为评价指标，在所有能够建立的模型中，独立模型的 χ^2 值最大，当模型对数据的拟合效果提高时，值会减小。χ^2 修正指数 $MI = \chi_1^2 - \chi_M^2$，反映的是一个固定或限制参数被恢复自由时，χ^2 值可能减少的最小量。一般认为模型修正后，MI 变化很小，修正没有意义。由于 χ^2 值遵从 χ^2 分布，在显著性水平为 $\alpha = 0.05$ 时，临界值为 3.84，因而通常认为 MI＞4，修正才有意义。MI 值大于 4 的所有残差协方差修正指数见表 2.20。

表 2.20　假设模型残差协方差修正指数表

路径	MI	路径	MI	路径	MI
e21 ↔ e22	9.753	e9 ↔ e21	7.203	e6 ↔ e21	8.000
e18 ↔ e25	5.784	e9 ↔ e15	16.075	e6 ↔ e15	4.186
e18 ↔ e21	12.922	e8 ↔ e16	9.531	e5 ↔ e10	4.583
e16 ↔ e18	5.240	e8 ↔ e15	5.596	e4 ↔ e14	5.292
e15 ↔ e22	6.147	e8 ↔ e10	4.263	e3 ↔ e5	4.580
e12 ↔ e24	4.059	e8 ↔ e9	7.308	e2 ↔ e9	4.387
e12 ↔ e21	4.705	e7 ↔ e9	9.514	e2 ↔ e8	5.299
e10 ↔ e21	5.732	e7 ↔ e8	5.197		

由残差协方差修正指数表可以看出，MI 值最大的几条路径为 e9 ↔ e15、e18 ↔ e21、e21 ↔ e22、e8 ↔ e16、e7 ↔ e9，分别为 16.075、12.922、9.753、9.531、9.514。鉴于模型修正的省俭原则，只对前面三对残差关联进行扩展，对回归权重也不进行修正，模型修正结果如图 2.11 所示。

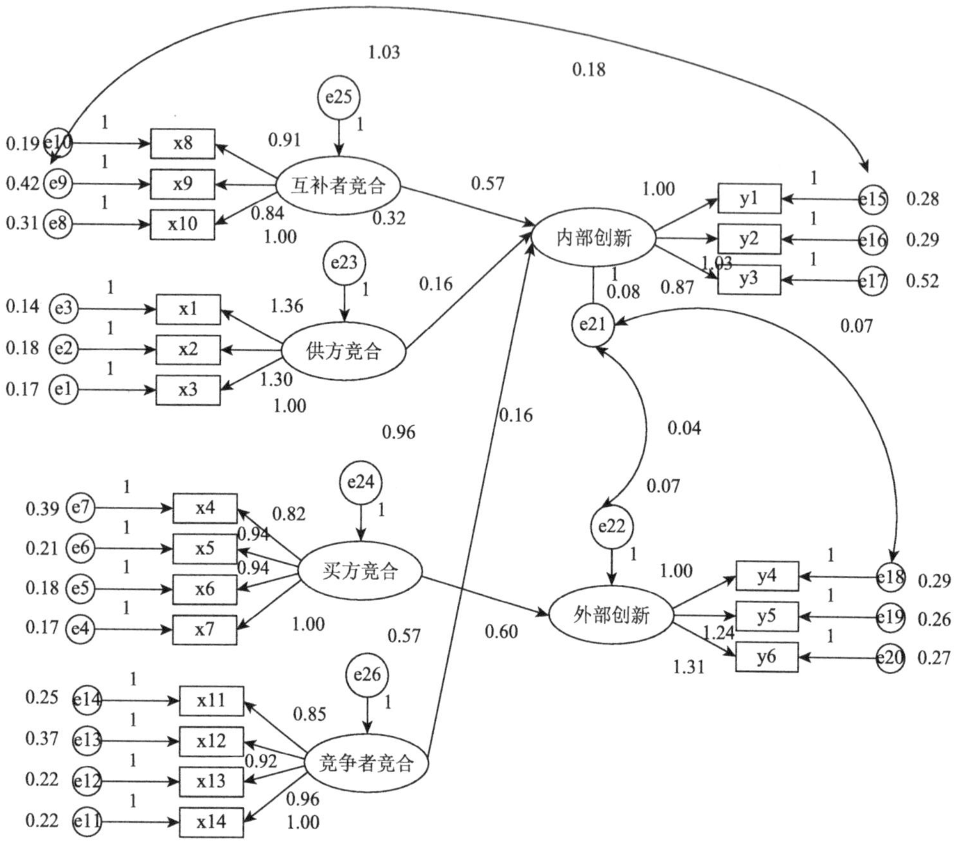

图 2.11　修正后的结构方程模型图

表 2.21 所示为结构方程模型的拟合指数，χ^2 与自由度的比率小于 2，符合拟合指数的要求，整体拟合指数：GFI = 0.855，虽然没有大于 0.9，但是尚可；绝对拟合指数 *P* 值大于 0.05，明显比假设模型拟合程度高；RMR 与假设模型基本相当，RMR = 0.079，也优于假设模型；除了标准拟合指数接近于标准 0.9 外，其他的相对拟合指数均大于 0.9，符合要求；信息指数相对于假设模型也下降了。因此，修正后的模型达到了一个相对理想的拟合效果。

表 2.21　修正后的整体模型拟合指数

模型拟合指数	指数值	参考值	分析结果
整体模型绝对拟合指数			
χ^2 值	183.329	—	—
χ^2/df（自由度 df = 162）	1.125	1～2	好
绝对拟合指数 *P* 值	0.132	＞0.05	检验通过

续表

模型拟合指数	指数值	参考值	分析结果
整体模型绝对拟合指数			
拟合优度指数（GFI）	0.855	>0.90	尚可
均方根残差	0.079	<0.05	不好
标准化残差均方根	0.035	<0.05	好
相对拟合指数			
标准拟合指数	0.888	>0.90	尚可
Tucker-Lewis 指数（TLI）	0.984	>0.90	好
比较拟合指数	0.986	>0.90	好
信息指数			
赤池信息量准则（AIC）	277.329	各模型中相对较小	好
阿凯克信息量准则（CAIC）	448.615		

根据参数检验和模型整体检验过程，原始模型删除了三条路径，增加了三条残差关联路径，对修正模型重新进行拟合，路径系数、临界值和 P 值等如表 2.22 所示。

表 2.22 修正之后竞合关系与创新绩效结构方程模型路径的估计及检验值

路径				路径系数	标准差	CR	P
γ_{51}	F5 内部创新	←	F1 供方	0.162	0.075	2.158	0.031
γ_{53}	F5 内部创新	←	F3 互补者	0.574	0.066	8.689	***
γ_{52}	F5 内部创新	←	F2 买方				大于 0.05
γ_{61}	F6 外部创新	←	F1 供方				大于 0.05
γ_{62}	F6 外部创新	←	F2 买方	0.598	0.061	9.800	***
γ_{54}	F5 内部创新	←	F4 竞争者	0.160	0.057	2.786	0.005
γ_{64}	F6 外部创新	←	F4 竞争者				大于 0.05
γ_{63}	F6 外部创新	←	F3 互补者				大于 0.05

*** $P<0.001$

2.4.4 模型结果解释与讨论

本章对模型的各种假设进行了分析验证，每个大假设下都有一个小假设被拒绝，但是供方、买方、互补者和竞争者四类竞合关系对创新绩效的正向影响关系并没有被全部否定，结果如表 2.23 所示。

表 2.23　假设检验结果

假设	内容	检验结果
H1a	中心企业与供方的竞合关系与内部技术创新绩效正相关	不拒绝
H1b	中心企业与供方的竞合关系与外部市场创新绩效正相关	拒绝
H2a	中心企业与买方的竞合关系与内部技术创新绩效正相关	拒绝
H2b	中心企业与买方的竞合关系与外部市场创新绩效正相关	不拒绝
H3a	中心企业与互补者的合作关系与内部技术创新绩效正相关	不拒绝
H3b	中心企业与互补者的合作关系与外部市场创新绩效正相关	拒绝
H4a	中心企业与竞争者的竞合关系与内部技术创新绩效正相关	不拒绝
H4b	中心企业与竞争者的竞合关系与外部市场创新绩效正相关	拒绝

1. 路径解释

1）中心企业与供方竞合对创新绩效路径解释

假设 1（H1a）：中心企业与供方的竞合关系与内部技术创新绩效正相关。

验证结果：$\gamma_{51}=0.162$，$P=0.031$，H1a 通过。

假设 1（H1b）：中心企业与供方的竞合关系与外部市场创新绩效正相关。

验证结果：因 $P>0.05$，模型原假设 $\gamma_{61}=0$ 发生概率大，因此依据样本数据，认为与供方的竞合关系与本企业客户市场创新绩效之间关系不大，可忽略。

本章的测试样本为软件企业，从假设 H1a 的验证可以推测出，若软件企业与系统供应商、数据库开发商建立多样化和可选择性的关系网络，与其他的独立软件开发商、增值服务供应商、网络运营提供商之间进行多样化的合作关系有利于自身产品和技术等方面的创新绩效，产生的结果是自身专利水平和自身产品在行业内达到先进水平、对新技术的灵敏嗅觉和产品更新速度提高。H1b 的拒绝说明供方对企业客户满意度、市场占有率和新产品销售收入影响关系不是太明显。

2）中心企业与买方竞合对创新绩效路径解释

假设 2（H2a）：中心企业与买方的竞合关系与内部技术创新绩效正相关。

验证结果：因 $P>0.05$ 被拒绝，因此依据样本数据，与买方的竞合关系与本企业内部技术创新绩效之间关系不大，可忽略。

假设 2（H2b）：中心企业与买方的竞合关系与外部市场创新绩效正相关。

验证结果：$\gamma_{62}=0.598$，$P<0.001$，H2b 通过。

假设 H2b 的成立说明，软件企业与客户方在产品需求、技术、质量、功能、价格和售后服务上的竞争性合作程度越高，越能增加客户满意度，越能促使市场占有率的提高和新产品销售收入的提高，$\gamma_{62}=0.598$，说明与客户的竞合关系每增加一个单位，外部创新绩效就能提高 0.598 个单位，影响效果非常明显。H2a 的拒绝说明客户对于企业内部技术的创新绩效，即著作权数、专利、技术先进性和产品更新速度的提升上影响效果不大。

在与企业访谈的过程中发现，软件企业创新与客户需求创新是息息相关的，一般认为想要获得项目成功，双方必须以完全合作的姿态出现，本部分的结果表明企业与客户之间的竞合关系有利于外部市场创新。企业和客户之间是以合作为主导的竞合关系，竞争表现在合作探讨软件需求或技术要求时，客户表现出苛刻的态度、提出意见和反馈等，这些看似让企业头疼的事情却在另一方面给企业以创新的动力，实现客户满意度和市场占有率的提高。

3）中心企业与互补者合作对创新绩效路径解释

假设 3（H3a）：中心企业与互补者的合作关系与内部技术创新绩效正相关。

验证结果：$\gamma_{53}=0.574$，$P<0.001$，H3a 通过。

假设 3（H3b）：中心企业与互补者的合作关系与外部市场创新绩效正相关。

验证结果：因 $P>0.05$，模型原假设 $\gamma_{63}=0$ 发生概率大，因此依据样本数据，认为与互补者的合作关系与本企业客户市场创新绩效之间关系不大，可忽略。

假设 H3a 的成立说明加强与行业外组织、人员的信息交流与合作，对于研发活动的开放化态度而言有利于软件企业技术水平的提高，表现为专利、著作权数增加，新技术接触速度提高，产品更新速度加快。而 H3b 的拒绝则说明这种合作形式对公司的利益影响效果不明显，因为它并不能对客户满意度、市场占有率和新产品销售收入等产生大的影响。

该假设的成立也验证了 Faems 与 Belderbos 的研究：异构性的合作伙伴，往往伴随着创新知识，导致在技术和产品发展方面有更好的表现。有些学者从组织学习角度出发，认为创新过程是一个知识产生与分享的过程（Nonaka and Takeuchi，1996；Argyris and Schon，1996），持续的跨职能和行业知识交换将增进相互了解，创建不同领域的共同语言。

4）中心企业与竞争者竞合对创新绩效路径解释

假设 4（H4a）：中心企业与竞争者的竞合关系与内部技术创新绩效正相关。

验证结果：$\gamma_{54}=0.160$，$P=0.005$，H4a 通过。

假设 4（H4b）：中心企业与竞争者的竞合关系与外部市场创新绩效正相关。

验证结果：因 $P>0.05$，模型原假设 $\gamma_{64}=0$ 发生概率大，因此依据样本数据，认为与竞争者的竞合关系与本企业客户市场创新绩效之间关系不大，可忽略。

假设 H4a 的成立说明企业对竞争对手的不完全敌对态度，与竞争者近距离的相处和行为的关注度及对行业趋势的共同推进有利于自身内部技术创新绩效的提高。而 H4b 的拒绝则说明这种竞合关系对于提升自身企业的客户满意度、市场占有率和新产品销售收入关系不大。

网络和信息的发达改变了企业在地理生存环境上的距离性，这种改变导致竞争者之间可以在短时间之内，通过观察彼此的动作和反抗手段，快速模仿彼此的产品，这与 Porter（1985）的观点是一致的。竞争给予公司的压力，促使他们去深化产品，更有效地运行（Bengtsson and Kock，2000）。因此企业需要正确对待竞争者，使其成为自己的一个创新推动力量。

2. 结果讨论

图 2.11 显示了不同的路径系数：买方竞合与外部市场创新绩效之间表现出了极强的正向关系，路经系数值为 0.60；互补者竞合与企业内部技术创新绩效之间也表现出较强的正向影响关系，路径系数值为 0.57；供方竞合与企业内部技术创新绩效之间路径系数为 0.16；竞争者竞合与企业内部技术创新绩效之间的路径系数为 0.16。尽管中心企业与供方和竞争者的竞合行为对创新绩效的正向关系也得到了验证，但是从路径系数上可以看出，中心企业与买方和互补者的竞合关系影响作用远远大于前者。

因此，企业在选择竞合战略时，应考虑不同对象对其自身创新的不同作用，选择与客户和互补者之间建立更为紧密的关系：从需求分析阶段开始，注重吸收客户知识，并能容忍客户提出的苛刻要求和售后服务要求，并提高将这种知识转化成创新的动力；加强与大学等科研机构的合作程度，充分利用咨询公司等外部资源，整合到自身的创新活动中来；与此同时，兼顾与供方和竞争者之间的竞合关系，利用各种创新源的作用，提高自身的技术创新水平和市场创新水平。

2.5 案例分析

2.5.1 软件行业概述

1. 软件行业发展状况与行业细分

软件产业作为 21 世纪的朝阳产业已经成为国际竞争的焦点和各国竞相发展的战略性先导产业，它的规模和发展水平已经成为衡量一个国家发达程度的标志。发展软件产业对于提升我国的产业竞争力，走新型工业化道路和确保国家安全，具有重要的战略意义。《国民经济和社会发展第十一个五年规划纲要》、《国家中长期科技发展规划纲要》和《信息产业“十一五”规划》都将“壮大软件产业”作为发展核心产业基础的重要任务。

据工业和信息化部的统计信息，2008 年 1～5 月，我国软件产业累计完成软件业务收入 2504.3 亿元，同比增长 29.00%（图 2.12），增速比 2009 年同期高 2 个百分点；规模以上企业个数达 13 182 家，比 2009 年同期增加了 1024 家；全行业就业人数超过 130 万人。浙江省软件产业企业 482 家，收入贡献为 4.26%。

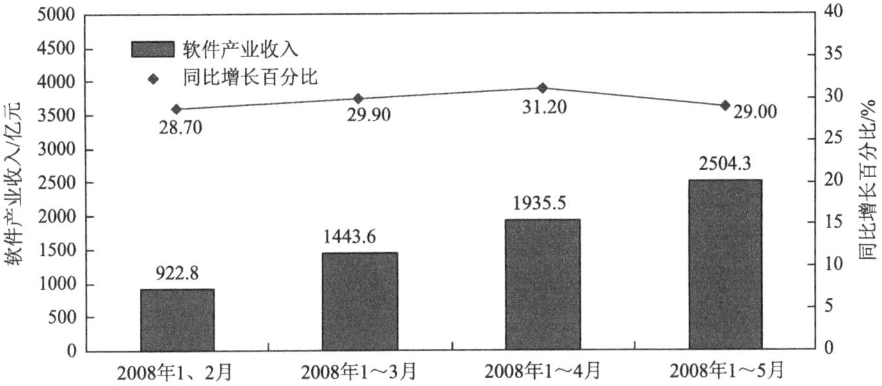

图 2.12　2008 年 1～5 月软件产业收入增长情况

资料来源：工业和信息化部统计信息

2008 年 1～5 月，我国软件产业收入构成中，软件技术服务增长最快，累计完成收入 474.8 亿元，同比增长 46.8%，增速比软件全行业高 17.8 个百分点，所占比例达 19%，比 2007 年同期高 2.3 个百分点。其中，软件外包服务收入超过 39 亿元。

软件产品收入为 875.2 亿元，同比增长 25%，占软件产业总收入的 35%（图 2.13），依然是软件产业的主要组成部分；系统集成收入为 622.5 亿元，同比增长 30.1%；嵌入式系统软件和集成电路设计收入增速相对较低，分别完成收入 454.5 亿元和 77.4 亿元，同比增长 22.6%和 14.7%，分别低于软件全行业增速 6.4 个和 14.3 个百分点。

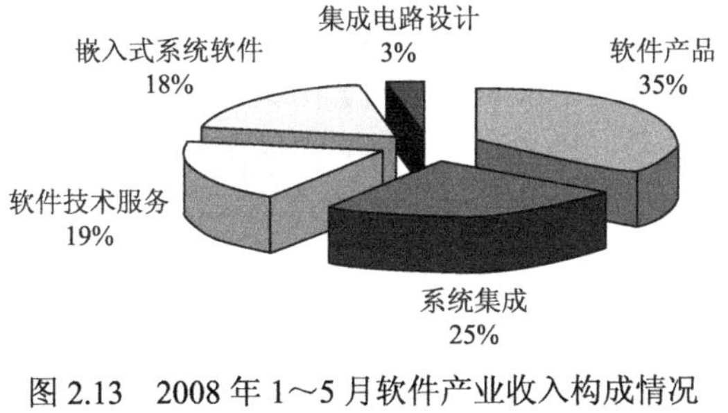

图 2.13　2008 年 1～5 月软件产业收入构成情况

资料来源：工业和信息化部统计信息

2. 国内外管理软件行业发展概况

1）国外发展状况

20 世纪 70 年代初，管理软件企业在欧美发达国家出现，经过 30 多年的发展，一批管理软件企业已经推出了较为成熟的商品化管理软件，客户主要分布在全球的机械、电子、化工、航空航天、食品、商业流通等行业。

成立于 1972 年的德国 SAP 就是具有代表性的一家企业，它是全球最大的企业管理软件和协同电子商务解决方案的供应商，在 120 多个国家和地区拥有 18 800 多家客户企业、56 000 多个系统安装点及 1000 多万名最终用户，世界 500 强中 80%以上的企业都在应用 SAP 提供的管理软件产品及管理解决方案。全球最大的数据库管理系统供应商、第二大管理软件厂商 Oracle 也凭借其技术优势占据全球管理软件市场份额的 10%以上。

2）国内发展状况

国内管理软件起步于 20 世纪 80 年代，当时主要集中在少数国有大型企业实施的制造资源计划（manufacturing resources planning，MRP Ⅱ），私营企业绝少涉足信息化建设。90 年代初财务电算化浪潮开始，用友软件股份有限公司（简称用友）、金蝶公司借这个时机，推出财务软件并逐步占领国内财务软件市场，紧接着在 90 年代中后期，出现了进销存软件，其中以金蝶、用友、速达、管家婆等为代表，迅速占领中小型企业市场。其间，中小型企业主流应用软件主要是进销存软件与财务软件。90 年代末期，原来财务软件公司相继宣布转型为 ERP 公司，希望从原来单纯财务管理转向企业管理，ERP 开始在中小型企业中推广。由此，杭州新中大软件股份有限公司（简称新中大）等杭州软件公司也依托浙江经济的快速发展而迅速成长，中国台湾 ERP 厂商包括台湾天心软件集团、艾一信息集团、鼎新科技有限公司等相继来到中国大陆，国外 ERP 厂商也开始聚焦中国，包括 SAP、Oracle。与此同时，客户关系管理（customer relationship management，CRM）、供应链管理（supply chain management，SCM）、人力资源管理系统（human resource management system，HRMS）开始在国内出现，相继有专业的软件公司成立；而办公自动化（office automation，OA）则从 90 年代的文档电子化发展成为协同与知识管理，大大小小的 OA 软件公司数不胜数。2004～2005 年，一体化管理软件随着市场需求的迅速增长应运而生，国内众多管理软件公司开始整合内部信息化产品，如原来的 ERP 软件普遍缺乏工作流与 CRM，CRM 软件普遍缺乏 OA 与进销存等。整合管理软件成为一种趋势，政府也开始立项引导管理软件市场。

3）市场状况

我国有 1100 多万家企业，企业管理信息化建设为企业管理软件行业的发展创造了非常广阔的市场空间，加入 WTO 也要求我国企业按照国际规则开展商务活动，在企业管理运作上要和国际接轨，也将加大企业对管理软件的需求。2006 年中国管理软件市场规模 71.36 亿元，2007 年实现了 18.50%的稳步增长。2006 年前 6 个月管理软件市场实现销售额 27.35 亿元，ERP 软件占 44.24%的份额，成为市场需求主体。而制造、金融、流通在行业应用市场中占据了主导地位，共占 77.0%的市场份额，规模比例分别达到 56.3%、10.9%和 9.8%。

计世资讯（CCW Research）统计结果显示，软件用友、SAP、金蝶和 Oracle 处于该市场的前 4 位，它们的市场份额之和为 39.2%（表 2.24），2007 年这个数字仍然保持在 36.0%。今后几年内，管理软件竞争更趋激烈，行业集中度渐渐增强，那些建立了分支机构、渠道合作伙伴、用户群、客户口碑方面的优势的 ERP 软件厂商地位会越来越巩固。在产品方面，传统的软件许可的商业模式正在面临着挑战，实现软件服务化、移动网络和基于互联网的软件服务模式将成为热点。用友、金蝶、金算盘软件有限公司（简称金算盘）都纷纷挺进互联网。ERP 系统将更趋于行业化应用，各大 ERP 厂商将着重打造行业化版本，并在修改的灵活性、分步实施时的软件结构、接口的开放性、数据转换和程序连接的方便性上进行重点考虑。

表 2.24　国内外管理软件品牌占有率

厂商名称	销售额/亿元	品牌占有率/%
用友	3.27	15.5
金蝶	2.02	9.6
SAP	1.78	8.4
Oracle	1.21	5.7
新中大	0.84	4.0
浪潮通软*	0.78	3.7
其他	11.2	53.1
合计	21.1	100

资料来源：CCW Research，2002/03

* 浪潮通软是浪潮集团通软公司的简称

3. 管理软件行业发展趋势

1）SaaS 趋势明显

SaaS 是 software as a service（软件即服务）的简称，是随着互联网技术的发展和应用软件的成熟，而在 21 世纪开始兴起的一种完全创新的软件应用模式。它与按需软件（on-demand software）、应用服务提供方（application service provider，ASP）、托管软件（hosted software）具有相似的含义。它是一种通过互联网提供软件的模式，厂商将应用软件统一部署在自己的服务器上，客户可以根据自己实际需求，通过互联网向厂商订购所需的应用软件服务，按订购的服务多少和时间长短向厂商支付费用，并通过互联网获得厂商提供的服务。用户不用再购买软件，而改用向提供商租用基于 Web 的软件，来管理企业经营活动，且无须对软件进行维护，服务提供商会全权管理和维护软件，软件厂商在向客户提供互联网应用的同时，也提供软件的离线操作和本地数据存储，让用户随时随地都可以使用其订购的软件和服务。对于许多小型企业来说，SaaS 是采用先进技术的最好途径，它消除了企业购买、构建和维护基础设施与应用程序的需要。

在中国 SaaS 还是个刚刚兴起的新生事物，但是国内具有非常良好的生长土壤，我国有四千多万家小微企业，这是一个数量非常庞大的 SaaS 消费群体。据互联网数据中心统计，2008 年我国 57.7%的被访小微企业已经实施了信息化，而在未实施信息化的小微企业中有 42.3%的企业也表示将考虑企业信息化建设。46.7%的小微企业有意向选择 SaaS 服务模式，而已实施此模式信息化的小微企业基本满意程度以上的比例超过了 70%。国内行业权威媒体计世资讯也在其发布的软件业发展报告中指出：2014 年和 2015 年，国内 SaaS 市场经历了爆发式的增长，增速分别为 71.35%和 65.38%。2016 年起，国内 SaaS 市场回到相对理性的平稳发展轨道，保持 30%～40%的年增长率。预计 2020 年我国的 SaaS 将达到 473.4 亿元的规模，发展前景可期。

2）SOA 产品化趋势增强，平台化使客户个性化需求更能得到满足

2007 年，面向服务的分布式架构（service-oriented architecture，SOA）在中国大行其道，IBM、Oracle、SAP、东亚银行（BEA）等各路 IT 厂商、顾问们言必称 SOA。2007 年 6 月，金蝶引入 IBM 战略投资，与其一起推广 SOA；之后，浪潮和用友分别与 IBM 成立 SOA 创新中心；而新中大也在早前选择微软的.NET 平台，构建基于 SOA 的应用软件平台。

在用友推出的 U8 中已经部分采用了 SOA 技术架构，而经过 4 年秘密研发之后，2008 年 4 月，用友推出完全基于 SOA 技术架构的 ERP 产品：U9。而金蝶继引入 IBM 战略投资之后，又联合 IBM 召开 SOA 技术大会，大力推动业务操作系统（BOS）平台，布道 SOA。老牌 ERP 厂商 SAP 更是不甘人后，在 10 月 1 日前重拳出击，推出完全基于 SOA 的针对成长型中型企业的产品：Business ByDesign。

用户可以独立于 ERP 厂商之外，自己进行高效率的个性化配置。这不仅可以满足自身需求，减少了原来的二次开发费用，还将原来需要数周到数月才能得到的新功能变成数天甚至即时可以获取。对于厂商则可以从复杂的用户个性化开发中解放出来，专注于 ERP 核心功能应用开发和核心技术的不断升级。管理软件的发展经历了定制化、通用化的阶段，2008 年进入通用化基础上的行业化阶段。

3）统一通信（unified communication，UC）成为新的热点

把即时通信、电子邮件、移动通信、视频会议、客户资料等整合在同一个平

台下已经成为大势所趋，管理软件将脱离个人计算机成为新的热点。

微软的统一沟通技术采用以软件为中心的策略，将 IP 电话（voice over internet protocol，VoIP）系统、电子邮件、即时沟通、移动沟通及音频视频 Web 会议等多种沟通方式融合为单一的平台，成为可扩展的、具有开发能力的企业 IT 基础设施。统一沟通技术将企业的员工处于沟通的核心位置，用户只需单一身份认证即可访问所有沟通模式，把所有与沟通相关的工作都集成到日常工作流程中。这个可扩展的软件平台，不仅可以使企业充分利用现有通信资源与设备轻松实现 VoIP，更可以通过服务器和互联网的统一管理，全程保障沟通的安全。

4）引入 WEB 2.0 概念，建立用户社区将成为软件厂商笼络用户的重要手段

2007 年 10 月，金蝶推出大型主题社区——金蝶社区。据统计，金蝶社区汇集每天 4000 人造访、19 000 次浏览量的人气，2007 年博客浏览量更是同比增加 8 倍。事实上，利用 Web 2.0 技术建立用户社区笼络人气，并非金蝶独家，IBM、SAP 相继在国内最大的技术论坛 ITPUB 开设“蓝色号角”技术精英协会专区，利用开放的互动平台，将厂商、伙伴、客户及其他业内从业者，通过交流互动提高用户忠诚度，并搜集用户反馈信息，以便进行产品升级。2008 年，用友等更多软件厂商意识到社区的力量，自己搭建或是借助其他平台，加快自己的用户社区的建设。

2.5.2　新中大企业发展历程

1. 创业阶段

1993 年 8 月，石钟韶与楼激扬并肩携手创立杭州新中大电脑系统研究所，从事系统集成业务。国内管理软件与信息化建设同时起步于 20 世纪 80 年代，最先发展起来的管理软件是财务管理软件，系统设计的初衷是代替手工会计核算，减轻财务会计人员繁复的工作。新中大分析了当时的时代背景，运用敏锐的市场判断力，于 1994 年底结束了原先的系统集成、人事管理软件和文档管理软件业务，将基于大型数据库系统的财务软件作为自己的主营业务和长期战略目标。

对新中大来说，第一次挑战便是业务之初遇到的“内存危机”，当时公司用 Sybase 3.0 作为数据库为第一个客户（现浙江锦达土工合成材料有限公司）开发了财务管理软件，但是实施的时候很多计算机中央处理器都是 386 或者更低的 286，内存只有 1M 或者 2M，而软件运行需要内存 4～8M 才能顺畅。为了解决产品营销问题，公司决定买软件就送内存，开山之作就这样得到了客户的认同。1995 年开始新中大在管理软件市场频频出击，不断告捷。

1997 年，第二次挑战来临。由于财政部评审文件一直未能下发，铆足了劲想做强做大的新中大软件在全国推广中遭遇了“寒流”，产品销售受挫，财务赤字，

员工走人。在这进退两难的尴尬境地，石钟韶却反其道而行，一方面紧缩银根，维持公司正常工作的运转，另一方面筹措资金，在相关传媒上大张旗鼓地为公司产品做宣传。用石钟韶自己的话说，公司的品牌是永远都不能倒的，实践也证明这次赌注是下对的。到 1998 年，新中大终于通过了财政部评审，使这条从商场旋涡中艰难摆渡的企业之舟摆脱了搁浅的命运。当年“新中大财务软件 V2.5 版”被中国软件行业协会评为 1997 年度“推荐优秀财务软件”，并在中国电子信息产业发展研究院对国内首次软件产品的消费行为调查的结果取证中获得了财务管理软件消费者满意品牌及知名品牌的称号。

2. 发展阶段

1999 年 5 月，新中大走上了增资扩张之路，他们与资产规模达 18 亿元的浙江中国轻纺城集团股份有限公司强强联合，共同投资 3000 万元，组建了一个全新的合资公司——杭州新中大软件有限公司，成立了 50 家分子公司、办事处，发展了 300 多家代理商，将营销和服务网点覆盖到全国各地，并跻身国内财务软件行业前三强。2000 年 10 月，新中大又成功地引入二十一世纪科技投资有限责任公司和深圳市创新投资集团有限公司的风险投资，对公司进行股份制改造，变更为杭州新中大软件股份有限公司，跻身中国十大软件品牌软件厂商。两次资本运作在给新中大带来资本的同时，还为公司注入了丰富的技术资源和管理经验。同年，新公司入驻杭州高新区和国家级软件园，成为中国软件产业中一支举足轻重的力量，经历过困境的新中大开始步入发展快车道。

2001 年中国成功加入 WTO，11 月 26 日，国家经济贸易委员会、信息产业部联合召开了推进企业管理信息化工作的现场会，由传统企业信息化改造带动的管理软件创新给这个行业带来了新的生机。SAP、Oracle 等公司将 ERP 带入中国，会计电算化、进销存和人力资源等企业核心业务的独立运作无法适应信息化时代的要求，因此国内相应的财务软件、进销存管理软件和人力资源软件等也随之整合升级，ERP 企业如雨后春笋般冒出来。国内权威市场研究机构信息产业部计算机与微电子发展研究中心的调查数字显示，2001 年新中大软件独获“财务管理软件消费者满意品牌”称号，同时获“财务管理软件消费者知名品牌”称号，公司成功跻身国内财务软件行业第二名、国内管理软件行业第三名。

3. 稳定阶段

当很多企业在“狼来了”的情绪中忐忑不安时，石钟韶却开始了新一轮的“另类”思考，于 2002 年率先提出基于经济资源联盟体的互动管理理念。经济资源联盟体是当时国际国内领先企业的企业经营组织体系，它是以品牌企业为核心，以上游供应商、渠道合作伙伴及客户为成员要素的新型企业群体，以客户为中心，以信息和资源共享为纽带，通过先进的管理理念和技术支持，实现企业从内部到外部、从后台到前台，并包括客户在内的各种资源的互动和信息化管理，全面实现以核心企业为中心的经济资源联盟体的管理，从而使企业获得新的价值提升。

第三次挑战在 2003 年来临，产品质量的过硬并不等同于市场占有率，因此公司早在此前就开始上市准备工作，想通过资本的募集推动公司的进一步壮大，但最终因为 5%的原始股份属国有，不符合国有股减持政策，在复审中被搁置了。上市计划破产后随之而来的是激烈的市场竞争，尽管新中大尽力在市场中寻找蓝海，提出“联盟资源计划（union resource planning，URP）终结 ERP”的理念，但市场存量是既定的，URP 的提出并不能创造新市场，而且行业内跟随者寥寥，公司在此时有点孤军奋战。用友牢牢锁定已占领市场领域，坚持 ERP 概念，金蝶则在小微企业市场有绝对优势，两家上市龙头企业再加上获得天使投资专注于通用管理软件的速达，将处于中层的新中大放在了一个两面夹击的尴尬境地。在竞争最为激烈的 2004 年，新中大做出了一个机会与风险并存的决定——转型。新中大纠正了与原来战略相左的逐步走向小微企业市场的步伐，将目标重新定位于中高端企业，专注于做两件事情：产品精细化和改变销售模式。

2007 年 3 月 21 日，新中大宣布推出联盟体互动中心（Union Interactive Center，UIC）软件，这是国内第一款整合了联盟体内部不同服务和应用的新一代企业门户软件。14 年的风雨征程，新中大在“创新、中和、大成”的企业价值观念和“服务领先、产品精细化”的战略引导下，全力打造中高端管理软件第一品牌：积极建立 SOA，营造全员皆服务的企业文化；继续推广“URP + 互联网”思想，深化“i6 + UIC”的应用；建立“URP + 互联网”国际样板工程，稳健推进国际化战略。

2.5.3　新中大的灵动联盟创新

ERP 管理思想随着工业化风靡全球，通过对企业财务、工作流程和生产制造的控制达到提高效率、增强企业竞争力的目的。但是如今，市场经济趋于国际化，地域经济转向全球化、业务控制趋于数字化、消费者的需求趋于个性化，生产环境复杂多变，市场环境瞬息万变……在 20 世纪 90 年代被奉为经典的现代企业标志 ERP 正逐步走下神坛，个体成功的“英雄主义”渐渐被联盟整体竞争取代，企业管理的关注点也不再仅仅局限于公司内部，更重要的是与本企业同命运共呼吸的价值链上的所有企业，企业成功的衡量标准在于它在多大程度上将内部系统与诸如供应商、合作伙伴、竞争对手、政策制定者、业务客户和消费者一类的外部系统迅速有效地结合在一起，这种开放式的管理思想被新中大定义为 URP。URP 适用于所有品牌企业[①]，许多品牌企业的经营都是依靠合作伙伴来完成的，在URP管理理念下，要通过生产计划的协同、生产进度、营销等步骤共享信息和利益，降低所有经济资源联盟体成员的经营风险。这种产品理念上的创新思想与其自身的实践行为有所不同，但是极为相似，图2.14为新中大灵动联盟竞合创新图。

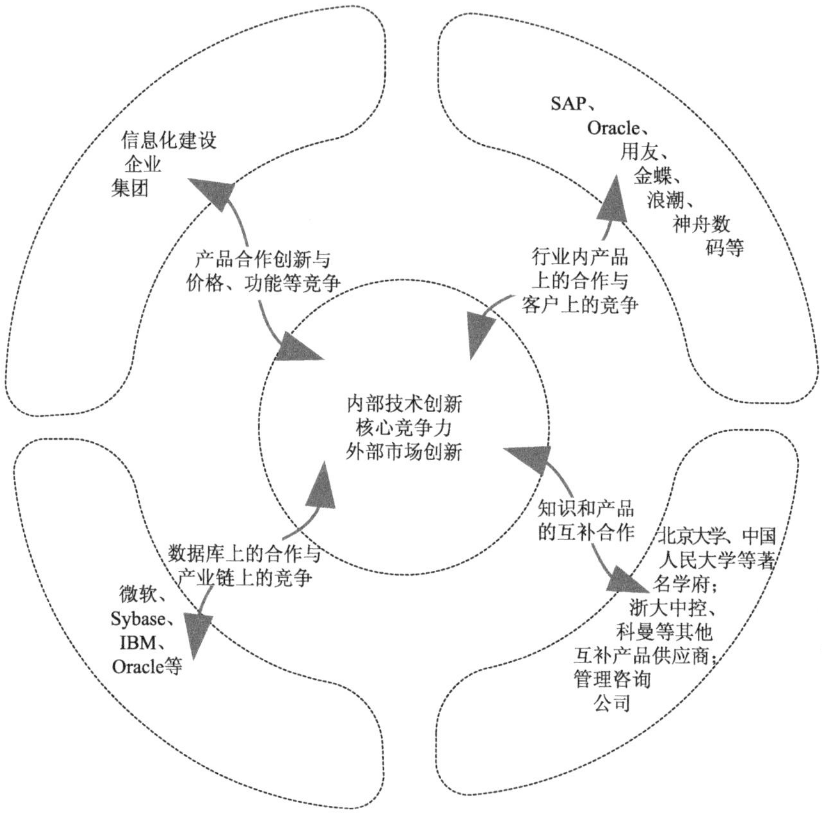

图2.14　新中大灵动联盟竞合创新图

浙大中控：浙江浙大中控技术有限公司的简称；科曼：深圳市科曼医疗设备有限公司的简称

1. 供方创新

管理软件企业的上游企业——供应商主要是指系统软件、数据库软件、服务器提供商、网络运营商和其他独立软件开发商。2008年微软、SUN和Oracle等公司是掌握平台软件和数据库软件核心技术的主要厂商，它们对管理软件开发平

① 名牌企业往往是指全国知名或全球知名的企业，而品牌企业则只需要企业的产品、服务、商品拥有自己的标示。每个品牌企业都可以成为核心企业、盟主企业。资料来源：石钟韶，赵民，李雪：《抢位——灵动联盟的故事》. 北京：人民邮电出版社，2005年。

台有很强的影响力。新中大与供应链上游的合作主要体现在如下方面：产品是微软 Windows 视窗系统下的应用软件，在开发技术上曾采用 Sybase 公司 PowerBuilder 开发工具，在互联网技术发展的今天开始采用微软的 Visual Studio. NET 技术。在数据库方面，会根据产品实施客户的信息化状况和特定需求选用 SQL Server（微软）数据库、Sybase 数据库、IBM 的 DB2 数据库或者 Oracle 数据库。开发平台供方的价格、提供产品或服务质量等都会影响企业：一方面，供方的压力能迫使需方成本增长，从而降低产品和服务的竞争力；另一方面，技术采用的成本过高也会影响供应商自身技术和产品的推广。

分析新中大与微软的竞合关系需要追溯到 1999 年，微软正式宣布与国内 12 家独立软件开发商建立合作伙伴关系，新中大列席其中。合作的要旨是与国内软件企业实现知识共享，包括软件开发、企业经营管理、客户服务、市场开拓等各方面的技术转移及经验交流。而对于新中大来说，随着互联网技术的普及和发展，基于 Windows 平台的 Windows 网络分布式应用体系架构（Windows DNA）非常重要，在这一体系架构上进行开发，可以充分利用现有的资源，实现软件的快速开发和部署，采用微软先进的软件平台和开发技术，开发出受客户欢迎的解决方案。Windows 应用软件和 Windows 的购买许可数量这两个相关变量会产生滚雪球效应，新中大与微软的合作是双赢的。2000 年，微软发布了.NET 白皮书，它解决了数据交互的问题，不管服务器在哪里，都能够实现数据交互、网络计算，自此，新中大将它的业务增长点和竞争向互联网转移。另外，微软将业务延伸向了管理软件领域，从 2003 年开始，微软便逐渐推行进入管理软件市场的计划，期间陆续并购 Navision、Great Plains、Axapta 与 Solomon 等公司，2004 年底完成对四家公司的收购，在美国小微企业 ERP 的市场份额名列前茅，且不断拓展国内战略伙伴的广度，与北京现代中软科技有限公司、神州数码控股有限公司等本土软件厂商签署协议，结成战略合作伙伴，本地化倾向显现，竞争趋势不容小觑。

2. 买方创新

“以客户为中心”，这句话最能够说明客户创新对企业发展的重要性。在管理软件领域，不管是新中大还是别的任何一个厂商，它们的发展方向每时每刻都反映着客户需求的创新。

20 世纪 90 年代开始，全国实行会计电算化，企业会计工作从手工向计算机跨越的那一瞬间，大大小小的财务管理软件企业崛起了，新中大只是其中的一个。90 年代末期，随着 ERP 思想在企业界的广为流传，企业特别是制造企业产生了将财务管理软件升级为 ERP 的需求，这一需求在 2002 年和 2003 年达到顶峰。接下去是 SCM、人力资源管理等，到了 2005 年左右，一体化管理软件和协同办公成了新的需求。管理理念的不断转变和对生产效率的不断提高的要求促使了企业信息化建设，带动了管理软件领域的蓬勃发展。最近出现的 SOA 架构，是基于曾经的管理软件服务器-客户机（C/S）模式克服了原本模式的局限性并升级扩展而成的，而 SaaS 模式的出现是顺应了广大小微企业对信息化实施的普遍性和低成本、便捷性要求。

3. 互补者创新

运用 Brandenburger 和 Nalebuff 的定义，互补者指那些提供互补性产品而不是竞争性产品和服务的公司。在“中和”观念的引领下，新中大先后与微软、IBM、Oracle、Sybase、惠普（HP）等国际知名公司（同时扮演供应商、竞争者和互补者等多重身份的复杂角色）建立长期战略伙伴关系，并已经或即将与同方股份有限公司、信雅达系统工程股份有限公司、浙江西联集团等国际著名公司合作，还与浙江大学、北京大学、中国人民大学、上海财经大学等全国十余所著名高校建立合作关系，通过广泛的合作，吸取精华，截至 2008 年，关系比较密切的互补者有服务器供应商（如 IBM）、浙江浙大中控技术有限公司（简称浙大中控）、杭州浙大大天信息有限公司（产品数据管理系统，进行制造数据集成）、深圳市科迈通讯技术有限公司、浙江大学（技术创新、合作编辑书籍）、杭州电子科技大学（软件实验室、合作编辑书籍）、新华信管理顾问有限公司等。

新中大历史上最早的互补者创新应该追溯到 1999 年 5 月，公司从总资产规模达 18 亿元的上市企业浙江中国轻纺城集团股份有限公司处成功融资 1530 万元人民币，这一合作为后来新中大转轨入新的业务增长点（互联网管理模式）奠定了基础，还获得了“民营企业融资制度创新”的美誉，因为这次联姻小股东一方权益受到充分保护，新中大虽然没有控股权，但是拥有日常事务的管理权，这也符合一个高科技企业持续发展的需求。

自提出 URP 理念之后，2005 年，新中大总裁石钟韶与新华信管理顾问有限公司创始人、董事长兼总裁赵民合作出版了《抢位——灵动联盟的故事》，这是一部系统阐述 URP 产生的背景、国外案例和国内应用现状的专著，反映了一种管理理念的创新，深刻影响着行业的发展方向。

2005 年，公司与滚石移动集团开始战略性合作，通过嵌入移动商务解决方案，逐步实现移动商务（短信群发、祝福、通知提醒等简单横向功能和物流、销售、管理等深入的纵向服务）与 ERP 管理的无缝结合。

2006 年 10 月，新中大和中控科技集团有限公司基于双方的产品具有层次上的互补性，就 ERP 产品和 ESP-iSYS 实时数据库产品的营销和市场推广等方面签订了战略合作协议。新中大的 ERP 系列产品实现了生产、物流、资金流、信息流的协同，而中控科技集团有限公司的 ESP-iSYS 实时数据库是 InPlant 解决方案的核心产品，继承企业各种现场实时数据源，实现了对企业实时生产信息的统一交互、海量存储、实时计算，继承了实时生产运行管理等大量实用性功能，并可以将实时信息高效地提供给上层 ERP 系统的企业。基于 ESP-iSYS 和 URP 的整合产品，能够为用户提供从生产现场实时数据采集（追加内容下载包/美国数字移动通信系统服务，DLC/PCS）到制造执行系统、ERP 全方位的解决方案，帮助用户解决最为关心的精细化管理和实时数据决策问题。

2007 年，新中大牵手远程接入软件[①]供应商——深圳市科迈通讯技术有限公司，远程接入技术这种以基于服务器的计算（server based computing，SBC）模式技术为核心的产品通过在不改变任何网络结构的情况下，将市场主流的基于 C/S 架构的 ERP 软件平滑地转化到浏览器和服务器（B/S）结构，新中大与深圳市科迈通讯技术有限公司的合作解决了 ERP 软件的部署难题，满足了企业在集中管理和部署、系统拓展到互联网应用等多方面的接入需求，提升企业现有 ERP 应用价值的同时，也推动了 ERP 的普及和企业信息化进程。

4. 竞争者创新

从新中大的角度出发，目前管理软件行业中对它形成竞争关系的企业有：用友、金蝶、神州数码、SAP 等（表 2.25）。SAP 类国外高端软件，与国内管理软件相比特色非常明显（表 2.26）。

表 2.25　产品层次的竞争

企业名称	新中大	用友	金蝶	神州数码	SAP
整体解决方案	2001 互动管理解决方案 i6 系统		金蝶企业信息化整体解决方案 V1.0		
集团解决方案	URP 软件 i6 系统	NC	金蝶 EAS	易拓 ERP	SAP Business One，SAP Business ByDesign，SAP Business All-in-One
中型企业	国际 ERP A3，简约型 ERP 银色快车 SE	UFIDA U9，ERP U8	金蝶 K/3	易飞 ERP，易助 ERP，易成管理软件，企明星管理软件	
小型企业		普及型 ERP U6，用友通	金蝶 KIS	易用管理软件	
平台软件	UP（.NET），JUP（java）		金蝶 BOS，Apusic	SAP BC	SAP Netweaver
电子商务	电子商务软件 UIC	UFIDA 用友在线	友商网	易桥（EasyBridge）	
服务	实时服务	服务支持，培训教育	管理咨询，实施服务，运营与支持	MySAP 咨询，IT 管理咨询，知识学院	全球支持，教育咨询，托管服务，大学联盟

① 远程接入软件是基于服务器计算架构的应用接入平台，它将用户各种应用软件统一部署到服务器（集群）上。用户无须安装应用软件客户端，即可高效、便捷和安全地直接使用服务器上部署的应用软件。

续表

企业名称	新中大	用友	金蝶	神州数码	SAP
领域应用（业务深度）	财务管理，人力资源管理，绩效管理，生产制造管理，SCM，工程管理，移动商务	财务管理，分销管理，SCM，人力资源管理，移动应用，集团管控	财务管理，生产制造管理，人力资源管理，SCM	财务管理，业务流程管理，产品数据管理，CRM，电子商务	销售，财务管理，银行业务，采购、制造、存货管理，CRM，人力资源管理
行业解决方案（业务广度）	建筑安装，交通，电力，服装，家具，电子电器，食品，冶金，机械，装备，化工，公共部门	流程制造，流通与零售，服务，金融，建筑与房地产，烟草，政府及公共部门，军工	综合集团，制造、服务、政府及非营利组织	集团管理，制造业（电子、机械、汽车、精细化工、食品制造），流通零售（百货行业、连锁零售、租赁、销售终端行业）	金融与公共部门（银行保险、防卫与安全、医疗、教育、政府等），制造业（航空、汽车、化工等），服务业（物流、传媒、交通、电信）

表 2.26　国内外管理软件产品比较

国外管理软件（SAP、Oracle 等）	国内管理软件（用友、金蝶、新中大等）
产品的完整性、稳定性好	后来发展，吸收百家之长
拥有完善的咨询队伍和客户培训队伍	成本、价格低廉，实施周期短，费用低
提供了相应的开发环境和接口，能满足复杂的本地化开发	本土化气息较浓，管理信息系统研发时已与企业保持良好的合作关系
全面支持各种操作系统、数据库系统，便于全面实施	实施人员对产品的结构把握比较清楚，便于产品的稳定运行
管理过于西化，不能完全适应中国管理现状	适应中国管理现状

国外管理软件参与国内竞争首先要将自己本土化，他们采取的是迂回战术，跟国内的渠道商合作，将产品嫁接给渠道，其优势在于自身产品的高端性和完善性。缺点也是非常明显的，首先语言上不通，其次软件产品包含了管理模式，这种模式可能并不适用于国内的小微企业，在适用性上改进迫使产品要经过国内厂商的二次开发，这也是导致成本偏高的原因，但是 SAP 在国内管理软件领域是重量级角色。

国内厂商之间的竞争直接短兵相接，本章搜集了管理软件行业的神州数码等的官方产品信息，得出以下统计信息：在客户层面，这几家厂商的统一度非常高，特别是金蝶、用友和神州数码，面对不同层次规模的企业群体，都有各自的解决方案，尽管名称各异，平台各异，但从顾客角度来说解决的问题并无大异，区别就在于软件产品实施的效率、在应用过程中的反应速度和维护升级等方面。新中大跟其他几家有所区别，它的特色是专心做高端 i6 等，所以对小微企业 ERP 产品并不大重视，也没有进行明确划分，而且在项目管理领域独树一帜，在这一领域基本占领了国内市场。

产品的雷同性，一方面决定了竞争局面的激烈性，反映对手之间对敌方信息的敏感性和学习程度，另一方面也可以推测，在重合度高的领域，进行合作是有可能的。

在应用领域（业务深度）方面，各企业都从财务管理起家，扩展到物料需求、进销存、生产制造和业务流程管理，再覆盖人力资源和 CRM，更深一步到 SCM。新中大在这一点上其实并无大异，它的联盟体资源管理是综合了互联网在内的供应链一体化解决方案，但是在理念上创新在先。

在行业解决方案上，企业目前触及的领域跟最初历史不无关系。新中大民企发家，客户群体中很大部分是中等或以上的民企，它所要走的与其说是高端路线还不如说是精细化的一对一客户路线；用友是企业及政府、社团组织管理与经营信息化应用软件与服务提供商，因此在政府、军工、烟草等国资企业市场上占有优势；金蝶涉及范围比较广，向全球范围内的顾客提供与软件产品相关的管理咨询、实施与技术服务；神州数码在分销流通领域占全优势。而 SAP 无疑是一巨头，几乎覆盖了所有行业。

速达[①]是继用友、金蝶后又一家直接上市的纯软件公司，但是它的领域是小微企业通用型软件，与用友、金蝶的客户不一致。在合作方面，由于 ERP 行业现在还没有一个固定的统一的行业标准，所以同行业的联盟或者行业标准制定尚在计划当中，还未真正实行。新中大对同业者的态度是吸取对方优秀的软件理念和服务方法，不断完善自己的软件，并表示有机会将选择与对手合作。

这个机会其实并不遥远了，计世资讯提出 SaaS 概念后，已经举行了多届全国管理软件行业 SaaS 大会，用户、软件运营商、软件运营服务集成商、SaaS 软件提供商、软件运营服务平台提供商、咨询实施维护服务提供商、软件基础设施提供商，以及硬件和网络基础设施提供商等 8 类参与者形成的产业链已经显现，这个机会将促成管理软件企业扮演软件提供商或软件运营服务平台等关键角色。

管理类软件运营服务在中国的市场规模还非常小，2006 年的市场规模仅为 1.4 亿元。但巨大的蛋糕已经吸引用友、金蝶、阿里软件、IBM、中国电信集团有限公司、中国移动通信集团有限公司、金算盘、奥林科技（中国）有限责任公司等行业巨头在内的软件公司、互联网公司、电信运营商、IT 服务公司、新兴公司五大势力集团高调介入。国际和国内巨头间的参股或战略合作频频发

① 速达软件技术（广州）有限公司于 1998 年创业，接受美国 Intuit 的投资，立足中小企业通用类软件市场，借鉴 Intuit 的品牌、产品技术、商业模式、市场宣传手段，成立 4 年后占据了中国中小企业管理软件 80%的零售市场份额。2003 年 6 月 6 日，在香港创业板上市。

生：金蝶已经缔造了行业增值、开发、咨询、产品经销、培训等联盟；用友与IBM、微软等，东软与全球最大的企业管理软件公司 SAP 都已达成战略合作伙伴关系。

2.5.4 URP 软件 i6 系统的竞合之路

URP 管理思想最早诞生于 2000 年，灵感来源于浙江省众多民营企业。在浙江省，小微企业占 98%的份额，企业多，规模小，企业不可能承担一件产品的所有业务流程，他们的成功经营是依靠许多合作伙伴来完成的，这些合作伙伴的贡献虽大，但价值却不能体现出来。在传统的 ERP 中，企业只要做好内部资源规划就是成功，但是对于一个品牌企业来说，上下游的任一环节都将影响中心企业（曾有专家统计，假如单个伙伴企业的客户满意度为 99%，那么拥有 10 个企业的联盟总体客户满意度将为 $0.99^{10} \approx 90.4\%$）。从这一方面来讲，URP 在管理思想上进步了一大截。

i6 是实现 URP 管理思想的软件产品，应该说它是新中大与企业、开发工具和技术供应商、中间供应商、服务器供应商的合作的产物，而且这一创新产物的成长和发展离不开大学、咨询机构等对联盟体理念的支持和硬件配套厂商对它的厚爱，甚至离不开竞争者给它带来的挑战。

从 i6 系统的支持架构来看（图 2.15），它的最底层是系统层（Windows、AIX、UNIX/Linux、HP-UX）、大型数据库（Oracle、MS SQL Server、Sybase、DB2、Informix）和 BEA WebLogic、IBM Websphere 和 Tomcat 等应用服务器，涉及的对象分别是微软、IBM、HP、Oracle、Informix、BEA 等操作系统及数据库和中间供应商巨头。i6 自身业务功能实现依靠了众多的技术支持，如 .NET 技术、C++和 java 语言，这些语言的开发商们为 i6 支起了半壁江山。

最上层是通过浏览器、应用程序、移动终端和语音查询实现的员工门户、客户门户和供应商门户。涉及的对象是智能客户端、掌上电脑等移动设备，当 i6 发展成为 UIC 互联网模式时，为方便多机构多地域集团企业随时随地办公的需求，还需要借助远程接入厂商，如深圳市科迈通讯技术有限公司的远程接入软件。

从基础到终端除了新中大 i6 自身提供的业务功能之外，还少不了网络的支撑，因此，这里涉及的对象有 Web 服务器、数据库服务器、应用服务器供应商。应用问题解决后就到了 i6 的推广阶段，在考察了供应商、客户、互补者之后，最重要的一个角色同行业者出场。联盟体资源计划是基于互动管理的软件解决方案，对于这一新事物，如果得不到行业同伙的支持，那么它的路会走得艰难得多。

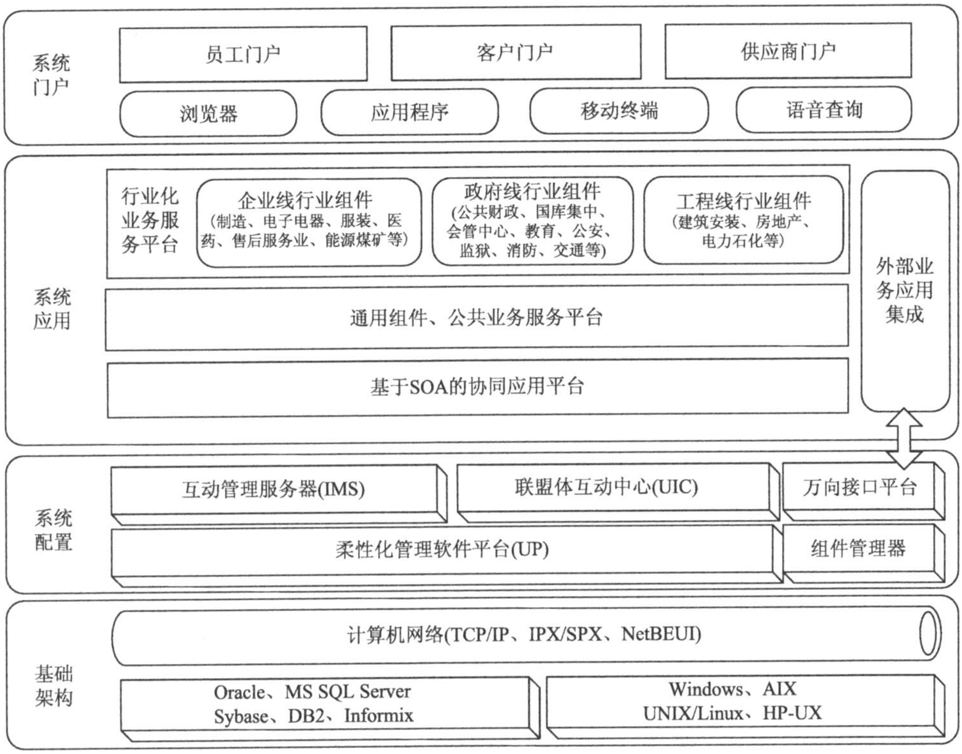

图 2.15　i6 产品结构图

2.6　结论与展望

2.6.1　研究结论

本章的研究结论与价值体现在以下几个方面。

（1）对竞合概念理解进行了清晰化的总结，从时间和对象两维度考虑将竞合归为三类：同一时间不同对象的竞合实质上同于单纯竞争或单纯合作；同一对象不同时间的竞合适合战略联盟的研究，先创造市场后瓜分市场；而本章讨论了同一对象同一时间上的竞合概念，对企业间复杂的关系进行了更精确的认识和描述，弥补了以往学者从单纯竞争与合作方面来探讨企业关系的缺陷。

（2）从理论上梳理出了竞合行为的对象，分别是上下游的供方与客户，横向关系的知识型互补者和同行业竞争者，有利于指导企业开展竞合战略。

（3）通过实证研究，得出了四点结论。软件企业与供方竞合程度比较低，若企业与系统供应商、数据库开发商建立多样化和可选择性的关系网络，有利于自身产品和技术等方面的创新绩效，产生的结果是自身专利水平和产品在行业内达到先进水平、对新技术的灵敏嗅觉和产品更新速度提高，而对企业客户满意度、市场占有率和新产品销售收入影响关系不是太明显；与客户方在产品需求、技术、质量、功能、价格和售后服务上的竞争性合作程度越高，越能增加客户满意度，越能促使市场占有率的提高和新产品销售收入的提高，影响效果非常明显，而对于企业内部技术的创新绩效提升的影响效果不大；与行业外组织、人员的信息交流与合作，对于研发活动的开放化态度而言是有利于企业技术水平的提高，表现为专利、著作权数增加，新技术接触速度提高，产品更新速度加快，而这种合作形式对公司的利益影响效果不明显，并不能对客户满意度等产生大的影响；企业对竞争对手的不完全敌对态度，与竞争者近距离的相处、行为的关注度和对行业趋势的共同推进有利于自身内部技术创新绩效的提高，而这种关系对于提升自身企业的客户满意度、市场占有率和新产品销售收入关系不大。证明了企业的竞合行为对企业创新绩效的积极作用，初步呈现出竞合伙伴的选择导致的不同竞合路径对于创新绩效的不同影响：与供方竞合、知识型互补者合作实现技术创新拉力，与客户竞合实现市场创新拉力，与竞争者竞合实现技术创新推力。

本章研究结论的启示主要表现在以下几个方面。

（1）企业应基于“互信互惠”的准则和良好愿望出发，寻求与上下游、同行业者、互补品生产者等参与主体之间建立起持久、有效的合作关系，从合作中建立经营优势，增进企业效益。

（2）准确识别潜在的合作伙伴，与潜在合作伙伴寻求共同利益和目标，实现资源或能力的互补，联合形成规模优势，共同推动行业或产业链的健康发展。

（3）在增进合作的同时，不放弃对企业之间竞争所导致的冲突可能性的关注。企业应充分认识到与其他参与主体之间可能存在的利益冲突，并采取有效措施防范和化解冲突，确保合作的顺利进行和企业的正当利益。

（4）竞合战略的选择和灵活调整对企业而言非常重要。企业应根据不同的时间、空间、对象，以及自身需要不断对竞合战略进行调整。

（5）竞合关系的建立需要企业不断修正预设假设、不断审视自身及伙伴策略行为、不断调整和协调战略选择，从而确保各方多赢、整体共赢的结果，因此是一个长期的过程。

对于同行业者而言，实证研究结果表明了同行业内企业合作的重要性。有效合作关系的建立能够提升企业的技术创新绩效和市场绩效。从行业角度而言，合作能够从总体上培育行业健康发展，增进信任了解，进而做大市场馅饼；从中心企业角度而言，与同行业者之间往往在市场份额和利益获取上存在一定的冲突性，但“在共同做大市场、争取更多社会资源对于行业发展支持上，又存在着相互合作的必要性”（项保华，2001）。而合作对于行业内的企业而言更可能是一种思维转化的过程。就像 Nowak 等（2000）在《合作与竞争》中所强调的那样，给予和获取，本质上是一种互惠的行为。它使企业关注长远利益多于关注当前利益，关注总体所得多于关注个体所得，关注协同发展多于关注一枝独秀。

2.6.2　研究展望

受到主观能力和客观资源限制，本章的研究不可避免地存在不足之处，有待进行进一步深化、探究和完善，主要有以下几点。

（1）本章虽然对竞合有了更加清晰的认定，但是并没有对竞合程度的高低有明确的认定方法，只是根据与其他企业之间的交互深度、对问项的认同态度粗略地判定竞合程度，存在不够严谨的缺点，且有偏向合作的倾向。因此后续研究应该从怎样界定竞合程度高低上入手，明确地对竞合与竞争、合作进行区分。

（2）对于创新绩效的影响因子，直接移用了价值网模型，在对象因子与创新绩效之间构建结构方程模型，尽管问卷具有良好的结构效度，但是忽略了企业之间竞争合作行为会形成知识产生、创新压力等直接创新激励因子。在竞合与创新绩效之间的过程机制上，本章的研究显得捉襟见肘。下一步研究可以考虑增加竞争合作行为的问项，进行探索性因子分析来构造直接的创新因子模型。

第3章　企业创新环境与创新绩效关系研究——以浙江省IT企业为例

3.1　绪　　论

3.1.1　背景及问题提出

1. 研究背景

如今全球经济一体化、信息化进程加快，经济全球化在给企业的发展带来新的机遇的同时，也带来新的竞争压力，中国企业在竞争力不断增强的同时也面临着更大的挑战。创新在增强企业竞争活力、促进市场经济健康发展、不断提高国家综合国力等方面，越来越体现出重要的战略作用，成为企业在激烈竞争中生存和发展的必由之路。

近年来，我国经济连年保持高速增长，经济的飞跃式发展，使得中国在全球经济体系中的地位也越来越重要，与世界经济的关系也越来越密切，中国企业作为社会的基本细胞和经济主体，在许多方面都受到了严峻的挑战。随着计算机信息技术、网络的不断发展和普及，企业的技术更新也不断加快，产品周期不断缩短。此外，随着全球化进程的加快，国内企业所面对的市场和客户已经不仅仅局限于某个地区、某个省（区、市），而是来自全国乃至全世界。在这个产品和服务瞬息万变的国际市场中，消费者的需求不断地发生着变化，生产制造不断柔性化，企业必须不断地创新，不断生产出新产品或者提供新服务来满足消费者多样化和个性化的需求。

“自古不谋万世者，不足谋一时；不谋全局者，不足谋一域。”[①]企业要在竞争激烈的环境下生存和不断成长发展，就不能只注重短期的利益，要从全局的长远的角度考虑，从最重要最核心的地方入手，为企业注入原动力。而福特公司前总裁福特深有体会地说：“不创新，就灭亡。”因此，在迅速变化、日趋激烈的全球化竞争环境下，创新成为企业生存、成长、提高生产效率和效益、增强核心

---

① 出自清代陈澹然《寤言二 迁都建藩议》，意思是：不从长远利益的角度来策划的，是不能够筹划好一时的事的，不从全局的角度考虑问题的，是不能获得一个地区的智慧的。

竞争力的决定性因素。近年来，企业纷纷意识到创新对提高其核心竞争力的重要作用，通过增加 R&D 投入、增加研发人员数量、与高校和研究所进行技术交流等各种途径来推动创新。但是，在很多情况下投入和产出并不成正比，在投入了大量的人力、物力、财力之后却不见有实质性的效果，或没有达到预期的效果。

1999 年美国管理学权威 Peter F. Drucker①说："企业或事业唯一的真正资源是人。"企业要进行创新，研发新技术、生产新产品、提供新服务，离不开人力资源的开发，人力资源是经济发展中一切资源中最宝贵、最重要的资源。《只有偏执狂才能生存》②一书中讲到，我们正处在以 10 倍速度发展的时代，这个时代充满挑战危机，作为一个企业和企业家，随时应感到身边的变化，而且知道什么在变，自己如何去适应这种变化。影响企业创新，决定企业能否突破原先体制、资源、技术束缚而成功创新的一个重要的因素就是人，他们能够发掘出新创意，并积极地将创意推销给企业中的其他人，为创新提供所需的资源，排除各种障碍，为创新的成功进行坚持不懈的努力。

在全球一体化的激烈竞争环境下，企业对提高自身核心竞争力尤为重视，创新成为在该背景下的焦点，因而如何有效、高效地创新，如何发挥"人"这个关键因素对创新的积极作用，成为理论界和企业界探讨的重点。

2. 问题提出

面对不断变化的客户需求和同行业竞争，如何设计、开发出满足客户最新需求的产品或服务是关键，企业意识到市场对自身提出的更高要求，需要不断提高自身创新能力，通过技术创新、产品创新、工艺创新，研发新产品、开发新项目、缩短产品开发和生产周期，但这些对企业而言，并不是一件轻而易举的事，需要付出极大的努力。

创新对企业生存如此关键，企业为之投入很多资源，包括人才、资金、设备等，称为 R&D 投入。虽然创新的重要作用已经被许多企业认识到，但国内企业在 R&D 的投入上与国外相比仍有较大差距。国际企业界普遍认为，研发费用达到销售收入的 5%以上，企业才有竞争力，占 2%仅够维持，不足 1%的企业难以生存。此外，企业依靠提高 R&D 投入推动创新，但仅仅于此是不够的，一些研究调查显示，许多企业的 R&D 投入并不和创新绩效成正比，有时候企业在为创新投入很多之后，并没有得到预期的成果。因此，如何提高企业和团队的创新绩效是困扰众多企业的难题。

---

① 彼得·德鲁克（Peter F. Drucker，1909—2005）被尊为"大师中的大师"。德鲁克以他建立于广泛实践基础之上的 30 余部著作，奠定了其现代管理学开创者的地位，被誉为"现代管理学之父"。

②《只有偏执狂才能生存》作者为英特尔公司创始人安德鲁·格鲁夫（Andrew S. Grove），首次出版时间为 1996 年。

那么企业该如何提高创新绩效呢？创新绩效受哪些因素的影响，并且其中主要的影响因素是哪些？这些已经成为国内外理论界研究的重点，已有很多专家学者做了广泛且深入的研究，其中涉及领导学、组织学、管理学、行为学等各方面。在国外，领导支持被认为是影响创新能否进行和成功的一个关键因素，他们是企业中对产品创新起到支持和推动作用的个人，他们在产品开发的各个阶段，尤其是关键点以正式或非正式的形式对产品创新起到积极的推动作用。但是在国内，虽然有很多关于领导力、领导风格及它们与企业创新的关系的研究，但是很少有涉及领导支持的。领导支持不同于领导行为，领导支持的主体是创新倡导者，他们是企业中对创新持积极支持态度的个人，他们可能是企业高层，项目经理、技术部门主管等中层领导，也有可能是创意发起者、技术人员等低层人员。他们对创新的支持是从创意的产生和挖掘开始的，而领导者对创新的支持往往是从企业团队肯定了创新的价值后才开始的，因此，领导支持往往比领导行为更具风险，但同时，其对创新的影响作用也很大。此外，创新绩效还受到团队创新氛围、组织公民行为等因素的影响，领导支持在直接影响创新绩效之外，也可通过改变整个团队的创新氛围、组织公民行为影响团队成员行为从而影响创新。

因此，一个值得探讨和研究的问题如下：领导支持的主体——创新倡导者包括哪些类型，在新产品研发周期的不同阶段，他们由哪些人扮演，以及领导支持、团队创新氛围、组织公民行为与创新绩效的相互关系和作用机理如何。

3.1.2 研究目的和意义

1. 研究目的

本章的主要研究目的包括以下几点。

（1）通过文献的搜索、阅读和整理，总结归纳以往关于领导支持、团队创新氛围、组织公民行为、创新绩效等的研究，以及它们的定义、特征、作用、维度等。

（2）引入领导支持及其主体创新倡导者的概念，通过实证研究得到在新产品开发的不同阶段，企业中的哪些个人担任了创新倡导者的角色，以及在新产品或项目开发周期中他们的分布情况。

（3）构建领导支持、团队创新氛围、组织公民行为、团队创新绩效的假设模型和测度体系，将这几个因素放在一个研究系统中，整体考虑该系统中各因素的相互影响。

（4）以浙江省 IT 企业为主要调查对象，通过问卷得到需要的相关数据，运用软件进行数据分析，对建立的研究模型进行检验，并得到各变量及其因子之间的具体相互关系。

（5）结合研究结果，给相关企业提出关于通过哪些途径提高创新绩效、增强竞争力的建议。

2. 研究意义

在激烈的国际竞争中，创新对一个企业来说至关重要，是企业生存、发展、提高竞争力的关键，但是由于我国经济、科学、技术上的落后，与国外的企业相比，我国企业在技术、产品、服务创新等方面较为落后。因此，在竞争的严峻形势下，如何提高企业和团队的创新绩效，提高整个组织的效益，开发出满足客户需求、收益高的新产品，成为我国企业一个亟待解决的问题。

理论上，国内关于影响创新绩效的因素的研究集中在领导力、领导风格上，而近年来研究较多地集中在变革型领导对团队绩效的影响上，无论从理论方面还是实证方面，都是创新的价值得到组织认可并进入研发阶段，而很少从新产品开发周期整个过程出发。本章研究的领导支持是根据新产品开发周期（创意的产生和概念设计→研究论证和确定→开发→商业化）整个过程研究的，涉及在新产品开发的不同阶段，企业中哪些人担任了倡导者的角色，他们来自哪些部门，所在的职位等，以及他们的哪些行为对创新起到了促进作用。本章还将领导支持、团队创新氛围、组织公民行为、创新绩效之间的互动关系放到一个模型中，考虑企业自身特征等因素对上述变量的影响，在对问卷调查获得的数据进行分析得出结果的基础上从整体上反映这几个因素间的相互作用机理。

目前我国高新技术企业总体规模在迅速扩大，已成为我国经济发展中最有活力的部分和拉动经济增长的重要产业。技术创新是高新技术企业生存和发展的原动力，是提高经济效益、参与国际竞争、提高国际竞争力的必由之路。浙江省的经济发展在全国各省（区、市）中一直处于领先地位，区域经济特色明显，小微企业密集，而如雨后春笋般发展起来的还有 IT 企业这支新时代的主力军。在这个不断变化和更新的技术时代，IT 企业是最具代表性的群体，它们具有技术变化迅速、产品寿命周期短、产品性能及工艺技术改进快等特点。以 IT 企业作为本章研究问卷调查的对象，从现实意义上，可以了解目前浙江省 IT 企业创新倡导者由哪些人担任，他们通过哪些行为促进创新的成功执行，以及领导支持如何通过对团队创新氛围、组织公民行为的影响从而间接地影响创新绩效。

许多企业也许比较注重企业文化的建设和团队创新氛围的营造，但很少关注创新氛围这一在新的环境下不断变得重要的因素，而组织公民行为甚至在浙江省的很多企业尚未被提及。本章通过实证研究，将揭示创新氛围、组织公民行为等因素在提高创新绩效方面起到的作用。此外，本章根据研究提出相关建议，有利于企业分析自身的内部因素，构建有效的领导支持，创建良好的团队创新氛围，提高创新绩效，培育自身的竞争优势，从而提高企业适应环境的能力和对市场的响应速度，对企业持续发展有着十分重要的理论与现实意义。

3.1.3　技术路线

本章研究技术路线采用的是实证研究的路线，研究设计主要按照：假设（H）—观测（O）—经验概括（E）来展开。其主要研究步骤是根据文献研究并做出有关领导支持、团队创新氛围、组织公民行为和创新绩效的研究综述，在此基础上提出关于这几者相互关系的研究假设；然后设计相关的调查问卷，以浙江省 IT 行业为调查对象进行实证观测，论证假设模型，最后根据数理分析结果进一步修正研究结论。相应的具体研究技术路线见图 3.1。

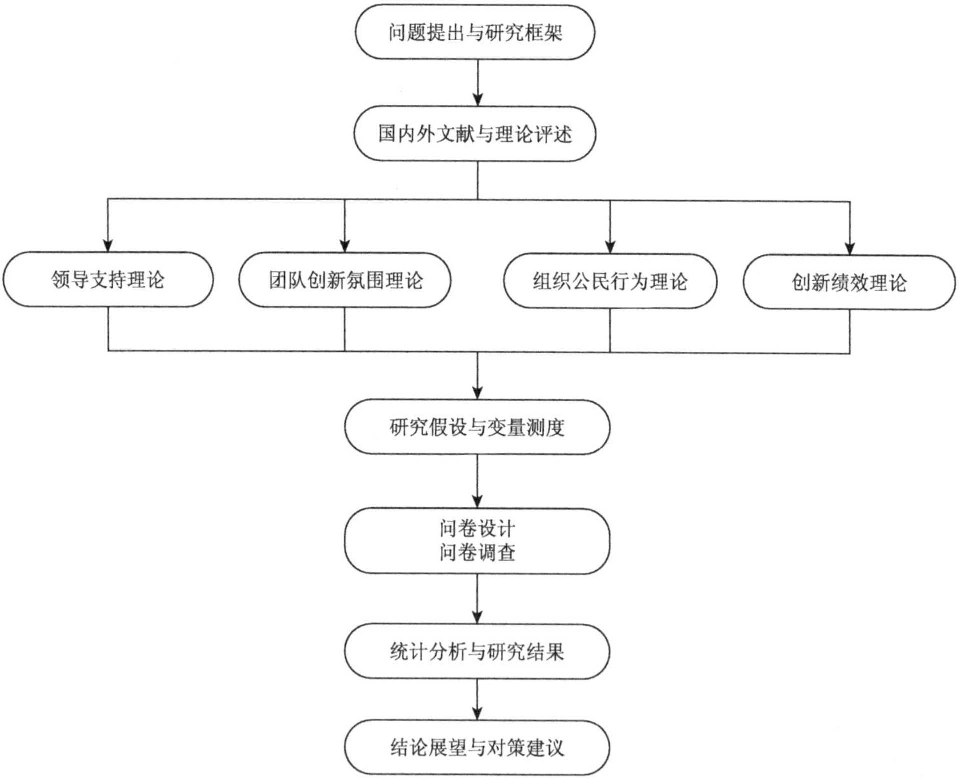

图 3.1　技术路线图

3.1.4　研究方法与创新点

1. 研究方法

本章在研究方法上采用了理论研究和实证研究相结合、定量分析和定性分析相结合的方法。

在理论研究方面，通过阅读大量的国内外相关文献，分析并综述了大量专家学者在领导支持、团队创新氛围、组织公民行为、创新绩效等方面的研究，在此基础上总结出这几个构面的评价指标，为之后的建模和实证研究奠定基础。在实证研究方面，以浙江省 IT 企业为调查对象，根据之前定下的各构面评价指标设计问卷并进行调查，通过实际数据对建立的假设模型进行验证。

定性研究是从现象到本质的认识过程，通过定性描述可以理清各要素之间的因果关系，但可靠性不强；而定量分析通过量化的标准去测度事物，可以使研究对象更加精确化。本章在定性研究方面，主要体现在模型的构建上，通过国内外相关研究的总结和启发，确定了各研究变量的关系。在定量研究方面，对领导支持、团队创新氛围、组织公民行为、创新绩效的评价指标都做了定量的测评，并用问卷调查的真实数据对模型进行验证。本章研究做到了定性和定量的结合，互为补充。

2. 创新及特色

研究对象的创新：本章的研究对象为领导支持，其主体是创新倡导者，他们是企业中对创新起到推动作用的人，突破了过去的研究将影响创新绩效的群体主要集中在企业领导层的限制。国外在这方面已有相关研究，但国内还很缺乏，本章研究了在国内企业中，创新倡导者主要由哪些人担任，以及不同类型倡导者出现的频率，首次提出了不同创新倡导者类型在新产品或新项目开发周期中的分布情况，并根据研究结果给企业在不同阶段对创新倡导者的鼓励和支持给出了建议。

研究内容的创新：本章研究了企业中创新倡导者的领导支持行为对创新绩效的影响，并引入团队创新氛围、组织公民行为中介变量建立模型，建立指标体系，通过实证研究分析这四者之间的相互关系和作用机理。国内关于领导支持的实证研究较少，而关于领导支持对创新绩效作用的实证研究几乎没有。

3.2　理论综述

3.2.1　基于领导支持的研究

1. 领导支持的主体——创新倡导者

1）创新倡导者的定义

创新倡导者是非正式地存在于组织中的个人，他们在关键阶段对创新起到决定性的作用，积极地推动创新的进行。对创新倡导者的认识可以从三个层面来看：首先，对企业来说，创新倡导者能够显著地影响企业内部资源和权力的分配，也能够显著地影响企业主要战略和绩效，然而这种显著的作用可能是正面的，也可能是负面的。其次，对个人而言，创新倡导者是个人或者团队绩效的重要的决定性因素，例如，团队中某位具有天赋的成员可能因为他的创意没有得到企业高层的支持而准备离开，而创新倡导者对这个新项目的支持，也许将使他得到晋升。最后，创新倡导者能够促进企业内部不同职能部门之间充分交流，此外，促使管理者之间开展充分的讨论，为创新提出更多有效的建议，分配充足的资源。

关于创新倡导者的定义国外文献已经有过一些探讨和研究，这些关于创新倡导者的定义大致涉及以下几个要素。

（1）创新倡导者的特征：敢于冒险，积极支持创新，有交际天赋。

（2）强烈的贡献意愿：有强烈的主张，积极热情、精力充沛地推动创新，显示出充分的兴趣，能战胜和克服负面力量，能够获得资源。

（3）采取的方式：提倡和主张，推销新创意，使企业管理层产生兴趣，转换创新的技术语言，建立支持。

（4）倡导者的目标：创新的成功执行，推动创新，保证创新的顺利进行。

（5）环境：公司内部，资源不受严格限制的环境。

综上所述，可以给创新倡导者下一个涵盖以上五个要素的定义：创新倡导者是在企业内积极地推动产品创新的发展和执行的个体，他们忽视资源受限的现状，努力地寻求资源的支持。

2）创新倡导者的类型

一些关于新产品开发的研究建议企业应该指派（鼓励）企业中职位较高的员工推动新产品开发项目（Schilling，2005）。创新倡导者大多是从公司的研发、设计、市场营销等主要职能部门中抽调出来的，在公司内部他们更像教练，在外部更像评估员（Griffin，1992）。他们不但负责控制开发项目，使目标达成，而且也负责激发研发团队，排除外界的一切不利因素，保证项目所需的各种资源和设施到位。

倡导者并不一定是长期在同一个职位工作的人。当高级经理经常充当倡导者的角色时，组织的许多成员能够发挥实践倡导者的观点的作用，只不过面对的可能是不同的系统，或在不同的时间面对同一个系统进行的项目。倡导者的一般类型包括以下几种。

（1）创意发起者。

创意发起者（creative originator）通常是工程师、科学家或类似的人，他们是创意的来源和驱动力量。支持开发新观点或新技术的人能够充当项目倡导者，这一点很容易被大家接受。组织内没有一个人对新的信息系统应该用于何处具有更多的专业知识或宏观认识，其他人也很少有技术或创新能力来努力实施项目，并一直持续到项目结束。这样一来，许多组织允许甚至积极鼓励那些科学家或工程师提出新观点，这些观点往往是项目的依据。

（2）主办人。

主办人（entrepreneur）是那些接受观点或技术并且积极推动该创新在组织内实施的人，他们有可能最终将创新引向成功。在许多组织内，由于各种各样的限制，那些创意发起者不可能充当项目主办人的角色。通常的情况是，那些科学家、技师或工程师有自己的本职工作，因此不能成为项目实施团队的成员。在这种环境下，充当实施负责人的人被称为项目主办人。主办人是承认原创观点或技术的价值的组织成员，对他来说，在相关的组织单元内应用该技术是他的个人目标。主办人通常是那些中级或高级经理，他们有的有技术背景，有的没有。除了履行他们在组织内的职责之外，他们常常寻找新的、有创意的、有用的观点来进行开发。

（3）"教父"或赞助者。

项目倡导者作为一个"教父"（godfather），通常是高级经理，他将尽可能促进项目的发展，获取必要的资源、当问题产生时培训项目团队、平息争论、在必要时保护项目。赞助者（sponsor）将支持对新技术的接受或实施，同时在他的力量之内尽可能地来促进这个过程。"教父"的一个最重要作用是让整个组织都知道，这个项目处于他的指导或保护之下。除了这个保护之外，"教父"还会从事一些更具体的活动，以帮助项目的成功实施。当问题产生的时候，"教父"也使用他们的影响来培训团队，以减少那些阻碍项目的政治问题产生的可能性。

（4）项目经理。

组织内充当倡导者的另外一个成员是项目经理。几乎每个项目经理都在某个时候充当了倡导者的角色。在考虑项目倡导者的定义和他们所承担的广泛责任后，就会明白为什么项目经理需要从事倡导者的行为。当然，他们是项目的代表，在某种意义上说，他们的工作与项目的成功完成密切相关。项目经理作为倡导者，如果他们不能在组织内拥有高级的职位，以便于能在更高的管理级别上充当项目倡导者，则他们发挥的效力可能十分有限。

（5）各部门主管。

由于市场需求的不同，客户对新产品或服务会提出不同的要求，相应地也会影响企业中不同部门的利益。一般而言，创新往往发生在研发、技术部门，而有时候由于某些原因，营销部门或者策划部门也会支持创新，因而这些部门的主管就成为某一阶段的创新倡导者。

2. 创新倡导者担任的职责

为了帮助创新项目的实施，倡导者需要做什么事情呢？在国外的文献中有关于创新倡导者的传统职责和非传统职责的划分，当企业的领导、管理人员、项目经理担任创新倡导者这个角色的时候，将会根据不同的需要，履行这些职责。表 3.1 列出了一个关于项目经理的研究中发现的倡导者活动集合。

表 3.1　创新倡导者的传统与非传统角色

传统职责	
了解技术	开发项目的技术方面的技术
领导	领导项目团队的能力
协调与控制	管理与控制团队活动
获取资源	获取必要的资源以确保一个稳定的开发过程
管理	处理项目管理方面的重要事务
非传统职责	
啦啦队队长	为团队提供必要的激励（精神驱动力）
具有愿景者	对目标有清晰的认识，对项目需求有坚定的看法
政治家	采用必要政治策略，构建关系网以确保项目被接受，并使其他相关人士愿意合作
风险承担者	愿意承担个人风险来支持项目
项目大使	与所有的项目相关人保持良好的关系

资料来源：Pinro J K，Slevin D P. 1988. The project champion：Key to implementation success. Project Management Journal，(4)：15-20

3. 创新倡导者的特征及优缺点

1）创新倡导者的特征

倡导者有一些显著的特征。第一，倡导者在执行创新时通常没有得到组织的正式批准。他们常感到自己不适应已建立的秩序或惯性的思维方式。标准的操作程序对倡导者来说是一个束缚，而且他们通常并不畏惧来自组织的反对。第二，倡导者在承认创新观点或创新产品方面具备企业家的才能，他们能够看到普通组织成员所不能看到的事情。第三，不论从何种意义上来说，倡导者都是风险承担者。他们对真理孜孜以求，而不管真理是何种形式，这往往导致他们与组织官僚或那些对新的产品、观点不感兴趣的人发生冲突。

要真正了解倡导者对其观点的热情程度是比较困难的。畅销书的作者 Tom Peters 将倡导者描述为“狂热者”，因为他们一心想实现他们的观点。他进一步说：“那些顽强的、忠实的倡导者经常是非常令人讨厌的人。他们必须得到培育，即使组织不愿意。”这段话抓住了倡导者的个性和影响力的实质：他们是令组织讨厌的人，但同时也是对项目和组织的成功有着重大影响的人。

2）创新倡导者的优缺点

新产品或服务的开发能够给企业输入新鲜血液，创新一旦得到成功，将给企业带来很多效益，提高其市场竞争力，抢占更大的市场。似乎创新倡导者对创新的积极支持是推动企业不断前进的关键人物，但必须指出，创新倡导者对创新的支持并不总是正确的。因为并不是每一次创新都能够给企业带来好的经济效益，而创新倡导者也许狂热地支持了一个没有价值的创新项目。

（1）创新倡导者的优点。

创新倡导者对于颠覆性产品的创新有着积极作用。创新倡导者能够帮助组织克服开发新产品过程中遇到的障碍，创新倡导者是指很少出现在正式组织中，但在创新关键时期积极和热情推动创新决策的个体（Howell and Higgens，1990）。这样的个人在组织有重大变革发生时尤为重要。同时创新倡导者对企业新工作程序的改变有复杂的影响，它可以影响企业的产品组合和资源投资，进而影响颠覆性产品的创新绩效（Nijssen and Agustin，2005）。

创新倡导者如高职位的行政人员具有能力和威望去支持新产品开发项目并为之努力，他们使得新产品开发项目中的人力和资金分配变得容易，保证开发周期不会由于资源的限制而延长，并保证项目组有足够的动力去克服新产品开发过程中不可避免地出现的障碍。高职位的创新倡导者也可以促进在产品开发项目团队中来自不同部门的成员之间的交流和合作。既然在压缩开发周期、使设计的产品更符合用户的要求方面需要来自不同部门的项目成员之间的交流和合作，创新倡导者的这种能力就能够提高开发过程的效能。到 2001 年，68%的北美企业、58%的欧洲企业和 48%的日本企业采用这种方法管理新产品开发过程（Roberts，2001）。除了高层次领导，技术人员、研发人员也可以是创新倡导者，他们是与新技术、新科技接触最密切的人，很多创意往往是由他们提出的。

（2）创新倡导者的缺点。

创新倡导者对于颠覆性产品创新也有负面的影响。创新倡导者作为管理者角色可能对项目实际价值判断不清，并在颠覆性产品开发过程中，会普遍存在过于乐观预测项目未来的现金流的趋势（Rudden，1982）。创新倡导者可能会在组织内部的其他人认为项目没有什么价值的时候，或者有其他因素导致项目的原始价值不复存在的时候，也不愿意取消该项目而继续增加投资。在企业实践中也常看到由于创新倡导者的狂热和一意孤行，而力排众议使得许多项目得以开发时，在开发项目上投入了很多希望和时间，结果发现损失惨重。虽然创新倡导者的权威在项目中是一项有利于得到资源和有助于协调工作的资产，但是同样这项权威也会使企业的其他成员即使在项目的期望价值已经为负的情况下也不愿挑战权威（McFadyen et al.，1991）。

4. 领导支持的作用

国内外许多公司成功的关键在于高层领导全力支持创新，除了提供必需的资源外，高层领导对创新的倡导应能够自上而下推动创新的顺利进行；积极参与项目的关键决策，在具体的创新项目中，高层管理者亲自参与关键点的决策，这样能够保证从整体利益考虑项目的取舍（陈劲，2002）。

在早期实践方面，大都是成熟企业采用创新倡导者的方法，并从实践中可看出创新倡导者所发挥的作用，以及如何保证产品创新在与保守的制造和销售活动的冲突中获得优先权。Freeman（2004）在项目调研中也指出从事创新有 4 种关键角色，其中之一就是产品主管。他是在关键阶段自始至终积极热心地促进产品创新进展，对产品创新做出决定性贡献的任何个人，有时他可能与技术创新者或总经理是同一个人。

创新倡导者对组织的最大影响在于资源分配和对奖励体系的控制（Schein，2004）。他们是把资源分配给部门和个人的最终决定者，假如领导要鼓励持续创新和发挥创造性，他们就会将组织最大的一份资源分配给研发部分和培训部分，这种配置方式有助于强化特定目标和行为，支持组织的特殊文化与战略，有利于所需要结果的产生，遏制不需要结果的出现（Ruf and Miller，1987）。

3.2.2　基于创新氛围的研究

1. 团队氛围的概念和相关研究

团队氛围作为组织中个体与环境交互作用的结果，是一个较为模糊和抽象的概念。国外关于团队氛围的研究开始较早，一些学者对团队氛围给出了定义，但根据出发点和角度的不同，团队氛围的概念定义也有所出入。而国内的研究开始较晚，虽然关于团队氛围概念的讨论也很多，但至今没有一个公认的标准定义。

Lewin（1930）是最早提出“团队氛围”这一概念的人，其后 Litwin 和 Tagiuri 在 1968 年提出团队氛围是工作环境可被其中生活或者工作的人直接或间接感知的一组可测的属性，这组属性对人的行为具有重要影响，目前这种定义模式在团队氛围的研究中占主流地位。通过整理综合国内外较权威人士关于团队氛围的定义，得到表 3.2。

表 3.2　国内外关于团队氛围较权威的定义

学者	年份	定义
Litwin、Tagiuri	1968	工作环境可被其中生活或者工作的人直接或间接感知的一组可测的属性，这组属性对人的行为具有重要影响
Litwin、Stringer	1968	团队内部存在的特质，而这些特质会为团队成员直接或间接体验到，并且会影响团队成员的动机和行为

续表

学者	年份	定义
Campbell	1970	特定组织中，组织、成员和环境交互而产生的一组属性
许士军	1972	团队的内在心理环境，它对于团队成员的行为动机与表现具有影响作用
蔡培村	1980	内在环境的属性，源自团队成员对工作环境的整体知觉；具有客观环境的特征，也反映团队成员对环境的主观认知
张瑞春	1999	特定团队成员对其所处工作环境的知觉，这种知觉会影响团队成员的行为，也可以用一组属性加以描述
李总演	2002	团队成员在团队内工作，受到团队系统各种环境条件的影响，源自团队的长期知觉和感受

关于团队氛围的相关研究大致包括三个方向：①团队氛围作为自变量，对团队中员工行为、团队绩效等的作用效应；②团队氛围作为中间变量，在外在环境及其他作用变量与团队输出间起中介作用；③团队氛围作为因变量，研究影响团队氛围有哪些因素。

在这三类主流的研究中，往往涉及确定团队氛围维度、编制测量量表的方法。关于团队氛围的测度，众学者也是百家争鸣，提出了各种测度指标体系，但团队氛围本身具有抽象性和模糊性，以及对其概念的理解不同，所以相应的测度指标也会有所出入，至今仍没有一个公认的标准。

2. 创新氛围的定义

20 世纪 80 年代，心理学研究者提出“创新气氛”术语来描述环境特征对个体创造潜能发挥的促进或者阻碍作用。关于创新氛围的研究建立在团队氛围的基础上，是对团队氛围的研究的深化，从 20 世纪 90 年代开始，团队氛围的研究重点开始转向探讨组织内部特定类型气氛，创新氛围就是其中一个重要方向。

类似于团队氛围的概念，由于出发点和角度的不同，创新氛围的概念至今还没有确切的定论，由于国内在这方面的研究起步较晚，所以表 3.3 总结了国外几位较权威学者对创新氛围的定义。

表 3.3　国外较权威学者对创新氛围的定义

学者	年份	定义
Campion、Medsker、Higgs	1993	创新氛围是包括管理者的支持、教育训练、沟通与合作等在内的影响工作团队创新性行为的环境因素
Ekvall	1996	创新氛围是组织的特性，是能刻画组织生活的态度、感受和行为的集合，是独立于组织成员的认知与理解而存在的，是有别于组织文化的

续表

学者	年份	定义
Amabile	1996	创新氛围是存在于组织内部，能被组织成员体验，并影响其创新行为的持久特性，是组织成员对组织环境是否具有创新特性的主观知觉与描述，这种知觉会影响个体的态度、信念、动机、价值观和创新行为，最终影响整个组织的创新能力与创新绩效
Tesluk、Farr、Klein	1997	创新氛围为一种个体对组织政策、实践和流程的认知，并将创新目标具体化为新产品与服务的开发和创意、流程再造及整体上提升组织创新能力的环境氛围
Bharadwaj	2000	创新氛围是通过组织所建立和形成的恰当的方法、工具及资源，来鼓励组织及其成员的创新性行为

通过整理国内外相关文献，可以将其划分为两大类，即本质观和认知观，是群体成员对组织政策、实践和程序等创新环境的共享认知。本质观认为，创新气氛是客观的，无论成员是否选择去感受，它都会独立于员工感知而存在，而认知观认为，创新气氛是主观的，是个体基于共同组织情景的感知，反映了个体对周围工作环境的意识结构。

3. 创新氛围的作用

类似于团队氛围的相关研究方向，学者们也将创新氛围分别作为自变量、因变量和中间变量进行了不同的研究，目前，学者们主要运用主效应模型、缓冲模型和相互作用模型来探讨团队创新氛围影响结果变量的作用机理（王雁飞和朱瑜，2005）。

（1）主效应模型认为，团队创新氛围对一些个体和组织变量产生直接的积极影响，不仅直接影响个体的创新心理和行为，同时还直接影响组织的创新绩效。

（2）缓冲模型认为，团队创新氛围是通过影响个体在组织中的创新行为来对组织创新绩效及工作效率产生影响的。或者说，团队创新氛围是通过某些中介变量对组织创新绩效及工作效率产生作用的。

（3）相互作用模型认为，团队创新氛围与结果变量之间存在相互作用关系。一些研究结果表明，在团队创新氛围与创新绩效的关系中，团队创新氛围既可以作为原因变量，也可以作为结果变量。

目前国内对创新氛围的实证研究并不多，很多是在国外研究的基础上在理论上进行扩展，或是将被运用较多的测度量表进行调整，对国内某些特定行业进行实证研究，但理论基础尚待进一步提高。

4. 创新氛围的测度

创新氛围的结构不仅是创新氛围内涵理解的框架，也是建构创新氛围指标体系的重要依据。由于理解或研究角度不同，学者们所构建的创新氛围的结构和测量工具也有所区别。目前，主要有单因素研究和多因素研究两种具有代表性的研究范式。单因素研究是早期的研究范式，主要是采用单个条目来测量环境创新特性的某一方面，然后将各条目加总后得到总的创新气氛状况。目前该范式已经被多因素研究范式所取代。随着研究的深入，多因素研究范式逐渐受到重视，大家开始探讨创新氛围的构成因素。自 20 世纪 80 年代开始关于创新氛围的研究在相关测量工具的发展上取得了很大成果，主要成果见表 3.4。

表 3.4 创新氛围结构研究概览

学者	年份	量表名称
Siegel	1986	创新支持量表（scale of support for innovation，SSI）
Amabile	1987	工作环境量表（work environment inventory，WEI）
Ekvall	1996	创造氛围问卷（creative climate questionnaire，CCQ）
West	1996	团体氛围量表（team climate inventory，TCI）
Amabile	1996	创造氛围评估表（assessing the climate for creativity，ACC）
Prather	2000	情境态势问卷（situation outlook questionnaire，SOQ）

资料来源：陈威豪. 2006. 创造与创新氛围研究述评. 自然辩证法研究，（11）：15-19

上述使用频率最高的 6 个量表可以大致分为两类，第一类是测量员工对组织创新支持的心理知觉，包括 ACC、WEI、TCI、SSI，强调员工的创新支持感；第二类是测量员工对组织创新环境的现象知觉，包括 SOQ、CCQ，主要测量组织现象而非个体心理。

关于创新氛围的维度，Hunter 等整理出 14 个出现频率最高的维度，包括积极的同事关系、积极的上下级关系、资源、挑战性、任务清晰度、自治、积极的人际沟通、智力启发、高管支持、报酬导向、强调产出、参与度等。吴治国等通过整理涉及维度界定的文献，发现人们比较认可的创新氛围维度主要包括：人际关系、工作设计、组织对新思想的支持、充足资源、公司氛围、自由度、知识分享等（吴治国等，2008）。通过对这些量表分析发现，自由度、创新支持、挑战性工作、充足资源及人际关系等因素是共同的维度。

3.2.3 基于组织公民行为的研究

1. 组织公民行为理论的提出及定义

组织公民行为属于组织行为学研究范畴，近年来，国内外学者着重关注组织内员工表现出来的具有自发性和创造性的角色，它能维护整个组织的正常运行，有效协调组织团队成员之间的活动。组织公民行为（organizational citizenship behavior，

OCB）这一概念最早是由 Organ 在 1983 年提出的，他把组织公民行为定义为组织成员自愿做出的行为，这些行为没有得到正式报酬系统的明确的认可，但从整体上有助于提高组织的效能。

1988 年，Organ 正式将组织公民行为定义为：自觉表现出来的，在组织正式的薪酬体系中没有得到明确或直接的确认，但就整体而言有益于组织成效的个体行为。但有关组织公民行为的概念还是没有一个准确具体的界定，总的来说，研究者引用最多的还是 Organ 对于组织公民行为重新的定义，他认为组织公民行为是一种能够对组织的社会和心理环境提供维持和增强作用，进而支持任务绩效的行为。

2. 组织公民行为的作用

组织公民行为被看作组织运作的"润滑剂"，被认为是团队得以有效运作的最重要因素之一。许多研究者都认为组织公民行为能提高团队绩效和提升团队有效性，但是对这一假设进行直接验证比较困难，所以对组织公民行为与团队绩效关系方面的实证研究不多（王韧，2008）。关于组织公民行为的作用，大部分研究认为它对企业绩效起到积极的作用，但也有研究结果表明，组织公民行为在表现出积极一面的同时，也有可能产生负面的效应。

传统的组织公民行为研究有三个基本假设：组织公民行为的动机是无私的或利他的；组织公民行为促进了组织运作的有效性；组织公民行为最终对员工有利（武欣和吴志明，2005）。其中的任何一条都在说明组织公民行为对组织的积极作用。组织公民行为对组织的重要性已得到了许多研究的支持，它对组织有效运行的作用可以总结为以下几方面：①组织公民行为能提升组织成员的生产力，促进组织生产效率的提高。②自觉维护整个组织的正常运行，从而减少由于维持组织正常运行而被占用的稀缺资源的数量，使组织摆脱因资源所受的束缚，更有效率地利用资源。③充当组织运行的润滑剂，减少人际矛盾冲突，创造一个使人更加愉快的工作环境。④组织公民行为能减少工作真空。⑤组织公民行为有助于创造组织的社会资本。

然而，事实显示，组织公民行为对组织表现出积极作用的同时，也会对组织有一定的负面影响和作用，这主要包括以下几个方面。

（1）对绩效的影响还不能确定是完全有利的。研究表明，高绩效、高满意感的员工比低绩效的员工更多地表现出组织公民行为，但难以断定是组织公民行为导致绩效的提高，还是高绩效导致员工具有较高的组织公民行为（张小林和戚振江，2001）。

（2）Bolino 等系统地对传统组织公民行为三个基本假设进行了质疑：①组织公民行为的做出也可能是出于利己的动机或者消极的工作态度。②组织公民行为不一定都会带来对组织有益的结果。③组织公民行为有时也不一定使组织成为一个有吸引力的环境。④组织公民行为是一种印象管理的策略（张宇，2007）。

因此，关于组织公民行为对团队或组织绩效的作用还有待进一步的研究考证，从不同的角度出发，对其作用机理进行研究。虽然有关于组织公民行为负面作用的研究结果，但其正面的作用还是不可否定的，而且其正面作用相对于负面作用表现得更为明显和突出，应该得到肯定。

3. 组织公民行为的测度

和其他一些研究对象类似，关于组织公民行为的构成维度虽然经历了国内外学者多年的研究，也具有了相当的规模，但研究者们对组织公民行为维度并没有达成共识，看法各有不同。通过对一些较权威学者研究的阅读，可将它们按维度的个数进行划分，从二维结构到十一维结构都有涉及。

Smith 和 Organ 在 1983 年根据访谈结果编制的包含利他行为和普遍服从两个因素的组织公民行为量表是最早的组织公民行为量表。而后 Organ 在 1995 年再一次提出了组织公民行为的五维量表。而在国内，樊景立对组织公民行为维度的研究较为权威，先后在 1988 年和 1998 年提出了五维和十一维的量表。表 3.5 是按照维度不同整理得到的关于组织公民行为维度的研究结果。

表 3.5 组织公民行为维度构成

分类	年份	学者	维度构成
二维	1983	Smith、Organ	1. 利他行为；2. 普遍服从
	1994	Williams、Anderson	1. 朝向组织的公民行为；2. 朝向个人的公民行为
三维	1994	van Dynel、Graham、Dienesch	1. 服从；2. 忠诚；3. 参与
四维	1989	Mackenzie、Etter	1. 帮助行为；2. 文明礼貌；3. 运动员精神；4. 公民美德
	1990	Moorman、Blakely	1. 人际间帮助；2. 个体进取心；3. 个人努力；4. 责任心
	2005	秦燕	1. 尽责行为；2. 积极主动；3. 公民意识；4. 奉献精神
五维	1988	樊景立	1. 组织认同；2. 利他行为；3. 人际关系和谐；4. 保护公司资源；5. 敬业精神
	1986	Earley、Lin	1. 利他行为；2. 责任意识；3. 公民美德；4. 保护组织资源；5. 人际和谐
	1995	Organ	1. 利他行为；2. 谦恭有礼；3. 尽职行为；4. 运动家精神；5. 公民道德
六维	2003	张艳秋	1. 主动行为；2. 表达意见；3. 组织忠诚；4. 自我发展；5. 组织参与；6. 帮助行为
七维	2000	Podsakoff	1. 助人行为；2. 运动员精神；3. 组织忠诚；4. 组织遵从；5. 个人主动性；6. 公民道德；7. 自我发展
十一维	1998	樊景立	1. 积极主动；2. 帮助同事；3. 意见表露；4. 参与群体活动；5. 树立企业形象；6. 自觉学习；7. 参与公益活动；8. 维护节约组织资源；9. 保持工作环境整洁；10. 人际和谐；11. 遵守社会规范

3.2.4 基于创新绩效的研究

1. 创新绩效的定义

自 1991 年泰勒创立科学管理理论以来，关于绩效管理及评价的研究一直是国外学者研究的重要领域。而关于绩效的概念，从不同的角度出发有不同的定义。从管理学角度，绩效是组织期望的结果，是组织为实现其目标而展现在不同层面上的有效输出，包括个人绩效和组织绩效两个方面；从经济学角度，绩效与薪酬是员工和组织之间的对等承诺关系，绩效是员工对组织的承诺，而薪酬是组织对员工所做出的承诺（刘磊磊等，2007）。而绩效评价（performance evaluation）是指用运筹学和数理统计等方法，采用特定的指标体系、统一的评价标准，按照一定程序，通过定量或定性对比分析，对企业一定经营期的经营效率和业绩做出客观、公正、准确的综合评估。

创新绩效一般是指对企业技术创新活动效率和效果的评价，在国外的文献中，一般用 innovation performance 和 innovation success 来描述企业的技术创新结果，国内则多采用“创新绩效”评价企业技术创新活动。目前大部分关于创新绩效的研究都集中在对绩效的测评方面，而关于创新绩效定义的研究却不多，因此，创新绩效的概念在国内外还没有一个标准的定义。

国外将技术创新的绩效表示为在企业创新过程中产出技术的绩效，主要在企业新开发的产品中体现。Hagedoorn 和 Cloodt（2003）认为狭义上创新绩效是指企业将发明创造引入市场的程度，而广义上创新绩效是指从概念产生到将其引入市场整个过程所取得的发明、技术、创新三个方面的绩效。

在国内的相关研究中，有学者将创新绩效理解为创新系统在投入一定的资源要素之后所取得的效果和生产效率上的提高。企业创新绩效是企业创新战略、创新方案和创新活动给创新带来的变化，这些变化表现为企业的利润增长，新产品的开发、上市，企业的竞争力在社会上的整体地位及通过创新培育的人才和推动科技、文明和社会的进步。高建等（2004）认为技术创新绩效是指企业技术创新过程的效率、产出的成果及对商业成功的贡献，包括技术创新产出绩效和技术创新过程绩效（张飚，2007）。徐契舜指出创新绩效是指团队或个人表现创新的程度及其对生产力提升的程度，通常用提供新的产品或服务来满足顾客的需求而为企业创造的利润来衡量。

2. 创新绩效测评的研究现状

国内外关于创新绩效测评的相关研究较多，经历了一个复杂的认识和发展过程，但其概念到目前仍然没有统一的界定。一般认为企业创新绩效评价是指企业在特定的背景下对创新方案、活动、经营、管理效果的综合评价。经济合作与发展组织（Organization for Economic Co-operation and Development，OECD）于 1992 年正式推出了技术创新统计手册，即《推荐的技术创新数据采集和解答指南》，简称《奥斯陆手册》，其中所提出的两个创新绩效指标是：①创新产品销售收入占总销售收入的比例。②产品生命周期各个阶段里的企业销售收入。1997 年 OECD 又推出了《奥斯陆手册》的修订版，其中提出了用创新产品总数占企业产品数量的比例而非创新产品总数来刻画企业的技术创新绩效，从而对创新绩效的衡量更为客观和贴切（刘磊磊等，2007）。

在国外，Gemunden 等学者以 innovation success 代替 innovative performance 描述创新绩效，舍弃了 R&D 投入、专利数等指标，代之以产品创新成功和工艺创新成功两个方面。而 Ritte 测度创新的量表更突出受访者的主观评价。Hagedoorn 和 Cloodt（2003）等在综合 Dosi、Archibugi 和 Devinney 等学者关于创新绩效的测度研究的基础上，采用 R&D 投入额、申请的专利数、引用的专利数和新产品开发数 4 项指标来测度创新绩效。

国内关于创新绩效测评的研究尚处于起步阶段，在创新绩效评价指标的设计上有较大差异（表 3.6）。有的从创新资源的投入与产出两方面来考察，如有研究者设计了衡量投入和产出的各项经济和技术指标，最终用投入-产出效率来衡量企业的创新绩效。刘满风认为创新资源投入决定了企业技术创新的规模、速度、能力和强度，并将投入分为总量和强度两个层次的指标。有的学者按经济、社会、科技等不同性质的效益来对创新绩效进行划分，如胡恩华、王青云等。还有的学者综合了上述两种划分方法，如陈长彬等。

表 3.6　国内学者关于创新绩效的测评体系

学者	年份	一级指标	二级指标
刘满风	2006	1. 投入总量； 2. 投入强度； 3. 产出效果； 4. 产出效率	1.1 R&D 经费投入；1.2 R&D 人员投入；1.3 设备装备水平。 2.1 R&D 费用/销售收入；2.2 R&D 人员如职工总数、设备更新系数等。 3.1 新产品总数；3.2 专利数；3.3 新产品销售收入；3.4 新产品利税额；3.5 新产品销售收入等 10 个指标。 4.1 新产品销售率；4.2 新产品利税率；4.3 新产品创汇率等 7 个比率指标
胡恩华、王青云	2009	1. 经济效益； 2. 社会效益	1.1 创新产品数；1.2 创新产品单位成本；1.3 创新产品销售收入；1.4 创新产品创汇率等 10 个指标。 2.1 技术创新对社会的贡献率；2.2 积累率；2.3 创新产品对促进社会就业的作用等 6 个指标
陈长彬	2005	1. 技术创新投入； 2. 技术创新管理； 3. 技术创新效果	1.1 人力投入；1.2 物力投入；1.3 财力投入。 2.1 机构管理；2.2 信息管理；2.3 激励机制；2.4 决策组织。 3.1 经济效益；3.2 技术水平；3.3 市场效果；3.4 社会效果
张方华、韦影、秘登科	2004	1. 创新效益； 2. 创新效率	1.1 新产品数；1.2 申请的专利数；1.3 新产品产值占销售总额的比例。 2.1 新产品的开发速度；2.2 创新产品的成功率

续表

学者	年份	一级指标	二级指标
陈劲、陈钰芬	2006	1. 创新产出绩效； 2. 创新过程绩效	1.1 经济效益；1.2 直接技术效益；1.3 技术积累效益。 2.1 研发部门与客户交流频度；2.2 企业间研发部门交流频度； 2.3 技术带头人、技术桥梁人数等 11 项
赵林海、林俊国	2005	1. 项目层次； 2. 企业层次	1.1 财务绩效维度指标；1.2 技术绩效维度指标；1.3 市场绩效维度指标。 2.1 经济绩效维度指标；2.2 战略维度指标

3. 以往创新绩效测评的不足

由于技术创新本身的复杂性，包括新产品和新工艺的显著技术变化，虽然国内外有不少关于创新绩效评价指标体系的研究，但始终没有一个公认的标准体系。虽然已经有不少关于测度创新绩效的指标体系，但是它们都存在着一定的不足和缺陷，主要包括以下几个方面。

（1）指标设计不够科学合理。有的指标体系过于复杂，指标之间存在较大的相关性，有些又过度侧重财务指标，还有些指标难以度量，可操作性不强。

（2）过分注重研发资源投入。有许多学者把研发人数、研发强度等作为技术创新绩效评价指标，并赋予其过大的权重，但 R&D 投入只能说明企业对技术创新的重视程度，要和其他反映技术创新投入、管理和产出的指标相结合才能准确测度出技术创新绩效（陈劲和陈钰芬，2006）。

（3）忽视技术创新过程绩效。目前的技术创新绩效评价研究主要关注技术创新的投入和产出，而很少有论及创新过程绩效的。即使有涉及的，也没有给出具体的科学的指标，企业技术创新是一个动态发展、不断提高的过程。创新过程管理反映企业创新活动的管理水平，反映企业潜在的技术创新绩效，因此在建立创新绩效指标体系时应该对创新过程的管理进行评价（陈劲和陈钰芬，2006）。

3.3 研究假设与问卷研究

3.3.1 研究假设

1. 领导支持与创新绩效

领导支持能够为创新排除来自企业外部和内部的各种障碍，克服组织对原有产品或服务的惯性依赖，使新产品或服务被企业采纳并投入研发，最终成功地推向市场，所以领导支持是提高创新绩效的一个重要影响因素。此外，领导支持的执行者，也就是创新倡导者，有对新创意和新点子的支持，使得这些创意被企业和团队采纳，并顺利执行，使企业和团队在这些创新的研发过程中突破原先的技术、知识、制度上的束缚，给企业注入新的血液，提高了整体的创新能力，对提高创新绩效起到重要的推动作用。

国内关于领导支持的相关研究较少，大都集中在魅力型领导风格、交易型领导风格和变革型领导风格对企业或者团队绩效的影响上。而在国外，倡导者被认为是企业中使创新获得成功的英雄人物，国外的一些研究表明，领导支持对成功的创新起到关键作用。Kessler 和 Chakrabarti 在关于影响创新的因素的研究中指出创新倡导者加速了创新的过程，因为他们为组织收集和提供外部信息，积极地将创新理念推销给股东，为创新排除障碍，为创新提供资源，积极地和各个机构交流。Howell 认为领导支持和团队创新绩效有积极的关系，他和 Shea 在关于个人特征、构建创新、领导支持和团队绩效的研究中指出，倡导者的个人特征影响其对创新发掘的敏感度和积极地推销创新等行为，而领导支持对团队绩效起积极作用。Jan Inge Jenssen 和 Geir Jorgensen 在关于倡导者如何促进创新的研究中，发现倡导者的个人特征、经验、社会网中的地位等个人资本和社会资本影响倡导者获取资源的策略，从而对团队创新产生影响。同样，Markham 和 Griffin 的研究报告显示，领导支持虽然没有直接对企业层面的绩效产生影响，但是通过对新产品开发项目的绩效起推动作用，进而对企业绩效起到积极作用。

因此，本小节提出以下假设。

假设1（H1a）：领导支持与团队创新绩效显著相关。

假设1（H1b）：领导支持对团队创新绩效具有显著作用。

2. 领导支持与团队创新氛围

企业中创新倡导者的领导支持除了在组织层面显著影响企业的创新绩效外，也在团队层面、个体层面有显著的作用。就像 van de Ven 在研究中指出的，创新倡导者对个人或是团队有重要的决定性作用，他们对创新狂热和积极地支持，也会影响团队中其他成员，使其更赋有创新意识也更敢于将新创意提出来，推销给上级和企业。

创新倡导者是那些在企业内积极推动产品创新的发展和执行，忽视资源受限的现状，努力地寻求资源支持的个人，虽然他们有可能是拥有专业知识和技能的研发人员或是其他低层的员工，但大部分情况下是企业的中高层领导。他们有能力和资源鼓励创新活动，寻找和组合有创新意识的成员，或者在不同部门之间建立良好的沟通关系，促使他们相互信任、共担风险、共享信息，从而创造出非常理想的创新氛围。积极良好的创新氛围使其团队中的成员充分发挥甚至激发其创新潜能，而成员个人表现出来的创新能力受到组织的认可和奖励后，又会进一步促使其他成员构思新创意，这样一个不断改善的良性循环营造出更为良好的创新氛围。

领导支持除了通过创造良好的创新氛围使成员之间良好沟通、互相信任、支持创新外，还可通过其拥有或是争取到的资源为团队的创新活动提供资金、设备、技术等的支持，而创新倡导者也往往会竭尽全力为创新扫除一切障碍，这些行为都将有利于营造良好的创新氛围，在对团队提出挑战性工作的同时，也为其提供资源、排除障碍，并且通过奖励等激励制度鼓励创新。

在国内的研究中，有少数关于领导风格与团队创新氛围的研究，例如，李锐和凌文铨（2008）认为变革型领导能够通过自己的行为营造平等、自由的团队氛围，激发团队成员热情，促进团队成员之间的信任与合作，并改善团队成员的工作行为。肖洪钧和苗晓燕（2009）通过实证研究得到领导风格对员工感知到的团队创新气氛影响显著。而本书的领导支持虽然不同于某一特定领导风格，但创新倡导者所表现出来的行为也与其有一定的交集，创新倡导者有能力倡导和培育团队创新的创新氛围，关注团队成员的工作状况和工作需求，促进团队成员之间的合作，营造一种平等、自由的气氛，对团队创新气氛具有决定性的作用。

因此，本小节提出以下假设。

假设 2（H2a）：领导支持与团队创新氛围显著相关。

假设 2（H2b）：领导支持对团队创新氛围具有显著作用。

3. 领导支持与组织公民行为

迅速变化的企业环境，强调创新、灵活及快速地对变化的环境做出反应，传统的工作、职责等会经常发生变化，因此员工做出本职工作要求之外的主动创新行为更为重要。组织公民行为是员工自觉主动表现出来的角色外的、不计眼前的个人得失、有利于他人或组织的行为。既然组织公民行为对于企业有着积极的影响，那么究竟哪些因素对组织公民行为有正面影响呢？

从社会交换理论的观点来看，当员工感知到组织支持和帮助时，便会觉得自己对组织有义务，便会以更努力工作和忠诚来回馈组织，但此行为并不在组织规定的内容中，因此组织公民行为可视为个人感恩而自发的行为（袁凌和初立娜，2008）。Shore 和 Wayne 的研究结果显示，情感承诺、组织支持知觉和组织公民行为呈正相关关系。

创新倡导者为了支持创新，保证创新的顺利执行，会通过各种可能的行为对员工产生影响，他们往往代表组织向员工表达对其工作的支持，在情感上给予承诺，提高其信心并使其认识到所从事工作的价值和意义，而作为回馈，员工便会在工作中额外努力，超越本职工作所规定的任务。在某种程度上，员工的这种回报行动来源于对领导支持的感知。创新倡导者的行为表现出对员工的信任、认同和重视，并对其授权，而下属在感知到这种授权时，就会对组织产生积极的情感，并且作为回报，表现出组织公民行为。

因此，本小节提出以下假设。

假设3（H3a）：领导支持与组织公民行为显著相关。

假设3（H3b）：领导支持对组织公民行为具有显著作用。

4. 团队创新氛围与组织公民行为

具有组织公民行为特征的员工是团队中的“润滑剂”，可缓解冲突、维护人际和谐，从而营造一个良好的氛围，能自觉维护整个组织的正常运行，有效协调团队成员和工作群体之间的活动，协同攻关核心技术，提升整个团队的生产效率。因此，研究者们认为良好的组织公民行为可以主动调节组织中的气氛，而在创新团队中这种氛围就表现为创新氛围。具有组织公民行为的员工表现出来的利他行为往往能协助其他成员发挥其创新潜能，帮助团队排除创新障碍；人际和谐行为使创新团队中有一种积极向上、相互促进的氛围，而责任意识、保护组织资源等行为也对创新氛围的形成有积极的作用，因此，组织中良好的组织公民行为表现得越多，该组织的创新氛围就越良好，在此期间工作的员工就对创新更有积极性和信心，更努力和全心全意地执行创新。此外，组织公民行为同样也会对员工满意度、组织公平感、组织承诺产生重要的影响（Organ and Ryan，1995）。

因此，本小节提出以下假设。

假设4（H4a）：组织公民行为与团队创新氛围显著相关。

假设4（H4b）：组织公民行为对团队创新氛围具有显著作用。

5. 领导支持、团队创新氛围与创新绩效

领导支持对于企业的创新有着不可忽视的重要作用，创新倡导者是企业中从发现新创意到推销创新、执行创新直至最终成功的人，对团队的创新绩效起到积极的正面作用，而领导支持除了直接影响团队的创新绩效以外，也通过创新氛围这一中间变量影响创新绩效。研究表明，团队成员创造潜能的开发和创新绩效与合适的环境有着密切的关系，除了必要的物质资源和人力资源支持以外，创新更加需要支持和鼓励创新的气氛；许多组织并不缺乏有创新能力的员工，但缺乏支持与鼓励创新的氛围（王雁飞和朱瑜，2005）。

领导者的管理风格会慢慢形成独特的团队氛围，团队成员每天就在这种氛围中工作。创新倡导者的一个重要职能就是为创新团队寻找有价值、有能力的人，很多时候是从企业的研发部门引入，当然也会从其他各个部门寻找合适的人选，而创新倡导者能够通过与各个职能部门之间良好的沟通而使这些原先并不熟悉的人迅速熟悉起来，为他们建立一个统一的创新目标，为他们提供创新工作所需要的资源，建立彼此的信任和信赖关系，形成一个良好的团队创新氛围。创新倡导者对创新表现出执着和坚定不移，往往会对团队中的其他成员产生一种效应，注入一股源源不断的动力，使整个团队都被这种创新氛围所影响。

Lee 和 Bobko（1994）研究了上级支持与产品创新程度的关系，发现上级支持程度与团队创新绩效之间存在显著的相关性，上级支持程度越高，团队创新氛围越好，创新绩效也就越高。Bruce 和 Scott（1994）的研究表明，团队创新氛围作为隐性动力机制是与团队创新绩效相联系的，团队创新氛围作为领导支持与团队创新行为间的中介变量，对团队创新行为有决定性作用。团队创新气氛作为中介变量，受团队中创新倡导者对创新支持、资源供给、奖励机制等因素的影响，而团队创新氛围又影响了团队成员的创新积极性，促使其充分发挥创新潜能，从而对团队创新绩效起到积极作用。

因此，本小节提出以下假设。

假设 5（H5）：团队创新氛围对领导支持与团队创新绩效的关系起中介作用。

6. 领导支持、组织公民行为与创新绩效

类似团队创新氛围对于领导支持和创新绩效的中介作用，本章也将领导支持、组织公民行为和创新绩效三个变量放到一起考虑，认为组织公民行为也在领导支持和创新绩效间起中介作用。任何企业都不可能将工作职责界定得绝对清晰，总有一些职责之外的事情。Organ（1988）认为，员工的组织公民行为能提高组织绩效。Podsakoff 等（2000）通过对过去文献的总结得到：组织公民行为可以解释绩效数量变异的 19%、绩效质量变异的 18%。当前，企业内外部环境动态性越来越高，对创新性的要求越来越高，传统的组织设计已无法应对这些动态性和创新性的要求，因此需要员工有主动解决问题的意愿和能力，所以组织公民行为变得尤为重要（滕文芳，2008）。而在创新团队中成员表现出来的组织公民行为，能够对创新绩效起到积极的促进作用。

在团队中尤其是高技术团队，更加需要团队成员积极主动地做出超越本职工作期望的行为。对于高技术团队来说，其成员主要从事的是对知识进行加工和创造的工作，他们很看重工作的意义和价值，他们在工作中渴望满足自我的高层次需求。知识型员工的工作具有很强的创造性，创造性的工作因为存在不确定因素，其工作责任也相对模糊，因此，知识型员工的组织公民行为对企业来说意义重大。创新倡导者通过影响成员的情绪、动机、价值观等，使其更愿意为创新付出额外的努力，在完成本职工作以外表现出超越基本期望的组织公民行为。此外，领导支持设法让团队成员认识到创新工作的意义和价值，激发其高层次的需求，对团队成员的心理和行为能够产生显著的影响，例如，促进团队成员做出组织公民行为，使新产品研发和生产更有效运作，从而取得较好的创新绩效。Smith（1983）的研究表明，领导支持通过工作满意感间接作用于利他行为，而对一般性顺从具

有直接的影响。因此本书认为组织公民行为与团队创新绩效间存在正相关，组织公民行为能够协调领导支持和团队创新绩效间的关系。

因此，本小节提出以下假设。

假设6（H6）：组织公民行为对领导支持与团队创新绩效的关系起中介作用。

7. 企业特征与各研究变量

企业是所有创新行为发生的载体和环境，企业的个体特征往往影响其内部的各种氛围、创新的发掘和执行及团队或者个体的表现，因此，企业中创新倡导者的领导支持行为是否显著，创新氛围是否良好，组织公民行为是否突出，以及创新绩效的高低，在一定程度上受到企业特征如企业性质、规模、成立年数和发展阶段的影响。

在现今不断开放和融合的时代，企业性质不断多元化，有国有、集体、私营、个体、联营、股份制、外商投资、港澳台投资与其他类。由于企业性质不同，企业政策方针、制度、文化都有所不同，会对企业中领导支持、团队创新氛围、组织公民行为和创新绩效产生一定的影响。而企业的规模在一定程度上决定着企业的各方面实力，如是否有强有力的研发团队、充足的技术研发人员等，而企业成立的年数和发展阶段不同，往往在承受风险和盈利方面有所不同，影响它们对创新的重视和支持程度，因此，本章认为企业特征对企业中领导支持、团队创新氛围、组织公民行为和创新绩效产生显著影响。

假设7（H7a）：企业性质不同对领导支持存在显著差异。

假设7（H7b）：企业性质不同对团队创新氛围存在显著差异。

假设7（H7c）：企业性质不同对组织公民行为存在显著差异。

假设7（H7d）：企业性质不同对创新绩效存在显著差异。

假设8（H8a）：企业规模不同对领导支持存在显著差异。

假设8（H8b）：企业规模不同对团队创新氛围存在显著差异。

假设8（H8c）：企业规模不同对组织公民行为存在显著差异。

假设8（H8d）：企业规模不同对创新绩效存在显著差异。

假设9（H9a）：企业成立年数不同对领导支持存在显著差异。

假设9（H9b）：企业成立年数不同对团队创新氛围存在显著差异。

假设9（H9c）：企业成立年数不同对组织公民行为存在显著差异。

假设9（H9d）：企业成立年数不同对创新绩效存在显著差异。

假设10（H10a）：企业发展阶段不同对领导支持存在显著差异。

假设10（H10b）：企业发展阶段不同对团队创新氛围存在显著差异。

假设10（H10c）：企业发展阶段不同对组织公民行为存在显著差异。

假设10（H10d）：企业发展阶段不同对创新绩效存在显著差异。

3.3.2 概念操作化定义和模型框架

1. 概念操作化定义

本章主要的研究对象是领导支持、团队创新氛围、组织公民行为和创新绩效，主要探讨研究它们之间直接或间接、正面或负面的关系。但领导支持、团队创新氛围、组织公民行为和创新绩效都是较抽象的概念，而且通过对已有相关文献的综合总结，并没有对它们明确并且统一的定义，因此在进行进一步研究之前，需要对其进行操作化定义，在以往学者研究的基础上结合本章的研究角度，给出概念定义。

1）领导支持

本章中的领导支持是企业中创新倡导者为推动创新而表现出来的行为，本章综合了 Chakrabarti（1974）、Schonbar（1963）、Freeman 等（1971）关于创新倡导者的定义，即非正式地存在于组织中，在关键阶段对创新活动起决定性作用，积极地推动产品创新发展和执行的个体，他们忽视资源受限的现状，努力寻求资源支持。而领导支持就是创新倡导者在这个过程中推动创新的各种行为，包括挖掘新创意、向相关者推销创意、寻找资源和支持、为团队寻找合适的成员、协调各部门和团队成员保持良好关系、排除障碍、坚定不移地坚持创新的执行和管理团队等。

2）团队创新氛围

关于团队创新氛围的定义至今没有统一的标准，一般包括本质观和认知观两大类，本质观认为团队创新氛围是独立于员工感知而存在的，不受其中成员个体感知的影响，而认知观认为创新氛围是组织成员个体基于共同组织情景的感知。本章较偏向于认知观，采用 Amabile 等（1996）关于团队创新氛围的定义：存在于组织内部，能被组织成员体验，并影响其创新行为的持久特性，是组织成员对组织环境是否具有创新特性的主观知觉与描述，这种知觉会影响个体的态度、信念、动机、价值观和创新行为，最终影响整个组织的创新能力与创新绩效。

3）组织公民行为

虽然有不少专家学者对组织公民行为做出概括并给出定义，但其中较权威也被较多学者认可的是 Organ 先后于 1983 年、1988 年和 1995 年给出的关于组织公民行为的定义，其中后两次是在进一步研究探讨后对前者的改进和修正，因此本章综合了 Organ 先后提出的关于组织公民行为的定义，认为组织公民行为是组织成员自觉表现出来的行为，在组织正式薪酬体系中没有得到明确或直接的确认，但能够对组织的社会和心理环境提供维持和增强作用，进而支持任务绩效的行为。

4）创新绩效

关于企业或团队绩效的研究已有较长的历史和较多成果，而关于创新绩效的研究起步较晚，通过对以往一些文献的总结，发现国内大部分的研究都集中在创新绩效测评指标体系的建立方面，而对于创新绩效定义的理论研究较少。本章的研究对象主要是从事高新技术的 IT 企业，不同于传统制造业和服务业，其创新主要是产品创新，因此本章的创新绩效是指提供新的产品来满足顾客需求而为企业创造利润，是企业产品创新过程的效率、产出的成果及对商业成功的贡献，包括个体创新绩效、产出绩效和过程绩效。

2. 模型框架

根据对以往相关文献的研究和总结，本章认为领导支持与团队创新氛围、组织公民行为和创新绩效有显著相关性，且对这三个变量有显著作用，而团队创新氛围和组织公民行为在领导支持和创新绩效之间起到中介作用。此外，企业自身特征的不同，如企业性质、规模、成立年数和发展阶段，往往会对企业中的团队创新氛围、组织公民行为、创新绩效等产生一定程度的影响，而企业中创新倡导者所表现出来的领导支持行为也将因这些特征的不同而有所区别。图 3.2 和图 3.3 是对以上研究假设归纳后得到的模型框架。

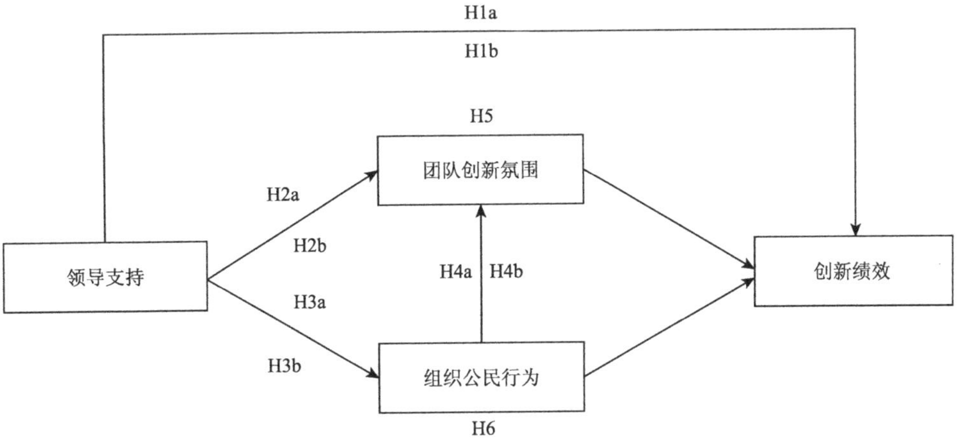

图 3.2　领导支持、团队创新氛围、组织公民行为和创新绩效的假设模型

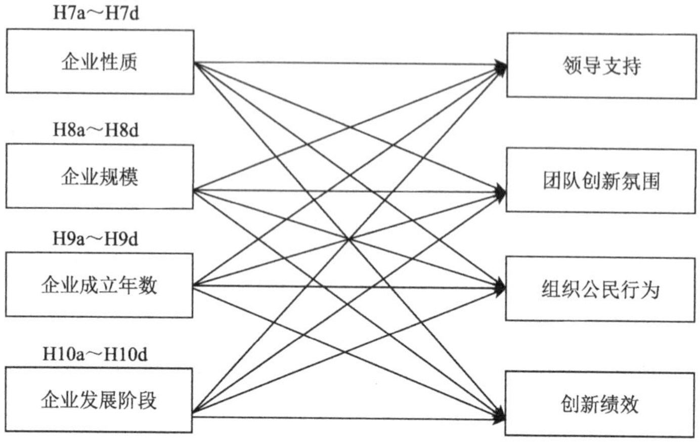

图 3.3　企业特征与各研究变量的假设模型

3.3.3　变量测度体系

1. 领导支持的测度

至今，国内关于领导支持的研究很少，因此关于领导支持的测度量表也无从参考，所以本章总结了国外关于领导支持的相关研究，并参考其指标体系。Markham 和 Abbie（1998）将领导支持的测度分为倡导者的识别和对新产品开发的支持两部分。Jan Inge Jenssen 和 Geir Jorgensen 在关于倡导者如何促进创新的研究中，从倡导者特征、获取资源的策略两个方面对领导支持进行测度，具体见表 3.7。

表 3.7　Jan Inge Jenssen 和 Geir Jorgensen 的研究中领导支持的测度

项目	倡导者特征	获取资源的策略
构面	1. 个人特征； 2. 经验； 3. 社会关系	1. 传统策略； 2. 参与； 3. 非传统策略

Shea 和 Howell 在第一阶段广泛调研征求意见的基础上，得到了 102 个全面涵盖创新支持的行为。在第二阶段，他们再一次选择调查对象，对第一阶段得出的 102 个领导支持行为进一步筛选，得出更具代表性的 29 个行为。最后，通过因子分析、信度、区分效度和关联效度等分析，得到最终三个因素共 16 个题项测度领导支持。因素一为创新倡导者的热情和信心，包含 6 个题项；因素二为在逆境中坚持不懈，包含 5 个题项；因素三为创新选择正确的人加入，包含 5 个题项，共计 16 个题项。

经过对这些文献和研究的认真阅读和分析，对比这些研究的调查对象、分析方法和思考角度，本章选择 Shea 和 Howell（2000）研究得出的关于领导支持的测度题项，并将其翻译成中文，根据具体需要进行一定的调整。

本量表采用 Likert 五点尺度评量，通过团队成员对领导支持行为的感知程度，区分为“完全不同意”、“不同意”、“没意见”、“同意”和“完全同意”。得分为 1、2、3、4、5 五种正向分数，得分越高者，表示团队中领导支持程度越高。

2. 团队创新氛围的测度

通过对以往关于团队创新氛围的研究进行整理和总结，得到使用频率较高也得到验证的几个量表，包括 SSI、CCQ、WEI、TCI、ACC、SOQ。其中创新氛围的维度涵盖积极的同事关系、积极的上下级关系、资源、挑战性、任务清晰度、自治、积极的人际沟通、智力启发、高管支持、报酬导向、强调产出、参与度、组织整合等，虽然这些量表比较全面地评测了创新氛围的各个方面，但缺点是包含的题项都比较多。

团体创新氛围量表是 West 在其创新氛围理论基础上建立的，包含愿景、参与安全感、任务导向和创新支持四个维度，最初有 61 个题项，而后修订为 38 个题项，其与其他五个量表相比最为简洁，而且被许多研究所采用和验证。考虑到问卷发放时被调查者回答题项的耐心和数据的可获得性，本章在团体创新氛围量表的基础上，结合其他学者对创新氛围量表的设计，筛选了使用频率最高且相关度较低的几个因素，包括团队愿景、创新支持、参与安全感三个维度，其中团队愿景和创新支持各 4 个题项，参与安全感 3 个题项，共计 11 个题项。采用 Likert 五点尺度评量，依据团队成员感知的团队创新氛围区分为“完全不同意”、“不同意”、“没意见”、“同意”和“完全同意”。

3. 组织公民行为的测度

研究者对组织公民行为的认知或研究对象的不同，开发了不同的量表，从二维到十一维都有，主要途径有访谈获取、利用其他成熟的量表和利用已有量表根据具体研究目的进行修改。由于条件限制，本章采取在已有经过验证的成熟量表基础上进行适当修改的方法建立组织公民行为的测评量表。Organ 是组织公民行为研究领域较权威的学者，大部分研究都采用 Organ 关于组织公民行为的定义，而他和 Smith 于 1983 年开发了最早的组织公民行为二维量表，而后 Organ 又先后设计了五维和十一维量表，许多学者的量表是在他研究的基础上修改得到的。此外，由于中西方文化的差异，企业员工表现出来的组织公民行为也会有所不同，樊景立对中国文化背景下员工组织公民行为进行研究，得到了五维和十一维的测度量表。

因此，本章结合 Organ 和樊景立关于组织公民行为的测度量表，并根据 IT 企业具体情况和数据的可获得性，选取利他行为、组织认同、尽责行为和人际关系和谐四个维度，其中利他行为和组织认同是中西方关于组织公民行为测评中相同的维度，而尽责行为和人际关系和谐是中国文化背景下的组织公民行为维度，本量表包含 12 个题项，每个维度 3 个题项，采用 Likert 五点尺度评量，依据团队成员感知的组织公民行为区分为“完全不同意”、“不同意”、“没意见”、“同意”和“完全同意”。得分为 1、2、3、4、5 五种正向分数。其中各维度的概念解释如表 3.8 所示。

表 3.8　组织公民行为各维度的概念解释

序号	维度	概念解释
1	利他行为	员工在组织的相关任务上自愿帮助他人解决工作上的问题
2	组织认同	员工努力维护公司形象、积极参加公司活动与会议、主动提出有建设性的方案等对公司有利的行为
3	尽责行为	严肃认真、尽心尽责地对待工作并以远远超出基本工作要求的标准来完成具体工作任务的行为
4	人际关系和谐	避免因追求个人的权利的获得而损害他人与组织

4. 创新绩效的测度

企业创新绩效评价的关键在于有一个科学合理的指标体系。在设计评价指标体系时，必须遵循科学性与现实性相结合、动态性与系统性相结合、可计量与可控性相结合的原则。在经济全球化日益升温的今天，所有行业都面临着比以往任何时候都更为直接和严峻的竞争环境。本章的主要研究对象是浙江省的 IT 企业，而 IT 行业的产品差异及更新速度决定了其是否能够在激烈的竞争中生存和发展，因而本章更侧重于新产品的创新，而企业中的创新倡导者除通过其领导支持行为及团队创新氛围、组织公民行为对企业创新绩效产生影响以外，也对团队中成员产生影响，因此需要从企业层面和个体层面一起评价创新绩效。

结合以往国内外专家学者关于创新绩效的测度指标体系，本章以个体层面的个体创新绩效指标和团队层面的团队创新绩效指标测度创新绩效。以往研究往往给予 R&D 投入较大权重，但陈劲等已指出其缺陷和不足，而本章也较侧重新产品的产出，以及领导支持行为对企业管理过程的影响，因此用创新产出绩效评价指标和创新过程绩效评价指标来测度企业层面的创新绩效。本章创新绩效评价指标体系框架如图 3.4 所示。

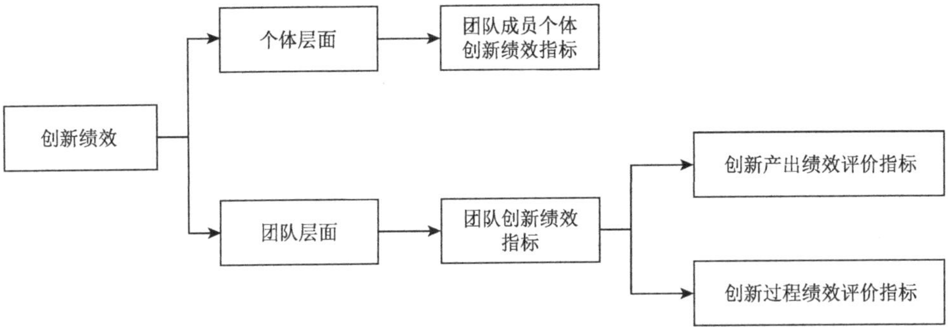

图3.4　创新绩效评价指标体系框架

为了测度团队成员个体创新绩效，采用周珂（2008）综合了Anderson和West（1996）、Oldham和Cummings（1996）、Bruce和Scott（1994）、Janssen（2001）等的关于个体创新绩效评价指标，并根据本章的具体需要进行了适当的修改，得到包括4个题项的测量问项集合，如表3.9所示。

表3.9　团队成员个体创新绩效测度指标

题号	测度指标
1	相比以前的创新成果，我过去一段时间的创新成果水平有明显进步
2	团队主管对于我过去一段时间的创新成果非常满意
3	团队成员之间会拿我的创新成果做榜样
4	我觉得自己的创新成果无法跟其他团队成员一样好

关于团队层面创新绩效的测度，主要参考陈劲、陈钰芬等关于以产品创新为主的企业技术创新绩效评价指标体系，并根据本章研究的实际需要及数据的可获得性进行了修改，将团队层面创新产出绩效分解为经济效益和技术效益两个构面，如图3.5所示。

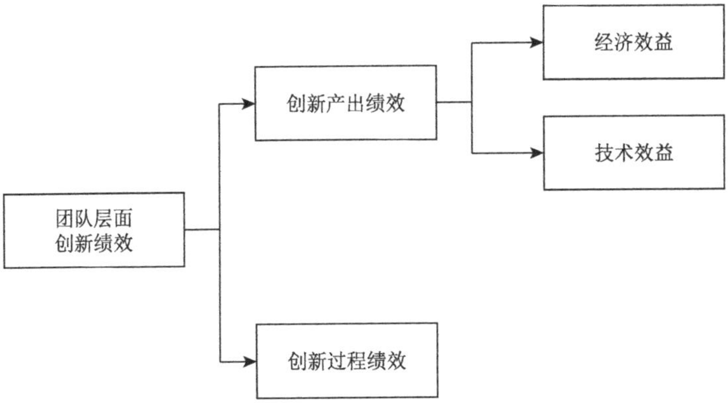

图3.5　团队层面创新绩效评价指标体系

本章在总结了以往研究中关于创新产出绩效和创新过程绩效的测度指标的基础上，根据具体情况确定了创新产出绩效包括经济效益、技术效益两个维度，每个维度包含 3 个题项，而创新过程绩效包含 5 个题项，共计 11 个题项，如表 3.10 所示。

表 3.10 创新产出绩效测度指标

测度变量	测度指标	题号	题项
创新产出绩效	经济效益	1	新产品销售率
		2	新产品市场占有率
		3	产品成本降低率
	技术效益	1	新产品（创新项目）数
		2	申请专利数
		3	产品生命周期缩短
创新过程绩效		1	研发部门与客户交流频度
		2	企业间技术交流合作水平频度
		3	企业研发部门与高校、研究所的交流合作水平
		4	研发投入占销售收入的比例
		5	研发人员人数比例

3.3.4 问卷研究

1. 调查对象

本章主要是在竞争不断加剧，客户需求快速变化，创新成为企业生存和发展的关键的背景下，研究企业中创新倡导者的领导支持行为、团队创新氛围、组织公民行为与创新绩效之间的相互作用关系。本章选择浙江省 IT 企业作为调查对象，研究企业中这些变量因素的相互关系，是因为 IT 业具有技术变化迅速、产品寿命周期短、产品性能及工艺技术改进快等特点，相比于其他传统行业，IT 企业更需要不断地创新来提升其竞争力。而在这样的组织架构中，创新是其核心工作，而且非常强调团队成员间的协作及知识共享和氛围，因此创新倡导者的领导支持行为、团队创新氛围、组织公民行为等因素对创新绩效的影响也会更加明显。

浙江省原本就是经济发展较快，非常具有区域经济特色的省份，近年来，也不断推行现代化产业体系建设，其中“两轮驱动”中的一轮就是高新技术产业。IT 企业作为高新技术产业中重要的一部分，近年来发展迅速，跨国公司纷纷在浙江建立分公司，而新兴的中小民营 IT 企业也纷纷茁壮成长。出于数据的可获得性和可行性，本章没有将问卷调查的对象设为全国范围内的 IT 企业，而是选择了具有一定特色的浙江省范围内的 IT 企业。

从广义上看，一切涉及信息的生产、处理、储存、流通、应用的相关技术均可称为 IT，而狭义上看，IT 是运用计算机技术和现代通信技术进行采集、处理、存储、传送和反馈的专业技术。本章的研究采用后者，样本企业主要包括互联网信息服务业、计算机服务业、软件业、电子计算机制造业四类，具体行业类别与行业代码见附录 6。

2. 问卷设计和数据收集

本章在国内外相关研究成果的基础上，通过总结和提炼文献中关于各变量的测度指标，结合本章研究调查对象的特点，得出包含了领导支持、团队创新氛围、组织公民行为和创新绩效四个变量的量表问卷。领导支持量表的题项是从国外研究中直接翻译得到，且国外与中国文化具有差异，考虑到题项的易理解性和调查对象的具体特点，本章对一些问项进行部分修正。而其他三个变量——团队创新氛围、组织公民行为和创新绩效也根据需要，对题项的表达进行了一定的调整。

为对问卷题项有效性进行初步考核，邀请专业老师对问卷的设计结构和变量的指标体系进行评价，在其指导下对指标体系的不合理处进行修改。随后，考虑到问卷的可理解性和数据的可获得性，邀请几位在 IT 企业研发部门工作的技术研发人员对问卷进行试做，并请他们提出修改意见，对于“新产品市场占有率”、“产品成本降低率”、“新产品销售率”和“研发部门与客户交流频度”等较难得到真实数据的问项，改为被试者认为本企业与国内同行业主要竞争对手相比的主观判断。

本问卷的调查对象是浙江省内的 IT 企业，但传统的以纸质的问卷进行邮寄、传真的方式回收率很低，而在没有项目支持的情形下，进行现场填写的方式，成功回收问卷的概率也不高。而近年来，通过互联网及调查系统进行在线调查的方法越来越盛行，因此通过 Google Docs[①]提供的在线问卷调查功能将问卷做成网页形式，被调查者只要点击链接就能进入问卷页面，完成后提交便完成了调查，操作方便快捷。联系在 IT 行业的人员，并请他们协助将问卷链接转发给其他 IT 企

① Google Docs 为谷歌办公套件，类似于微软的 Office 的一套在线办公软件，可以处理和搜索文档、表格、幻灯片，并可以通过网络和他人分享。

业研发部门的人员，结合 E-mail、QQ、纸质问卷等形式，完成了问卷的发放。样本主要取自浙江省的 IT 企业，主要集中在杭州，部分来自宁波、湖州、嘉兴、温州等地区，基本上一个企业的研发部门一份。一些规模较大的企业中有几个研发部门或多个研发团队，因此对这样的企业适当多发放问卷。但为保证数据独立性和代表性，每个企业都小于 3 份，小规模企业只取 1 份，剔除无效问卷 13 份后，有效问卷 107 份。

3. 数据分析方法

1）描述性统计分析

描述性统计分析（descriptive statistical analysis）主要以描述性分析对样本基本数据进行分析，汇总求得整体样本、个别样本在本研究因子的平均数、标准差，了解各因子变量在样本中的不同反应情况。

2）因子分析

因子分析（factor analysis）以最少的信息丢失为前提，将众多的原有变量综合成较少几个综合指标，用较少的变量反映原有变量的绝大部分信息。因子分析的前提是原有变量之间应具有较强的相关关系，所以先进行 KMO 分析，若其值大于 0.5，表示适合进行因子分析，再以主成分分析法抽取特征值大于 1 的因子，并利用方差最大法进行正交旋转，萃取出适当的因子。

3）信度分析

信度是指一份问卷测验所测的分数的可信度或稳定性。本章分析求得各问卷与分量表的内部一致性系数克龙巴赫 α 值，以检验各研究变量量表的信度。

4）相关分析

相关分析（correlation analysis）是一种简单易行的测度事物间统计关系的有效工具，本章以皮尔逊（Pearson）相关分析求取各研究变量之间的相关系数，以了解它们之间是否有显著相关。

5）回归分析

相关关系式是双向堆成的，只能说明变量之间是否存在相关性及相关程度，并不能说明它们之间的因果关系，因此需要通过回归分析来进一步研究一个因变量与一个或多个自变量之间的统计关系，本章通过建立回归方程，研究变量下的各因素之间的因果关系。

6）中介作用分析

严格意义上讲，要验证一个模型构思中某变量是否为中介变量，其必须同时满足以下三个条件。

（1）自变量 A 对因变量 C 具有显著的解释力。

（2）变量 B 对因变量 C 具有显著的解释力。

(3）当A和B同时出现在模型中时，原来存在显著关系的A、C之间关系不再显著，极端的情况下A、C之间直接的关系甚至变为0，这时B具有最强的中介作用。

7）方差分析

方差分析（analysis of variance）是英国统计学家R. A. Fisher于1923年提出的，从观测变量的方差入手，研究诸多控制变量中哪些变量是对观测变量有显著影响的变量。方差分析认为如果观测变量值在某控制变量的各个水平中出现了明显波动，则该控制变量是影响观测变量的主要因素；反之，如果观测变量值在某控制变量的各个水平中没有明显波动，则认为该控制变量没有对观测变量产生重要影响。

3.4　统计分析

3.4.1　描述性统计

1. 企业性质与规模

本章的调查对象主要为浙江省的IT企业，大部分来自杭州地区，也有来自浙江其他城市，如温州、湖州、绍兴、金华等地的企业。企业性质分类参考国家统计局的有关企业性质分类标准，主要包括：国有、集体、私营、个体、联营、股份制、外商投资、港澳台投资与其他类。

如表3.11所示，受调查的企业中，有60.7%是民营企业，数量超过了样本量的一半，其次是国有或国有控股、股份制和外商独资企业，分别占样本的10.3%、8.4%、9.3%。

表3.11　企业性质分布表

企业性质	频数	百分比/%	累积百分比/%
国有或国有控股	11	10.3	10.3
民营	65	60.7	71.0
股份制	9	8.4	79.4
中外合资	5	4.7	84.1
外商独资	10	9.3	93.5
台港澳	2	1.9	95.3
其他	5	4.7	100.0
合计	107	100	

本章研究中企业规模按企业所拥有的员工人数来划分，包括<10 人、11～50 人、51～100 人、101～500 人、>500 人五个档次，如表 3.12 所示。调查样本中以 11～50 人规模的企业最多，占总量的 33.6%，其次是>500 人和 51～100 人，分别占总量的 23.4%、21.5%。

表 3.12　企业规模分布表

企业规模	频数	百分比/%	累积百分比/%
<10 人	8	7.5	7.5
11～50 人	36	33.6	41.1
51～100 人	23	21.5	62.6
101～500 人	15	14.0	76.6
>500 人	25	23.4	100.0
合计	107	100	

2. 企业成立年数与发展阶段

本章的研究问卷调查的企业较均匀地分布在 1～5 年、6～10 年、>10 年三个水平，分别占总样本的 28.0%、36.4%、30.8%，而<1 年的企业很少，只占总样本的 4.7%。而参与调查的企业的发展阶段主要处在成长阶段和成熟阶段，分别占 35.5%和 37.4%，处于创业阶段的次之，为 20.6%，处于转型阶段的企业最少，只占总样本的 6.5%，具体数据见表 3.13 和表 3.14。

表 3.13　企业成立年数分布表

成立年数	频数	百分比/%	累积百分比/%
<1 年	5	4.7	4.7
1～5 年	30	28.0	32.7
6～10 年	39	36.4	69.2
>10 年	33	30.8	100
合计	107	100	

表 3.14　企业发展阶段分布表

发展阶段	频数	百分比/%	累积百分比/%
创业	22	20.6	20.6
成长	38	35.5	56.1
成熟	40	37.4	93.5
转型	7	6.5	100
合计	107	100	

3. 创新倡导者类型

本章在问卷中通过一道多项选择题，调查在企业中被认为在新产品开发的过程中扮演着创新倡导者角色的类型。由表 3.15 可知，扮演创新倡导者角色的类型较均匀地分布于技术研发人员、高层管理者和中层管理者，而项目经理出现的频率最低。

表 3.15　企业倡导者描述性统计

创新倡导者类型	频数	排名
技术研发人员	60	1
项目经理	37	4
中层管理者	55	3
高层管理者	56	2

4. 参与调查者情况

由表 3.16 可知，参与问卷填写的调查者主要是男性，而年龄主要集中在 21～30 岁，这主要是因为从事 IT 企业技术研发工作的主要为男性，而且大部分都比较年轻。受调查者大部分是来自企业的技术研发部门的技术研发人员，基本符合问卷对填写人员的要求。

表 3.16　问卷填写人员基本情况分布表

统计内容		频度	百分比/%
性别	男	88	82.2
	女	19	17.8
年龄	21～30 岁	100	93.5
	31～40 岁	7	6.5
	41～50 岁	0	0
	＞50 岁	0	0
所在部门	技术研发部门	71	66.4
	人力资源部门	11	10.3
	财务部门	5	4.7
	销售部门	8	7.5
	其他	12	11.2
职务	技术研发人员	68	63.6
	项目经理	3	2.8
	部门主管	16	15.0
	公司高管	7	6.5
	其他	13	12.1

3.4.2 信度与效度分析

1. 信度分析

在对问卷进行数据分析前，需要对其进行信度检验，考察其可靠性，以确保问卷分析的质量，通常采用内部一致性作为信度分析（reliability analysis）的主要指标，考察每个题项是否测量了相同的内容或相似的特性。本章用克龙巴赫 α 值检验量表的信度，测量量表整体的一致性。克龙巴赫 α 值越接近于 1，信度就越高。表 3.17 对各变量进行信度分析，得到领导支持量表的 α 值为 0.905、团队创新氛围量表的 α 值为 0.819、组织公民行为量表的 α 值为 0.855、创新绩效量表的 α 值为 0.873，均在 0.7 以上，而问卷总体的 α 值为 0.947，说明各分量表的内部一致性信度基本可以接受，从而保证了数据具有一定的可靠性。

表 3.17 问卷信度表

指标	题项数	指标 α 值	问卷 α 值
领导支持	15	0.905	0.947
团队创新氛围	11	0.819	
组织公民行为	12	0.855	
创新绩效	15	0.873	

2. 效度分析

效度指的是测验的有效性，即问卷题项的得分能够代表所要测量变量的程度，同时也判定潜在变量是否确定得合理。而结构效度是测量结果能够反映所要测量的潜在变量的程度，也就是指测验在多大程度上验证了测量变量的理论结构，主要通过因子分析的方法加以确定。KMO 样本测度和巴特利球形检验可判断样本是否适合做因子分析。

本章选择 KMO 样本测度和巴特利球形检验结果，以确认进行因子分析的适宜性。此外，采用因子分析法对涉及的四个变量——领导支持、团队创新氛围、组织公民行为和创新绩效进行效度分析，在因子分析中，采用主成分法进行因子分析，取特征值大于 1 的因素，同时以最大变异法进行共同因素正交旋转处理，使转轴后的题项在每个因素的负荷量变得更大或更小。在音速分析后依据题项的聚焦情况再重新命名二级变量。一般来说，KMO 值为 0.5～0.8 表示此组数据是适合进行因子分析的，而巴特利球形检验需达到显著，以下对各变量进行因子分析。

1）领导支持效度分析

测量领导支持变量的题项包括问卷的 L1～L15 题，对这 15 个题项进行因子分析。KMO 值分析与巴特利球形检验结果如表 3.18 所示，KMO 的值为 0.838，说明变量间的共同因素较多，巴特利球形检验结果卡方值为 838.862，显著性概率为 0.000，也说明检验数据适合做因子分析。

表 3.18　领导支持 KMO 与巴特利球形检验结果 1

KMO		0.838
巴特利球形检验	χ^2	838.862
	自由度	105
	显著度	0.000

通过主成分分析法进行因子分析，结果如表 3.19 所示，有三个因子的特征值大于 0.7，15 个题项归类为三个因子，累计解释率为 62.628%，其中题项 L3 和 L11 的因子负荷分别为 0.489 和 0.438，小于 0.5，因此将这两个题项剔除后再次进行因子分析。

表 3.19　领导支持第一次因子分析结果

因子	题号	内容	因子负荷量		
			E1	E3	E4
F1	L4	对创新的成功很乐观	0.825	0.080	0.152
	L6	总是保持强烈的热情	0.782	0.177	0.256
	L5	支持创新能够成功的原因	0.725	0.302	0.137
	L2	对创新有坚定的信心	0.636	0.548	0.100
	L3	对创新成果有坚定的信心	0.489	0.231	0.463
	L11	当他人认为无法继续时仍不放弃	0.438	0.369	0.200
F2	L14	寻找正确的人加入新项目	0.154	0.865	0.206
	L13	将问题交给可以解决它的人	0.260	0.816	–0.051
	L1	热情地推销创新的有利因素	0.217	0.597	0.372
	L15	使决策者一起加入新项目	0.259	0.555	0.504

续表

因子	题号	内容	因子负荷量		
			E1	E3	E4
F3	L12	在困境面前坚持不懈	0.273	−0.090	0.797
	L10	为创新扫清障碍	0.348	0.109	0.684
	L8	坚定地认为可以战胜障碍	−0.166	0.343	0.661
	L7	坚持创新	0.273	0.445	0.558
	L9	一直全身心投入在创新中直至成功	0.481	0.214	0.521
整体	旋转后特征根值		3.386	3.078	2.931
	旋转后总体方差比例		22.573%	20.517%	19.538%
	旋转后累积总体方差比例		22.573%	43.091%	62.628%

经过第一次因子分析，剔除了因子负荷小于 0.5 的题项 L3 和 L11 后，将剩下的 13 个题项进行第二次因子分析，KMO 值分析与巴特利球形检验结果如表 3.20 所示，KMO 的值为 0.838，巴特利球形检验结果卡方值为 719.603，显著性概率为 0.000，说明适合做因子分析。

表 3.20　领导支持 KMO 与巴特利球形检验结果 2

KMO		0.838
巴特利球形检验	χ^2	719.603
	自由度	78
	显著度	0.000

表 3.21 显示第二次因子分析抽取了 3 个特征值大于 1 的因素，F1 所有因子的负荷都大于 0.5，累计解释率为 66.366%。

表 3.21　领导支持第二次因子分析结果

因子	题号	内容	因子负荷量		
			E1	E3	E4
F1	L14	寻找正确的人加入新项目	0.872	0.147	0.201
	L13	将问题交给可以解决它的人	0.812	0.245	−0.048
	L1	热情地推销创新的有利因素	0.604	0.213	0.373
	L15	使决策者一起加入新项目	0.571	0.264	0.497

续表

因子	题号	内容	因子负荷量		
			E1	E3	E4
F2	L4	对创新的成功很乐观	0.104	0.848	0.159
	L6	总是保持强烈的热情	0.195	0.788	0.263
	L5	支持创新能够成功的原因	0.304	0.704	0.153
	L2	对创新有坚定的信心	0.576	0.627	0.076
F3	L12	在困境面前坚持不懈	−0.080	0.286	0.811
	L10	为创新扫清障碍	0.108	0.337	0.706
	L8	坚定地认为可以战胜障碍	0.349	−0.182	0.654
	L7	坚持创新	0.464	0.254	0.542
	L9	一直全身心投入在创新中直至成功	0.243	0.477	0.504
整体	旋转后特征根值		2.997	2.946	2.684
	旋转后总体方差比例		23.054%	22.664%	20.648%
	旋转后累积总体方差比例		23.054%	45.718%	66.366%

2）团队创新氛围效度分析

测量团队创新氛围变量的题项包括问卷的 C1～C11 题，对这 11 个题项进行因子分析。KMO 值分析与巴特利球形检验结果如表 3.22 所示，KMO 的值为 0.812，说明变量间的共同因素较多，巴特利球形检验结果卡方值为 350.456，显著性概率为 0.000，也说明检验数据适合做因子分析。

表 3.22　团队创新氛围 KMO 与巴特利球形检验结果 1

KMO		0.812
巴特利球形检验	χ^2	350.456
	自由度	55
	显著度	0.000

通过主成分分析法进行因子分析，结果如表 3.23 所示，11 个题项归类为 3 个因子，累计解释率为 61.013%，其中题项 C10 的因子负荷为 0.470，小于 0.5，因此将该题项剔除后再次进行因子分析。

表 3.23　团队创新氛围第一次因子分析结果

因子	题号	内容	因子负荷量		
			E1	E3	E4
F1	C1	我认同团队的预定目标	0.805	0.243	−0.018
	C3	我所在团队的预定目标是可实现的、有意义的	0.764	0.220	0.180
	C4	我愿意为团队的目标努力奋斗	0.726	0.304	−0.104
	C2	我的同事认同团队的预定目标	0.665	−0.015	0.401
F2	C8	我们的团队会花一定时间去寻找新思路	−0.029	0.811	0.008
	C7	团队成员用实际行动支持我创新	0.277	0.746	−0.128
	C6	我们的团队对创新保持积极的态度	0.314	0.674	0.015
	C5	我们的创意不难获得支持	0.300	0.517	0.453
F3	C10	团队成员能感到互相理解并彼此接受	0.337	0.470	0.357
	C9	团队成员有“我们是一个整体”的态度	0.096	0.021	0.743
	C11	为了应用新方法，团队成员愿意共享资源	0.534	0.192	−0.580
整体	旋转后特征根值		2.876	2.392	1.443
	旋转后总体方差比例		26.146%	21.748%	13.120%
	旋转后累积总体方差比例		26.146%	47.894%	61.013%

经过第一次因子分析，剔除了因子负荷小于 0.5 的题项 C10 后，将剩下的 10 个题项进行了第二次因子分析，KMO 值分析与巴特利球形检验结果如表 3.24 所示，KMO 的值为 0.796，巴特利球形检验结果卡方值为 309.538，显著性概率为 0.000，说明适合做因子分析。

表 3.24　团队创新氛围 KMO 与巴特利球形检验结果 2

KMO		0.796
巴特利球形检验	χ^2	309.538
	自由度	45
	显著度	0.000

表 3.25 显示第二次因子分析抽取了 3 个特征值大于 1 的因素，所有因子的负荷都大于 0.5，累计解释率为 63.597%。其中因子 1 包括 C1、C3、C4、C2 四个题项，与原团队创新氛围量表的因素“团队愿景”一致，因此不需要修正，将其标识为团队创新氛围的因素 CF1。因子 2 包括 C8、C7、C6、C5 四个题项，与原团队创新氛围量表的因素“创新支持”一致，因此也不需要修正，将其标识为团队

创新氛围的因素 CF2。因子 3 包括 C9、C11 两个题项，与原团队创新氛围量表的因素“参与安全感”相比少了第一次因子分析删除的 C10，仍命名为“参与安全感”，将其标识为团队创新氛围的因素 CF3。

表 3.25　团队创新氛围第二次因子分析结果

因子	题号	内容	因子负荷量		
			E1	E3	E4
F1	C1	我认同团队的预定目标	0.807	0.233	−0.054
	C3	我所在团队的预定目标是可实现的、有意义的	0.780	0.195	0.127
	C4	我愿意为团队的目标努力奋斗	0.722	0.311	−0.112
	C2	我的同事认同团队的预定目标	0.682	−0.021	0.380
F2	C8	我们的团队会花一定时间去寻找新思路	−0.021	0.834	0.052
	C7	团队成员用实际行动支持我创新	0.284	0.726	−0.159
	C6	我们的团队对创新保持积极的态度	0.317	0.692	0.042
	C5	我们的创意不难获得支持	0.331	0.505	0.440
F3	C9	团队成员有“我们是一个整体”的态度	0.119	0.055	0.805
	C11	为了应用新方法，团队成员愿意共享资源	0.502	0.223	−0.557
整体	旋转后特征根值		2.805	2.198	1.357
	旋转后总体方差比例		28.049%	21.977%	13.570%
	旋转后累积总体方差比例		28.049%	50.027%	63.597%

3）组织公民行为效度分析

测量组织公民行为变量的题项包括问卷的 O1～O12 题，对这 12 个题项进行因子分析。KMO 值分析与巴特利球形检验结果如表 3.26 所示，KMO 的值为 0.798，说明变量间的共同因素较多，巴特利球形检验结果卡方值为 463.883，显著性概率为 0.000，也说明检验数据适合做因子分析。

表 3.26　组织公民行为 KMO 与巴特利球形检验结果

KMO		0.798
巴特利球形检验	χ^2	463.883
	自由度	66
	显著度	0.000

通过主成分分析法进行因子分析，结果如表 3.27 所示，12 个题项归类为 4 个因子，累计解释率为 67.524%，所有因子的负荷都大于 0.5，其中因子 1 包

括 O8、O9、O7 三个题项，因子 2 包括 O11、O10、O12 三个题项，因子 3 包括 O6、O4、O5 三个题项，因子 4 包括 O2、O3、O1 三个题项。与原组织公民行为量表的因素完全一致，因此不需要进行修正，将四个因素分别标识为 OF1（“尽责行为”）、OF2（“人际关系和谐”）、OF3（“组织认同”）和 OF4（“利他行为”）。

表 3.27　组织公民行为因子分析结果

因子	题号	内容	因子负荷量			
			E1	E2	E3	E4
F1	O8	我为了完成工作，主动加班	0.785	0.060	0.197	–0.021
	O9	我提前到达公司，准备工作	0.654	0.130	0.040	0.130
	O7	我可以完成组织指定的工作	0.599	0.169	0.175	0.463
F2	O11	我不在背后说同事的坏话	–0.027	0.837	0.241	0.094
	O10	我维护融洽团结的工作气氛	0.201	0.813	0.107	0.207
	O12	我愿意将个人目标从属集体目标	0.512	0.683	0.121	0.126
F3	O6	我会主动地提出建设性的改善方案，供本公司有关部门参考	–0.064	0.036	0.788	0.321
	O4	我会主动宣传公司的优点或澄清他人对公司的误解	0.258	0.315	0.754	–0.021
	O5	我会以积极的态度来参与公司内的相关会议、参加公司提供的培训	0.419	0.235	0.622	0.145
F4	O2	我愿意主动帮助同事分担工作任务	−0.003	0.163	0.087	0.865
	O3	我愿意将自己的经验跟其他同事分享	0.554	0.158	0.076	0.579
	O1	我愿意帮助同事解决工作中的相关问题	0.248	0.100	0.338	0.564
整体	旋转后特征根值		2.322	2.096	1.859	1.826
	旋转后总体方差比例		19.346%	17.465%	17.496%	15.217%
	旋转后累积总体方差比例		19.346%	36.811%	52.307%	67.524%

4）创新绩效效度分析

测量创新绩效变量的题项包括问卷的 I1～I15 题，对这 15 个题项进行因子分析。KMO 值分析与巴特利球形检验结果如表 3.28 所示，KMO 的值为 0.796，说明变量间的共同因素较多，巴特利球形检验结果卡方值为 662.549，显著性概率为 0.000，也说明检验数据适合做因子分析。

表 3.28　创新绩效 KMO 与巴特利球形检验结果 1

KMO		0.796
巴特利球形检验	χ^2	662.549
	自由度	105
	显著度	0.000

通过主成分分析法进行因子分析，结果如表 3.29 所示，15 个题项归类为 4 个因子，累计解释率为 64.336%，其中题项 I12、I5 的因子负荷分别为 0.457、0.472，小于 0.5，因此将该题项剔除后再次进行因子分析。

表 3.29　创新绩效第一次因子分析结果

因子	题号	内容	因子负荷量			
			E1	E2	E3	E4
F1	I11	研发部门与客户交流频度	0.789	0.134	0.221	0.075
	I15	研发人员人数比例	0.759	0.111	0.207	0.120
	I14	研发投入占销售收入的比例	0.712	–0.013	0.162	0.213
	I13	企业研发部门与高校、研究所的交流合作水平	0.544	0.076	–0.132	0.514
	I12	企业间技术交流合作频度	0.457	0.263	0.439	0.168
F2	I1	相比以前的创新成果，我过去一段时间的创新成果水平有明显进步	0.352	0.776	–0.096	–0.050
	I4	我觉得自己的创新成果无法跟其他团队成员一样好	–0.033	0.757	0.175	0.166
	I3	团队成员之间会拿我的创新成果做榜样	0.026	0.693	0.224	0.152
	I2	团队主管对于我过去一段时间的创新成果非常满意	0.412	0.565	0.376	–0.050
F3	I7	产品成本降低率	0.040	0.179	0.868	0.259
	I6	新产品市场占有率	0.369	0.111	0.765	–0.087
	I5	新产品销售率	0.338	0.209	0.472	0.202
F4	I9	申请专利数	0.264	–0.056	0.073	0.818
	I10	产品生命周期缩短	0.212	0.371	0.276	0.668
	I8	新产品（创新项目）数	–0.091	0.493	0.271	0.547
整体	旋转后特征根值		2.880	2.551	2.277	1.942
	旋转后总体方差比例		19.199%	17.010%	15.178%	12.949%
	旋转后累积总体方差比例		19.199%	36.209%	51.387%	64.336%

经过第一次因子分析，剔除了因子负荷小于 0.5 的题项 I12 和 I5 后，将剩下的 13 个题项进行第二次因子分析，KMO 值分析与巴特利球形检验结果如表 3.30 所示，KMO 的值为 0.773，巴特利球形检验结果卡方值为 536.233，显著性概率为 0.000，说明适合做因子分析。

表 3.30　创新绩效 KMO 与巴特利球形检验结果 2

KMO		0.773
巴特利球形检验	χ^2	536.233
	自由度	78
	显著度	0.000

表 3.31 显示第二次因子分析抽取了 4 个特征值大于 1 的因素，所有因子负荷都大于 0.5，累计解释率为 68.132%。其中因子 1 包括 I15、I11、I14、I13 四个题项，与原创新绩效量表的因素相比缺少了删除的题项 I12，但并不影响其他题项所共同测量的内容，将该四个题项仍命名为“创新过程”，标识为 IF1。因子 2 包括 I1、I4、I3、I2 四个题项，与原因素相同，将其标识为 IF2“个体创新绩效”。因子 3 包括 I9、I10、I8 三个题项，与原量表创新产出绩效的技术效益因素相同，因此将这三个题项仍命名为“技术效益”，标识为 IF3。因子 4 包括 I7、I6 两个题项，缺少了被删除的 I5“新产品销售率”，将这两个题项标识为 IF4“经济效益”。

表 3.31　创新绩效第二次因子分析结果

因子	题号	内容	因子负荷量			
			E1	E2	E3	E4
F1	I15	研发人员人数比例	0.782	0.123	0.131	0.176
	I11	研发部门与客户交流频度	0.782	0.143	0.101	0.164
	I14	研发投入占销售收入的比例	0.721	−0.002	0.227	0.121
	I13	企业研发部门与高校、研究所的交流合作水平	0.525	0.061	0.523	−0.111
F2	I1	相比以前的创新成果，我过去一段时间的创新成果水平有明显进步	0.353	0.785	−0.056	−0.131
	I4	我觉得自己的创新成果无法跟其他团队成员一样好	−0.033	0.779	0.164	0.109
	I3	团队成员之间会拿我的创新成果做榜样	0.023	0.680	0.153	0.251
	I2	团队主管对于我过去一段时间的创新成果非常满意	0.424	0.552	−0.037	0.404
F3	I9	申请专利数	0.248	−0.041	0.825	0.025
	I10	产品生命周期缩短	0.217	0.383	0.674	0.251
	I8	新产品（创新项目）数	−0.077	0.490	0.542	0.307

续表

因子	题号	内容	因子负荷量			
			E1	E2	E3	E4
F4	I7	产品成本降低率	0.065	0.194	0.281	0.839
	I6	新产品市场占有率	0.427	0.112	−0.069	0.801
整体	旋转后特征根值		2.627	2.467	1.918	1.845
	旋转后总体方差比例		20.207%	18.978%	14.757%	14.190%
	旋转后累积总体方差比例		20.207%	39.185%	53.942%	68.132%

3.4.3　方差分析

根据研究构思，企业的不同特征对领导支持、团队创新氛围、组织公民行为和创新绩效产生一定影响。以下将采用单因素方差分析对此进行探讨，单因素方差分析是用来研究一个控制变量的不同水平是否对观测变量产生了显著影响，本章的控制变量为企业性质、规模、成立年数和发展阶段，观测变量为领导支持、团队创新氛围、组织公民行为和创新绩效。

1. 基于企业性质的方差性分析

表 3.32 是不同企业性质对各变量进行方差分析的结果，可以看出：不同企业性质在团队创新氛围和组织公民行为上的差异是显著的，达到 0.05 的显著性水平，而不同企业性质在领导支持和创新绩效上的差异并不显著，因此假设 H7b、H7c 成立，而假设 H7a、H7d 不成立。在团队创新氛围上股份制企业的得分最高，国有或国有控股企业的得分最低，在组织公民行为上中外合资企业的得分最高，而国有或国有控股企业的得分最低。

表 3.32　不同企业性质对各变量的方差分析

观测变量	变差来源	平方和	自由度	均方	*F* 值	显著性
领导支持	组间变差 组内变差 总变差	3.704 31.710 35.414	6 100 106	0.617 0.317	1.947	0.081
团队创新氛围	组间变差 组内变差 总变差	4.727 33.018 37.745	6 100 106	0.788 0.330	2.386	0.034
组织公民行为	组间变差 组内变差 总变差	3.282 23.477 26.759	6 100 106	0.547 0.235	2.330	0.038
创新绩效	组间变差 组内变差 总变差	2.100 25.019 27.119	6 100 106	0.350 0.250	1.399	0.222

2. 基于企业规模的方差性分析

表 3.33 是不同企业规模对各变量进行方差分析的结果，可以看出：不同企业规模在所有四个变量上的差异均显著，达到 0.05 的显著性水平，因此，完全符合研究假设 H8a～H8d。

表 3.33　不同企业规模对各变量的方差分析

观测变量	变差来源	平方和	自由度	均方	F值	显著性
领导支持	组间变差 组内变差 总变差	4.016 31.398 35.414	4 102 106	1.004 0.308	3.261	0.015
团队创新氛围	组间变差 组内变差 总变差	4.331 33.414 37.745	4 102 106	1.083 0.328	3.305	0.014
组织公民行为	组间变差 组内变差 总变差	2.419 24.340 26.759	4 102 106	0.605 0.239	2.534	0.045
创新绩效	组间变差 组内变差 总变差	3.305 23.815 27.120	4 102 106	0.826 0.233	3.538	0.010

3. 基于企业成立年数的方差性分析

表 3.34 是不同企业成立年数对各变量进行方差分析的结果，可以看出：不同企业成立年数在领导支持和团队创新氛围上的差异显著，达到 0.05 的显著性水平，而在组织公民行为和创新绩效上的差异并不显著，因此假设 H9a、H9b 成立，而假设 H9c、H9d 不成立。在领导支持上 6～10 年类型企业的得分最高，＞10 年类型企业的得分最低；在团队创新氛围上＜1 年类型企业的得分最高，＞10 年类型企业的得分最低。

表 3.34　不同企业成立年数对各变量的方差分析

观测变量	变差来源	平方和	自由度	均方	F值	显著性
领导支持	组间变差 组内变差 总变差	2.589 32.824 35.413	3 103 106	0.863 0.319	2.708	0.049
团队创新氛围	组间变差 组内变差 总变差	3.910 33.835 37.745	3 103 106	1.303 0.328	3.967	0.010

续表

观测变量	变差来源	平方和	自由度	均方	F 值	显著性
组织公民行为	组间变差 组内变差 总变差	1.154 25.605 26.759	3 103 106	0.385 0.249	1.547	0.207
创新绩效	组间变差 组内变差 总变差	1.520 25.599 27.119	3 103 106	0.507 0.249	2.039	0.113

4. 基于企业发展阶段的方差性分析

表 3.35 是不同企业发展阶段对各变量进行方差分析的结果，可以看出：不同企业发展阶段在团队创新氛围的差异均显著，达到 0.1 的显著性水平，而在领导支持、组织公民行为和创新绩效上的差异并不显著，因此假设 H10b 成立，而假设 H10a、H10c、H10d 不成立。在领导支持上创业阶段类型的企业得分最高，成熟类型的企业得分最低。

表 3.35 不同企业发展阶段对各变量的方差分析

观测变量	变差来源	平方和	自由度	均方	F 值	显著性
领导支持	组间变差 组内变差 总变差	1.712 33.702 35.414	3 103 106	0.571 0.327	1.744	0.163
团队创新氛围	组间变差 组内变差 总变差	2.491 35.254 37.745	3 103 106	0.830 0.342	2.426	0.070
组织公民行为	组间变差 组内变差 总变差	0.945 25.814 26.759	3 103 106	0.315 0.251	1.257	0.293
创新绩效	组间变差 组内变差 总变差	0.107 27.012 27.119	3 103 106	0.036 0.262	0.136	0.938

3.4.4 相关分析

相关关系是指两类现象在发展变化的方向与大小方面存在一定的关系，为了进一步研究领导支持、团队创新氛围、组织公民行为及创新绩效四个变量之间的关系，对这些变量下的所有因素之间进行了相关分析，以下部分采用了 Pearson 相关分析法。

1. 领导支持与创新绩效相关性研究

领导支持与创新绩效两个变量及其各维度之间的相关系数见表 3.36。其中领导支持和创新绩效两个变量整体之间存在着 0.01 水平上显著的正相关关系，相关系数为 0.535，说明在企业中，创新倡导者表现出来的领导支持行为与创新绩效具有高度的相关性，满足研究假设 H1a。领导支持与创新绩效四个因子中的创新过程、个体创新绩效和经济效益存在着 0.01 水平上显著的正相关关系，而创新绩效与领导支持三个因子中的热情与信心和克服困境存在着 0.01 水平上显著的正相关关系。

表 3.36　领导支持与创新绩效的相关分析表

项目	创新绩效（整体）	IF1 创新过程	IF2 个体创新绩效	IF3 技术效益	IF4 经济效益
领导支持（整体）	0.535**	0.390**	0.362**	0.006	0.251**
LF1 参与者选择	0.153	0.315**	0.073	−0.135	−0.025
LF2 热情与信心	0.413**	0.381**	0.218*	−0.100	0.273**
LF3 克服困境	0.364**	−0.045	0.352**	0.272**	0.196*

***$P<0.001$；**$P<0.01$；*$P<0.05$

2. 领导支持与团队创新氛围相关性研究

领导支持与团队创新氛围两个变量及其各维度之间的相关系数见表 3.37。其中领导支持和团队创新氛围两个变量整体之间存在着 0.01 水平上显著的正相关关系，相关系数达到 0.678，说明在企业中，创新倡导者表现出来的领导支持行为与团队创新氛围具有高度的相关性，满足研究假设 H2a。领导支持与团队创新氛围三个因子中的团队愿景和创新支持存在着 0.01 水平上显著的正相关关系，而团队创新氛围与领导支持的三个因子参与者选择、热情与信心和克服困境均存在着 0.01 水平上显著的正相关关系。

表 3.37　领导支持与团队创新氛围的相关分析表

项目	团队创新氛围（整体）	CF1 团队愿景	CF2 创新支持	CF3 参与安全感
领导支持（整体）	0.678**	0.680**	0.345**	0.004
LF1 参与者选择	0.486**	0.578**	0.163	−0.080

续表

项目	团队创新氛围（整体）	CF1 团队愿景	CF2 创新支持	CF3 参与安全感
LF2 热情与信心	0.376**	0.210*	0.406**	–0.017
LF3 克服困境	0.303**	0.359**	0.002	0.113

***$P<0.001$；**$P<0.01$；*$P<0.05$

3. 领导支持与组织公民行为相关性研究

领导支持与组织公民行为两个变量及其各维度之间的相关系数见表 3.38。其中领导支持和组织公民行为两个变量整体之间存在着 0.01 水平上显著的正相关关系，相关系数达到 0.767，说明在企业中，创新倡导者表现出来的领导支持行为与组织公民行为具有高度的相关性，满足研究假设 H3a。领导支持与组织公民行为的四个因子尽责行为、人际关系和谐、组织认同和利他行为均存在着 0.01 水平上显著的正相关关系，而组织公民行为与领导支持的三个因子参与者选择、热情与信心和克服困境也都存在着 0.01 水平上显著的正相关关系。

表 3.38　领导支持与组织公民行为的相关分析表

项目	组织公民行为（整体）	OF1 尽责行为	OF2 人际关系和谐	OF3 组织认同	OF4 利他行为
领导支持（整体）	0.767**	0.431**	0.379**	0.317**	0.405**
LF1 参与者选择	0.562**	0.505**	0.193*	0.092	0.297**
LF2 热情与信心	0.395**	0.288**	0.147*	0.170	0.172
LF3 克服困境	0.364**	–0.081	0.329**	0.299**	0.232*

***$P<0.001$；**$P<0.01$；*$P<0.05$

4. 组织公民行为与团队创新氛围相关性研究

组织公民行为与团队创新氛围两个变量及其各维度之间的相关系数见表 3.39。其中组织公民行为和团队创新氛围两个变量整体之间存在着 0.01 水平上显著的正相关关系，相关系数达到 0.652，说明在企业中组织公民行为与团队创新氛围具有高度的相关性，满足研究假设 H4a。组织公民行为与团队创新氛围的三个因子中的团队愿景和创新支持均存在着 0.01 水平上显著的正相关关系，而团队创新氛围与组织公民行为的四个因子尽责行为、人际关系和谐、组织认同和利他行为均存在着 0.01 水平上显著的正相关关系。

表 3.39 组织公民行为与团队创新氛围的相关分析表

项目	团队创新氛围（整体）	CF1 团队愿景	CF2 创新支持	CF3 参与安全感
组织公民行为（整体）	0.652**	0.628**	0.470**	−0.171
OF1 尽责行为	0.334**	0.395**	0.230*	−0.237*
OF2 人际关系和谐	0.299**	0.104	0.334**	0.090
OF3 组织认同	0.321**	0.404**	0.102	−0.075
OF4 利他行为	0.359**	0.343**	0.247**	−0.101

***$P<0.001$；**$P<0.01$；*$P<0.05$

3.4.5 回归性分析

由 3.4.4 小节的分析结果可知，领导支持、团队创新氛围、组织公民行为和创新绩效之间存在着显著的相关性，表示这些变量之间有关联性，至于是否具有因果关系，则必须通过回归性分析来检测。回归性分析可进一步探寻变量与变量之间的预测作用。本章中的回归性分析以 107 个样本为基础，采用多元回归的方法以分析因素之间的因果关系。回归采用逐步回归的办法，使得自变量逐一进入回归方程，SPSS 默认的进入回归方程的变量的系数的 F 统计量的概率为 0.05，所默认的从回归方程中删除变量的系数的 F 统计量的概率为 0.10。在分析中，主要从 R^2、F、Sig.值分析回归效果。R^2 称为判定系数，反映回归效果的好坏，数值越接近于 1 越好；回归效果的 F 检验，F 值越大越好；Sig.值反映自变量与因变量之间的显著性，以 0.05 为界，越小越好。

1. 领导支持对创新绩效的回归分析

以领导支持的三个因子 LF1（参与者选择）、LF2（热情与信心）、LF3（克服困境）为自变量，分别以创新绩效的四个因素 IF1（创新过程）、IF2（个体创新绩效）、IF3（技术效益）和 IF4（经济效益）为因变量，分别建立模型，进行回归分析，结果如表 3.40 所示。

模型 1：以 IF1 为因变量，LF1、LF2、LF3 为自变量，$F=11.235$，其中 LF1 的标准化回归系数为 0.315，LF2 的标准化回归系数为 0.381，均达到显著水平，而 LF3 的标准化回归系数没有达到显著水平。因此，认为 IF1 与 LF1、LF2 之间存在显著线性关系，得到标准化回归模型 1：$\text{IF1}=0.315\times\text{LF1}+0.381\times\text{LF2}$。

表 3.40 领导支持对创新绩效的回归分析

自变量		因变量			
		模型 1 IF1 创新过程	模型 2 IF2 个体创新绩效	模型 3 IF3 技术效益	模型 4 IF4 经济效益
LF1 参与者选择	标准 β 值 Sig. 值	0.315 0.000	0.073 0.415	–0.135 0.152	–0.025 0.788
LF2 热情与信心	标准 β 值 Sig. 值	0.381 0.000	0.218 0.016	–0.100 0.289	0.273 0.004
LF3 克服困境	标准 β 值 Sig. 值	–0.045 0.600	0.352 0.000	0.272 0.004	0.196 0.038
F R^2		11.235 0.247	7.380 0.177	3.896 0.102	4.388 0.088

模型 2：以 IF2 为因变量，LF1、LF2、LF3 为自变量，$F = 7.380$，显著性概率 Sig. = 0.000＜0.05，其中 LF2 的标准化回归系数为 0.218，LF3 的标准化回归系数为 0.352，均达到显著水平，而 LF1 的标准化回归系数没有达到显著水平。因此，认为 IF2 与 LF2、LF3 之间存在显著线性关系，得到标准化回归模型 2：IF2 = 0.218×LF2＋0.352×LF3。

模型 3：以 IF3 为因变量，LF1、LF2、LF3 为自变量，$F = 3.896$，显著性概率 Sig. = 0.000＜0.05，其中 LF3 的标准化回归系数为 0.272，达到显著水平，而 LF1、LF2 的标准化回归系数没有达到显著水平。因此，认为 IF3 与 LF3 之间存在显著线性关系，得到标准化回归模型 3：IF3 = 0.272×LF3。

模型 4：以 IF4 为因变量，LF1、LF2、LF3 为自变量，$F = 4.388$，显著性概率 Sig. = 0.000＜0.05，其中 LF2 的标准化回归系数为 0.273，LF3 的标准化回归系数为 0.196，均达到显著水平，而 LF1 的标准化回归系数没有达到显著水平。因此，认为 IF4 与 LF2、LF3 之间存在显著线性关系，得到标准化回归模型 4：IF4 = 0.273×LF2＋0.196×LF3。

2. 领导支持对团队创新氛围的回归分析

以领导支持的三个因子 LF1（参与者选择）、LF2（热情与信心）、LF3（克服困境）为自变量，分别以团队创新氛围的三个因素 CF1（团队愿景）、CF2（创新支持）、CF3（参与安全感）为因变量，分别建立模型，进行回归分析，结果如表 3.41 所示。

模型 1：以 CF1 为因变量，LF1、LF2、LF3 为自变量，$F = 37.487$，显著性概率 Sig. = 0.001＜0.05，其中 LF1、LF2、LF3 的标准化回归系数均达到显著水平，因此，认为 CF1 与 LF1、LF2、LF3 之间存在显著线性关系，得到标准化回归模型 1：CF1 = 0.590×LF1＋0.234×LF2＋0.374×LF3。

表 3.41　领导支持对团队创新氛围的回归分析

自变量		因变量		
		模型 1 CF1 团队愿景	模型 2 CF2 创新支持	模型 3 CF3 参与安全感
LF1 参与者选择	标准 β 值 Sig. 值	0.590 0.000	0.174 0.053	−0.078 0.428
LF2 热情与信心	标准 β 值 Sig. 值	0.234 0.001	0.411 0.000	−0.016 0.869
LF3 克服困境	标准 β 值 Sig. 值	0.374 0.000	0.014 0.875	0.112 0.257
F R^2		37.487 0.524	8.256 0.195	0.665 0.019

模型 2：以 CF2 为因变量，LF1、LF2、LF3 为自变量，$F=8.256$，显著性概率 Sig. = 0.000＜0.05，其中 LF2 的标准化回归系数为 0.411，达到显著水平，而 LF1 和 LF3 的标准化回归系数没有达到显著水平。因此，认为 CF2 与 LF2 之间存在显著线性关系，得到标准化回归模型 2：CF2 = 0.411×LF2。

模型 3：以 CF3 为因变量，LF1、LF2、LF3 为自变量，$F=0.665$，显著性概率 Sig. = 0.576＞0.05，并且 LF1、LF2、LF3 的标准化回归系数均没有达到显著水平。因此，认为 CF3 与领导支持的三个因子之间不存在显著线性关系。

3. 领导支持对组织公民行为的回归分析

以领导支持的三个因子 LF1（参与者选择）、LF2（热情与信心）、LF3（克服困境）为自变量，分别以组织公民行为的四个因素 OF1（尽责行为）、OF2（人际关系和谐）、OF3（组织认同）、OF4（利他行为）为因变量，分别建立模型，进行回归分析，结果如表 3.42 所示。

表 3.42　领导支持对组织公民行为的回归分析

自变量		因变量			
		模型 1 OF1 尽责行为	模型 2 OF2 人际关系和谐	模型 3 OF3 组织认同	模型 4 OF4 利他行为
LF1 参与者选择	标准 β 值 Sig. 值	0.505 0.000	0.193 0.035	0.092 0.322	0.297 0.001
LF2 热情与信心	标准 β 值 Sig. 值	0.288 0.000	0.147 0.106	0.170 0.067	0.172 0.058
LF3 克服困境	标准 β 值 Sig. 值	−0.081 0.315	0.329 0.000	0.299 0.002	0.232 0.011
F R^2		18.053 0.345	6.865 0.167	4.988 0.127	7.106 0.171

模型 1：以 OF1 为因变量，LF1、LF2、LF3 为自变量，$F=18.053$，显著性概率 Sig. = 0.000<0.05，其中 LF1 的标准化回归系数为 0.505，LF2 的标准化回归系数为 0.288，均达到显著水平，而 LF3 的标准化回归系数没有达到显著水平。因此，认为 OF1 与 LF1、LF2 之间存在显著线性关系，得到标准化回归模型 1：OF1 = 0.505×LF1＋0.288×LF2。

模型 2：以 OF2 为因变量，LF1、LF2、LF3 为自变量，$F=6.865$，显著性概率 Sig. = 0.000<0.05，其中 LF1 的标准化回归系数为 0.193，LF3 的标准化回归系数为 0.329，均达到显著水平，而 LF2 的标准化回归系数没有达到显著水平。因此，认为 OF2 与 LF1、LF3 之间存在显著线性关系，得到标准化回归模型 2：OF2 = 0.193×LF1＋0.329×LF3。

模型 3：以 OF3 为因变量，LF1、LF2、LF3 为自变量，$F=4.988$，显著性概率 Sig. = 0.000<0.05，其中 LF3 的标准化回归系数为 0.299，达到显著水平，而 LF1、LF2 的标准化回归系数没有达到显著水平。因此，认为 OF3 与 LF3 之间存在显著线性关系，得到标准化回归模型 3：OF3 = 0.299×LF3。

模型 4：以 OF4 为因变量，LF1、LF2、LF3 为自变量，$F=7.106$，显著性概率 Sig. = 0.000<0.05，其中 LF1 的标准化回归系数为 0.297，LF3 的标准化回归系数为 0.232，均达到显著水平，而 LF2 的标准化回归系数没有达到显著水平。因此，认为 OF4 与 LF1、LF3 之间存在显著线性关系，得到标准化回归模型 4：OF4 = 0.297×LF1＋0.232×LF3。

4. 组织公民行为对团队创新氛围的回归分析

以组织公民行为的四个因子 OF1（尽责行为）、OF2（人际关系和谐）、OF3（组织认同）、OF4（利他行为）为自变量，以团队创新氛围的三个因素 CF1（团队愿景）、CF2（创新支持）、CF3（参与安全感）为因变量，分别建立模型，进行回归分析，结果如表 3.43 所示。

表 3.43　组织公民行为对团队创新氛围的回归分析

自变量		因变量		
		模型 1 CF1 团队愿景	模型 2 CF2 创新支持	模型 3 CF3 参与安全感
OF1 尽责行为	标准 β 值 Sig. 值	0.441 0.000	0.239 0.007	0.238 0.014
OF2 人际关系和谐	标准 β 值 Sig. 值	0.122 0.097	0.341 0.000	0.083 0.385
OF3 组织认同	标准 β 值 Sig. 值	0.421 0.000	0.119 0.173	−0.081 0.398

续表

自变量		因变量		
		模型 1 CF1 团队愿景	模型 2 CF2 创新支持	模型 3 CF3 参与安全感
OF4 利他行为	标准 β 值 Sig. 值	0.339 0.000	0.224 0.006	−0.100 0.298
F R^2		21.632 0.461	8.020 0.241	2.197 0.080

模型 1：以 CF1 为因变量，OF1、OF2、OF3、OF4 为自变量，$F=21.632$，显著性概率 Sig. = 0.000＜0.05，其中 OF1 的标准化回归系数为 0.441，OF3 的标准化回归系数为 0.421，OF4 的标准化回归系数为 0.339，均达到显著水平，而 OF2 的标准化回归系数没有达到显著水平。因此，认为 CF1 与 OF1、OF3、OF4 之间存在显著线性关系，得到标准化回归模型 1：CF1 = 0.441×OF1＋0.421×OF3＋0.399×OF4。

模型 2：以 CF2 为因变量，OF1、OF2、OF3、OF4 为自变量，$F=8.020$，显著性概率 Sig. = 0.000＜0.05，其中 OF1 的标准化回归系数为 0.239、OF2 的标准化回归系数为 0.341、OF4 的标准化回归系数为 0.224，均达到显著水平，而 OF3 的标准化回归系数没有达到显著水平。因此，认为 CF2 与 OF1、OF2、OF4 之间存在显著线性关系，得到标准化回归模型 2：CF2 = 0.239×OF1＋0.341×OF2＋0.224×OF4。

模型 3：以 CF3 为因变量，OF1、OF2、OF3、OF4 为自变量，$F=2.197$，显著性概率 Sig. = 0.000＜0.05，其中 OF1 的标准化回归系数为 0.238，达到显著水平，而 OF2、OF3、OF4 的标准化回归系数没有达到显著水平。因此，认为 CF3 与 OF1 之间存在显著线性关系，得到标准化回归模型 3：CF3 = 0.238×OF1。

3.4.6　中介作用分析

为验证团队创新氛围的中介作用，采用 Baorn 和 Kenny 在 1986 年提出的三个方程进行检验：①检验自变量对中介变量的影响；②检验自变量对因变量的影响；③检验自变量和中介变量对因变量的共同影响。当这三个变量出现在回归方程中时，中介变量的回归系数要达到显著水平，自变量的回归系数减小。如果自变量的回归系数减小到不显著水平时，则中介变量起到完全中介作用；如果自变量的回归系数减小，但仍然达到显著水平时，中介变量只起到部分中介作用。在本章的研究模型中，自变量为领导支持，中介变量为团队创新氛围和组织公民行为，因变量为创新绩效。以下分别检验团队创新氛围及组织公民行为在领导支持和创新绩效之间关系的中介效果。

1. 团队创新氛围中介作用分析

首先，建立回归方程一：以团队创新氛围为因变量，领导支持为自变量进行回归，回归系数为0.678，达到显著水平，解释的方差变异量为0.459。其次，建立回归方程二：以创新绩效为因变量，团队创新氛围为自变量进行回归。回归系数为0.458，达到显著水平，解释的方差变异量为0.210。最后，建立回归方程三：领导支持和团队创新氛围同时进入回归方程，第一步将领导支持对创新绩效进行回归分析，回归系数为0.535，达到显著水平，解释的方差变异量为0.286，然后将团队创新氛围也引入方程，领导支持的回归系数为0.451，比其单独进入回归方程时降低了，但仍达到0.01的显著水平，可以认为团队创新氛围在领导支持与创新绩效之间起到部分中介作用，符合假设H5。具体数据见表3.44。

表3.44　团队创新氛围在领导支持和创新绩效关系中介作用的回归分析

自变量	因变量			
	方程一 团队创新氛围	方程二 创新绩效	方程三（创新绩效）	
			第一步	第二步
领导支持 Sig.值	0.678 0.000		0.535 0.000	0.451 0.000
团队创新氛围 Sig.值		0.458 0.000		0.177 0.116
*F*值	89.150	42.040		22.581
R^2	0.459	0.210	0.286	0.303

2. 组织公民行为中介作用分析

首先，建立回归方程一：以组织公民行为为因变量，领导支持为自变量进行回归。回归系数为0.767，达到显著水平，解释的方差变异量为0.588。其次，建立回归方程二：以创新绩效为因变量，组织公民行为为自变量进行回归。回归系数为0.495，达到显著水平，解释的方差变异量为0.245。最后，建立回归方程三：领导支持和组织公民行为同时进入回归方程，第一步将领导支持对创新绩效进行回归分析，回归系数为 0.535，达到显著水平，解释的方差变异量为0.286，然后将组织公民行为也引入方程，领导支持的回归系数为0.377，比其单独进入回归方程时降低了，但仍达到0.01的显著水平，可以认为组织公民行为在领导支持与创新绩效之间起到部分中介作用，符合假设H6。具体数据见表3.45。

表 3.45　组织公民行为在领导支持和创新绩效关系中介作用的回归分析

自变量	因变量			
	方程一 组织公民行为	方程二 创新绩效	方程三（创新绩效）	
			第一步	第二步
领导支持 Sig.值	0.767 0.000		0.535 0.000	0.377 0.004
组织公民行为 Sig.值		0.495 0.000		0.206 0.109
F 值	149.999	34.078	42.040	22.650
R^2	0.588	0.245	0.286	0.303

3.5　结论与展望

本章主要研究了在企业创新过程中创新倡导者的扮演者类型，领导支持、团队创新氛围、组织公民行为、创新绩效之间的相互影响和作用关系，以及企业特征的不同对各变量的影响。本节根据前述统计验证结果进行说明，共三部分，依次是研究结论、根据研究结果对企业的建议、研究局限与展望。

3.5.1　研究结论

本章主要研究结论体现在以下几方面。

（1）在企业中创新倡导者的扮演者并不是固定的，他们有可能来自公司不同职能部门；可能是公司高层，也有可能是技术研发人员；他们有些在创新的整个过程中持续存在，或是在某个阶段担任了创新倡导者的角色。本章通过问卷中多选项选择的形式，调查了在企业中创新倡导者扮演者的不同类型，以及哪些类型出现的频率较高。结果显示，在 IT 企业中技术研发人员扮演创新倡导者角色出现的频率最高，高层管理者、中层管理者次之，而项目经理出现的频率最低。

通过进一步的分析，以及与一部分问卷填写人员的访谈，得出其原因是：在 IT 企业中，创新往往发生在研发部门，而新产品或新项目的开发往往需要技术研发人员的积极参与及对创新的热情和支持，而由于他们对新技术的接触与学习，很多时候他们是创新的来源和驱动力。由于创新往往会给企业带来新的潜力市场和利润来源，而激烈竞争带来巨大的压力，企业中的高层管理者往往很鼓励创新。企业中的中层人员是各职能部门的经理，由于市场需求的不同，客户对新产品会提出不同的要求，相应地也会影响企业中不同部门的利益。一般而言，创新往往发生在研发、技术部门，而有时候由于某些原因，营销部门或者策划部门也会支持创新，因而这些部门的主管就成为某一阶段的创新倡导者。而项目经理往往是某个新项目的负责人，出于责任和自身利益，他们也常常扮演创新倡导者，但在有些情况下是高层选择了该新项目然后指派了某位项目经理负责，他们有一定程度的被动性，不会全身心投入到对创新的支持中去。

通过与部分企业人员的访谈并结合国外关于创新倡导者类型的研究，本章总结并得出了企业中不同倡导者类型在新产品或服务开发周期中的分布情况，如图 3.6 所示。其中创意发起者是企业中的工程师和技术研发人员，他们提出创意后，有时继续参与新项目的研发，有时不参与，但他们往往不参与新产品的销售。而主办人是企业中支持创新的高层管理者，一旦看好某个新产品或项目，他们有能力和权力在整个新产品开发周期中对其给予各种支持。“教父”或赞助者往往是企业中最高层或出资人，他们一般只参与创新产品或项目的选择和立项，以及关注新产品投入市场所能带给企业的收益，而对具体执行细节并不那么关心。项目经理一般只参与新产品开发的第二阶段和第三阶段，而各部门主管因其负责的职能不同，各自负责其职能范围内创新的支持，如研发部门负责技术创新，销售部门负责营销方式的创新，市场部门负责宣传手法的创新等。

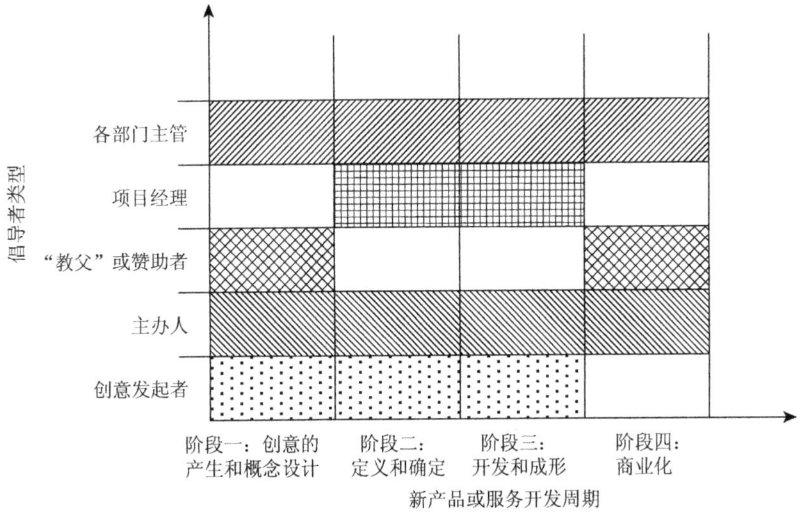

图 3.6　不同倡导者类型在新产品或服务开发周期中的分布

（2）本章还探讨了企业不同特征对领导支持、团队创新氛围、组织公民行为和创新绩效的影响，得出以下结论。

企业不同性质对团队创新氛围和组织公民行为有显著影响，而对领导支持和创新绩效无显著影响。企业性质不同，其内部的制度、企业文化、考核机制等也会有所不同，而有时候企业性质不同也会导致它们对创新的态度也有所不同，从而影响其内部的创新氛围和员工的组织公民行为。结果显示，在对团队创新氛围和组织公民行为的影响中，国有或国有控股企业的得分最低，这表明在国有或国有控股企业中员工感受到的创新氛围不佳，这和国有企业对创新不够重视有一定关系，如果组织没有提供给员工一个创新的愿景或者没有积极的推动创新的制度和氛围，那么其创新氛围就不会好。而在国有企业中也常常出现分工过于细致，员工由于害怕承担责任而只愿意完成本职工作，这些都是国有企业比较普遍存在的一个问题。

企业不同规模对领导支持、团队创新氛围、组织公民行为和创新绩效均有显著影响。本章按员工人数的多少为标准来划分企业的规模，发现企业规模的不同会对四个变量产生显著的差异。类似于企业性质，企业规模不同也会影响企业在竞争市场中的战略，创新并不是在任何情况下都能对企业有益，企业会根据其研发团队的规模和技术能力来确定是否走创新竞争的路线。而企业规模不同，往往也代表企业资金、物质资源等的实力不同，这些因素将显著地影响企业的领导支持、团队创新氛围、组织公民行为和创新绩效。

企业不同成立年数对领导支持和团队创新氛围有显著影响，而对组织公民行为和创新绩效无显著影响。企业成立的年数不同对领导支持和团队创新氛围有显著差异，并且企业成立大于 10 年的企业在这两者上的得分都最低。由于问卷的调查对象是 IT 企业，而 IT 企业大都是新成立的或是成立不久，大于 10 年的很多是国有或国有控股企业，国有企业由于自身体制的问题在创新氛围方面表现不佳，并且国有企业中普遍缺少那些富有激情、对创新积极和热衷的人，所以在领导支持上也表现不佳。小于 1 年的企业在团队创新氛围上得分最高，初创的企业团队一般都是由有着共同目标、彼此关系密切的人组成的，而初创的 IT 企业都非常重视创新，希望依靠新产品的研发在已有市场中占有一席之地，因此创新氛围势必表现良好。

企业不同发展阶段对团队创新氛围有显著影响，而对领导支持、组织公民行为和创新绩效无显著影响。结果显示，创业阶段类型的企业在领导支持上的得分最高，而成熟类型的企业得分最低，一般在创业阶段的企业都成立不久，这和企业成立年数在创新氛围上的显著性结果相一致，进一步说明了成立不久的处于创业阶段的企业，由于自身的某些需要和特征，其团队中有较好的创新氛围。

（3）本章主要研究探讨了领导支持、团队创新氛围、组织公民行为和创新绩效这几者之间的相互影响，团队创新氛围和组织公民行为是否在领导支持和创新绩效关系中起到中介作用，通过以上对研究假设检验结果的总结及前文的统计分析过程，得出以下结论。

领导支持与创新绩效显著相关，且领导支持对创新绩效有显著作用。在国内虽然关于创新倡导者对创新的影响的相关研究较少，但有很多关于变革型领导或魅力型领导对创新起促进作用的研究，而创新倡导者与这些类型的领导特征在一定程度上有相似之处，因此本章研究的结果也在一定程度上与之相符合。而在国外学术研究中，创新倡导者被认为是企业中使创新成功的英雄人物，本章的研究量表是在 Howell 和 Shea 关于领导支持量表的基础上修改得到的，而该量表是以西方文化背景为基础的，说明领导支持在国内的企业中也对创新绩效起积极的作用。领导支持通过创新倡导者对创新的热情和信心、在遇到阻碍时努力克服困境排除障碍、寻找各种可能的资源为创新服务，以及积极地为新项目、新产品开发寻找合适的人加入等行为，最大程度地保证了创新在企业中的顺利进行，这也是领导支持对创新绩效起积极作用的关键。

领导支持与团队创新氛围显著相关，且领导支持对团队创新氛围有显著作用。企业团队中的创新倡导者表现出来的对创新的信心和热情，往往能感染团队中的其他人员，形成一个被所有人接受和肯定的团队愿景，大家共同为之奋斗。而创新倡导者为创新努力排除各种障碍，寻找各种资源的支持，也会对创新氛围产生积极作用，使大家认为创新是受到团队支持的，好的创意和项目可以受到鼓励并且相应地得到回报，因此整个团队的创新氛围就会不断提升。此外，领导支持还能通过良好的沟通和相互信任，提升团队的创新氛围。此研究结果与 van de Ven，李锐和凌文铨（2008），肖洪钧和苗晓燕（2009）等的研究结论相一致。而本章的研究显示领导支持与参与安全感相关性不显著，这和创新倡导者对创新的热情比较激进有关系，由于创新往往和风险相伴随，而创新倡导者表现出来的热情和信心也并不能确保创新一定成功，所以对员工的参与安全感影响不大。

领导支持与组织公民行为显著相关，且领导支持对组织公民行为有显著作用。组织公民行为是员工自觉主动表现出来的角色外的、不计眼前的个人得失、有利于他人或组织的行为，而这种行为并不是无条件形成的，是和员工感受到的来自外在的某些影响交换而反馈出来的。企业中创新倡导者表现出来的领导支持行为越明显，说明团队对其成员的创新越支持，创新倡导者为创新的成功而付出极大热情和努力，但同时也会给予员工许多帮助，在情感上给予承诺，使其感受到来自组织的支持，相应地他们就会在完成本职工作之外付出额外的努力以回馈组织。此研究结果与袁凌、詹晓青、陈俊及 Shore 和 Wayne 等的研究结论相符合。

组织公民行为与团队创新氛围显著相关，且组织公民行为对团队创新氛围有显著作用。在企业中，影响团队创新氛围的因素除了领导支持以外还包括组织公民行为，因为那些组织公民行为表现明显的员工除了完成本职工作以外，也会付出额外的努力帮助其他同事完成工作，缓解冲突、维护人际和谐等，这对团队良好氛围的形成十分重要。员工在创新过程中表现出来的利他行为也能协助其他成员解决他们在创新过程中遇到的困难，通过彼此的交流而挖掘创新潜能。而研究结果显示参与安全感只由尽责行为解释，且组织公民行为整体与参与安全感相关性不显著，这可能是由于在国内文化背景下，安全感主要来自企业给予员工的承诺和制度定制，而与团队中的其他因素相关性不大有关系。

团队创新氛围在领导支持与创新绩效之间起到部分中介作用。结果显示领导支持一方面对创新绩效有显著的正向作用，另一方面也通过团队创新氛围这个中介变量影响创新绩效。企业中创新倡导者的领导支持行为虽然对创新绩效有着不可忽视的积极作用，但同时它也通过团队创新氛围这个隐性动力机制作用于创新绩效，领导支持通过营造一种积极向上、安全、参与度高的创新氛围来进一步促进创新。具有良好创新气氛的研发团队，必定有益于团队中每个人的成长，他们充满活力，富有创造性，工作在这种团队中的人具有强烈的工作冲动，他们会不断地调整自己的行为以适应团队的各项工作，因此这种团队是富有效率和创造力的。领导支持与团队创新绩效之间存在显著的相关性，领导支持程度越高，团队创新气氛就越好，创新绩效也就越高。

组织公民行为在领导支持与创新绩效之间起到部分中介作用。类似于团队创新氛围对领导支持与创新绩效起到的中介作用，领导支持也通过组织公民行为这个中介变量影响创新绩效，因为倡导者毕竟只是企业中的少数人员，他们对创新的贡献虽然巨大，但他们并不能承担创新所有的工作，如果没有其他成员共同的努力和付出，创新也是不可能取得成功的。而由于创新工作性质的特殊性，往往不能明确地制定某些考核指标来规定和分配工作，大部分时候需要员工自身的主动性和积极性去完成本职工作甚至超额完成工作。而领导支持通过对员工思想、价值观、动机方面的正面引导，使其自觉地表现出良好的组织公民行为，从而对创新绩效产生积极作用。本研究结果与 Smith、Organ 等的研究结果相一致。

3.5.2 对企业的建议

本章以浙江省的 IT 企业为调查对象，通过实证研究对领导支持、团队创新氛围、组织公民行为和创新绩效的相互关系与作用机理，以及不同特征的企业在这些方面的不同表现，得出一些结论，对于 IT 企业及其他以创新研发为核心的企业如何更好地在企业中鼓励和推动创新，提高创新绩效具有一定的实际指导意义，建议如下。

（1）根据上述关于企业中创新倡导者的类型研究，企业应该重视其内部各阶层、各部门中有可能成为创新倡导者的人员的培养，提高创新能力的重点并不只是 R&D 投入，也可以培养更多内部各种类型创新倡导者。从调查的结果可以看出，IT 企业中技术研发人员扮演创新倡导者的频率比其他几种类型要高，因此企业可以通过给其技术研发人员提供各种培训机会、制定各种创新激励制度，鼓励技术研发人员更加积极地提出创新意念。同时，高层管理者也要意识到自身对创新的支持将影响整个企业的创新氛围、创新绩效，因此要通过各种途径更加积极地为创新提供资源，排除障碍。在本章的研究中，项目经理是扮演创新倡导者出现频率最低的类型，但这也是企业需要改进的地方，在企业高管和技术研发人员不断为创新积极努力的同时，也不能忽视项目经理这个类型的创新倡导者，对他们进行培养和鼓励，也将对创新的推行起到很大的作用。

通过图 3.6 中不同倡导者类型在新产品或服务开发周期中的分布情况，企业可以比较清楚地知道在新产品或项目开发的过程中主要由哪些类型的人扮演创新倡导者的角色。企业可以根据开发周期的不同阶段，有针对性地、重点地给予某些人员支持，使其对创新的热情和信心能发挥最大的功效。

（2）企业应该重视领导支持对团队创新氛围、组织公民行为和创新绩效显著的正面作用，在清楚了新产品研发周期的每个阶段创新倡导者的类型，对他们加以识别以外，还要通过选择适合的人加入创新团队、克服各种问题和障碍，对创新的成功有极大的信心等行为来影响团队内的创新氛围、组织公民行为和创新绩效，因此企业可以从这些方面入手，给予创新倡导者支持，例如，为创新团队选拔合适的成员，决策者应该更多地对创新投入资源，在遇到困境时帮助其扫清障碍，制定一些创新激励制度等。

在团队创新氛围的营造方面，除了通过领导支持的各种行为对其起到正面影响以外，还可以制定有意义、成员愿意为之奋斗的共同愿景；通过各种制度、措施让员工感受到组织对创新的积极态度，付出更多的时间、资源来寻找新思路，支持团队成员的创新；为其营造一个舒适、安全、可信任的创新环境等。

在组织公民行为的培养方面，要使员工做出本职工作要求之外的主动创新行为，就需要组织向其表达出对其工作的支持，在情感上给予其承诺，通过各种途径使员工意识到他们所从事的工作的价值和意义。

（3）企业的性质、规模、所处阶段不同，在领导支持、团队创新氛围、组织公民行为和创新绩效的表现上就会有所不同。不同类型的企业需要客观地了解其性质、规模等因素在创新的表现上有所区别，可完善企业内部的各种制度和考核机制、培养良好的企业文化，借鉴创新表现突出的企业的有效经验。虽然企业规模是一个客观事实，但并不一定是规模越大创新越成功，组织架构、不同人员的比例、部门划分、团队建设才是关键，企业可以通过其内部的人员组织结构，最优化地对其进行组合搭配，以求产出高绩效。此外，处于不同发展阶段的企业，他们的短期战略是不同的，有时候需要积极地创新来抢占市场，有时候则较保守地保持自己在同业中的地位，但企业需要意识到，不管它们处于哪个发展阶段，创新永远是其发展的核心竞争力。

3.5.3 研究局限与展望

总的来说，领导支持在国内的研究还非常少，而其与团队创新氛围、组织公民行为及创新绩效的相互关系在之前也没有相应的研究，因此这是一个比较新的研究课题。尽管本章得出了一些较有意义的结论，但也只是在这个新的领域里进行的一项探索性研究，需要在未来研究中加以改善，并进一步深化。本章研究还有许多局限和不足之处，主要体现在如下几个方面。

（1）样本选择的局限。由于人力、物力、时间及其他因素等多方面的局限性，本章的研究选择了浙江省的IT企业为调查对象，在地域上和行业上都有很大的局限性，得到的研究结果对其他行业的适用性还有待考证。

此外，本章的研究仅是一个横截面的研究，并没有涉及纵向研究，数据的收集在一个时间点上，但创新往往需要一个发展过程，这样一来就无法对变量之间的因果方向给出有力的证据。

（2）变量的测度。本章研究变量的测度涉及领导支持、团队创新氛围、组织公民行为和创新绩效四个，其中由于领导支持在国内的研究较少，参考了国外学者的量表并加以修改，由于背景文化的不同，其适用性有待考证。而关于团队创新氛围和组织公民行为的测度指标到目前还没有公认的标准，而为了测度的可行性，本章通过总结以往相关指标，选取了出现频率较高的几个指标，但其还不能完全地测度变量。关于创新绩效的测度指标也有许多争议，本章从个体创新绩效和团队创新绩效两方面衡量，舍弃了之前采用较多的R&D投入。在问卷题项的设计上，被调查企业对技术创新绩效的客观评价指标具有普遍的抗拒心理，难以获得真实数据。

（3）研究模型的构建。本章建立的研究模型只探索了领导支持、团队创新氛围、组织公民行为和创新绩效这几者之间的相互关系，以及企业在性质、规模等方面的不同对研究变量的影响程度大小。但影响创新的因素有很多，如沟通满意感、组织承诺、知识共享、创新文化等，并且这些研究变量之间并不简单地表现为线性关系或中介作用关系，其中的关系错综复杂。但由于个人能力和时间的限制，本章只选取了几个较为重要的因素进行研究，并且研究了其相关性和中介作用，从线性的角度探讨了它们之间的因果关系。

针对未来相关的研究，提出如下的建议。

（1）将来的研究可以选择更大范围更多行业的企业作为调查对象，对本章研究的模型进行验证其是否也适用于其他地区或是其他行业。此外，可以引入时间维度，通过纵向研究的方法更加具体深入地研究影响企业创新的因素，综合考虑各方面的因素，从系统角度考虑各因素之间的关系，建立系统动力学模型，更完整地描述它们之间的作用机制。

（2）目前国内关于创新倡导者和领导支持的研究还很少，而对其进行测度的指标体系也几乎没有，将来的研究可以在中国的背景下建立领导支持测度指标，更有效地反映该因素。

（3）本章研究主要集中在企业内部影响创新的部分因素，没有考虑企业所处环境中的外部因素，但企业的外部环境因素对创新也起到一定程度的作用。因此，今后的研究可以适当地拓展研究范围，将企业外部的各种变量纳入到研究中来，较为全面地探讨、分析公司内外部的各种因素对企业创新的影响。

第 4 章　小微企业高管团队异质性与创新绩效关系研究——战略导向的中介作用

4.1　绪　　论

4.1.1　背景及问题提出

1. 研究背景

改革开放以来，随着经济环境日益复杂和市场经济体制的不断深化，创新日渐成为学术界及企业界最为关注的研究主题之一。经济全球化和信息化的推进也使得国际市场竞争日趋激烈，经济发展水平和速度不断提高，在此背景下，企业不创新，就会被市场淘汰。在对创新的研究中，对于创新绩效及其相关影响的因素的探讨是学术界和企业界较为关注的研究方向。创新绩效反映的是企业采用新技术后企业价值的增加，是企业创新效率的衡量标准之一，在很大程度上代表了企业的创新水平和创新效率。

国内外学者对于创新绩效的研究主要集中于创新绩效的测度和影响因素方面，而在对创新绩效影响因素的研究中，尤其受到关注的一个因素便是“人”。特别是Hambrick 和 Mason 于 1984 年提出高层梯队理论（upper echelons theory）以来，国内外对高层管理团队（企业中非常重要的人员，简称高管团队）与企业绩效（包括创新绩效）的关系的研究日益增多（张平，2006a，b），而高管团队异质性又是研究的重中之重。时至今日，国外对此方面的研究已较为丰富和完善。而国内对高管团队异质性与创新绩效关系的研究起步比较晚，现有的研究也有许多不足和需要完善之处，如高管团队异质性维度如何划分、研究对象的选取和界定等问题。

同时，在我国现今的社会经济环境下，市场经济还不成熟，经济发展正处在转型之中，这对企业在日益复杂和动荡的环境中生存和发展提出了更高的要求。战略导向作为一种战略选择，是一种反映企业如何匹配战略选择和动态环境的外部视角（Zhou and Wan，2010）。战略影响企业资源和权力的重新配置，企业在根据外部动态环境所做出的一系列战略反应体现企业在战略导向上的布局。在当今复杂多变的市场环境里，企业要立于不败之地，必须及时地与外界环境进行交互，做出准确合理的战略导向。

然而，企业战略导向的选择并非易事，不可能单靠一种理论或者一个模型就能够完美解决。战略选择的主体是人，主要是公司的管理者和决策者。小型企业的决策者通常只有一两个人，但对于大中型企业来讲，他们所面临的内外部环境更为复杂，所接受和利用的信息量更为庞大，单个决策者的能力根本无法满足战略制定的要求，因此群体决策的方法便应运而生，也就是常说的高管团队（top management team，TMT）。高管团队打破了我国企业中传统的“一言堂”决策体系，使企业的决策更民主，更加贴近现实，但问题也随之而来。由于高管团队成员具有不同人口特征和不同认知能力（称为高管团队异质性，top management team heterogeneity），其对信息的接受能力和对环境的认知能力大不相同，从而导致了个体的冲突和管理效率的下降。正因为如此，从高管团队角度出发，研究企业的高管团队异质性对战略导向及企业绩效的影响成为理论界的研究热点之一。

2. 问题提出

随着经济全球化与中国经济的迅猛发展，创新日益成为企业获取和保持竞争优势的重要途径，创新绩效也日益成为企业绩效的重要组成部分。同时，面对竞争激烈、复杂多变的外部环境，企业必须综合考虑自身资源和外部环境因素，通过合理匹配外部环境与自身优势，选择合适的战略导向和战略决策（Zhou and Wan，2010）。但企业高管团队对企业创新的开展和创新绩效的高低影响颇深，同时，战略导向的选择并不是由单因素决定的，其复杂程度可想而知，作为其制定主体的高管团队也起着至关重要的作用。因此，在前人研究的基础上，本章从企业层面出发，围绕“高管团队异质性对创新绩效的影响”这一焦点问题展开研究，通过引入战略导向的中介作用机制，深入剖析“高管团队异质性—战略导向—创新绩效”的影响机制，提出并拟解答以下几个研究问题。

1）高管团队异质性与创新绩效的关系如何

有关高管团队异质性与企业绩效关系的研究，学术界尚存在一定的分歧，甚至矛盾。实证研究结果显示，高管团队异质性对企业绩效的影响主要有正面影响（Barsade et al.，2000；Carpenter and Wade，2002）、无影响（Curtil et al.，2001；Anderson and West，1996）及负面影响（Michel and Hambrick，1992）。出现这种现象的原因可能在于研究环境、研究对象及研究角度不同。同时，以往研究地域多集中在发达市场经济国家，研究对象多为大型成熟企业，其研究结论并不一定适用于在中国经济环境下成长起来的小微企业。因而，在中国经济转型升级的大背景下，我国小微企业高管团队异质性和创新绩效的关系到底如何仍需验证。

2）战略导向和创新绩效的关系如何

对于战略导向与创新绩效关系的研究，学者们也有不同甚至相互矛盾的研究结论。大多数学者研究发现，战略导向与企业创新绩效存在正相关（Jeong et al.，2006；薛镭等，2011）。然而，也有部分学者研究发现二者之间仅存在微弱的联系，更有学者认为战略导向与企业创新绩效二者并没有直接联系。鉴于此，本章将做进一步的分析。

3）高管团队异质性和战略导向关系如何

高管团队在企业战略导向的制定过程中处于统领主体的地位，不同的高管团队异质性导致了企业高层管理人员对自身优势及外部信息的理解不同，进而会对企业战略导向的选择产生不同的影响。虽然目前学者们对高管团队异质性和战略导向的研究相对较多，但是对于高管团队异质性如何影响战略导向的选择显然关注不够，忽视了对不同高管团队异质性与不同战略导向之间关系的深入分析。因此，本章将在前人研究的基础上，通过实证分析，研究在不同的高管团队异质性下企业的战略导向的选择。

4）战略导向对高管团队异质性与创新绩效关系的中介作用如何

已有研究证实，高管团队异质性与创新绩效之间存在影响二者关系的“黑箱”因素，在此结论的基础上，一些学者认为应该探索影响这种关系的中间变量，而非研究高管团队的特征与企业创新绩效之间简单的、直接的关系（Joshi and Roh，2009；Reis and Sequeira，2007；Knippenberg and Schippers，2007）。战略导向是企业匹配内部资源和外部环境的过程，不同的战略导向维度涉及不同的人力、财力、投资时间和政治资本。可以说，选择与企业相适应的战略导向，对任何企业决策和企业行为都具有重大作用。而战略导向的基础就是企业高层管理人员如何组织并解释与环境及企业所拥有资源有关的内外部信息（Kang and Lau，2008）。战略导向影响了企业的创新绩效，而高层管理者的特征将对战略导向产生不可忽视的影响。鉴于此，本章引入战略导向这一中介变量，构建高管团队异质性—战略导向—创新绩效的研究模型，以期探讨高管团队异质性和创新绩效之间的“黑箱”之谜。

4.1.2 研究对象与研究意义

1. 研究对象

本章的研究属于企业层面的研究，目的在于探索企业不同高管团队异质性是如何通过影响企业的战略导向进而对企业的创新绩效产生影响的，从而为中国企业的创新探索提供参考和建议。

本章的研究对象以中国的小微企业为代表，不同于发达国家的成熟企业实践。之所以选择本土小微企业，主要是因为：首先，以往关于此方面的研究主要集中于国内外大型企业，对于小微企业的研究仍然较少。小微企业在企业资源、生存环境等方面与大型成熟企业差距悬殊，以往研究实践中适用于大型企业的结论并不一定适用于小微企业。其次，我国是一个小微企业规模庞大的国家，其数量占全国企业总数的99%以上，其产生的生产总值占国民生产总值的60%以上。可以说，小微企业是我国经济最重要的组成部分，它们的生存、发展关乎着我国经济的兴衰。因此，本章将以小微企业作为研究对象，研究企业高管团队异质性、战略导向、创新绩效三者之间的关系，为小微企业组建高效、合理的高管团队提供建议，对企业发展有着十分重要的理论和现实意义。

2. 研究意义

在战略管理领域，如何获得并保持竞争优势，一直是管理学者和企业界人士最为关注的焦点问题。资源基础观认为企业的竞争优势主要源于企业所拥有的具有价值性、稀缺性、不易模仿性和不可替代性的资源。动态能力理论认为，企业动态能力存在于企业的组织和管理过程中，其形成是由企业的资产地位和发展路径决定的（Arthurs and Busenitz，2006）。战略管理研究力图解释企业绩效差异化的源泉，资源基础观和动态能力理论则为企业绩效的差异提供了合理的解释。企业的创新绩效始于创新，而企业的创新又受制于企业自身所拥有的资源和企业的创新意愿。战略导向是企业自身资源和外部环境的匹配路径，是企业发展路径的反映。在影响企业创新意愿和战略导向选择的因素中，高管团队作为决策者起着先导性和决定性作用。因此，本章通过研究企业的战略导向的中介作用，破解高管团队异质性与创新绩效的“黑箱”之谜，具有重要的理论和现实意义。

1）理论意义

有关高管团队异质性、战略管理及创新绩效的研究，国内外的理论基础大多是针对大型企业开展创新所做的研究（宋建元，2006），针对中国的企业，尤其是小微企业从组织特征、组织战略能力和意愿的过程分析及技术学习等方面开展创新的研究较少。同时，从资源基础观等涵盖所有其他研究的宏观能力概念学术理论也不利于企业开展创新活动。本章通过对中国小微企业的实地调研和实证分析，在沿袭以往理论的基础上，对于拓展研发管理和创新管理理论也具有重要意义。

2）现实意义

党的十七大报告明确指出：“加快转变经济发展方式，推动产业结构优化升级。这是关系国民经济全局紧迫而重大的战略任务。”企业要根据社会发展、技术创新的趋势不断满足消费者的需求，不创新的企业在市场竞争中就会落后甚至被淘汰，因而企业会不断面临战略转换、转型升级等现实问题。我国企业发展到一定阶段，资源投入达到相应规模和存量，在这时转型升级会存在很大的转换惰性，因而企业尚不知在哪些方面做好准备，因此，本章研究的开展将具有如下的重要现实意义。

（1）针对中国小微企业对创新重要性认知与创新投入之间的知行悖论来寻求增强企业创新意愿的高管团队和战略导向研究，探析中国小微企业创新的主要成功因素，对于指导中国小微企业在转型升级和产业优化过程中提升企业竞争力具有重要意义。

（2）深入研究中国小微企业如何根据自身资源和外部环境组建高效合理的高管团队，有效地通过战略导向选择，解决企业创新过程中出现的问题和困难，为制定针对性政策和进一步完善促进中国小微企业开展创新提供科学依据。

4.1.3 研究目的与研究内容

1. 研究目的

自2008年金融危机以来，企业竞争愈加激烈，中国企业（尤其是小微企业）面临着巨大的生存挑战。而创新在企业间的竞争中起着不可忽视的作用，甚至决定性的作用。长期的实践已充分证明：创新是企业生存、发展的关键，是企业经济增长和社会经济发展的原动力。但如何将企业的创新意识转化为企业的创新行动，又如何将创新绩效转化为企业绩效则是企业增强自身竞争力，立足市场的重要问题。

若想有效提高创新绩效，必须弄明白影响创新绩效的因素有哪些。过去研究者普遍从环境和资源因素来研究其对创新绩效的影响；而近年来，学者们开始研究“人”的因素对创新绩效的影响，即研究企业管理者和决策者在企业创新活动中所起的作用。但是，以往研究的焦点主要集中于项目层面高层管理者参与性的研究（Cooper and Kleinschmidt，1995；Song and Parry，1997；Bonner et al.，2002），从而忽略了在战略领域关于企业治理观点决定创新效果的研究，如高层梯队理论认为高层管理者的特质决定了创新战略，进而影响企业创新的成败和创新绩效的高低（Hambrick，2007；Hambrick and Mason，1984）。

高层梯队理论涉及整个高管团队而非个人确定企业的战略方向，决定项目组合的结构，并对创新项目分配资源（Montalvo，2006；Talke et al.，2010）。因此，从企业层面的角度去研究高层管理者对创新战略和后续创新成果的影响，是一种重要的研究贡献。然而，先前的战略研究都集中在高管团队异质性与企业创新绩效之间的直接关系方面。但根据元分析研究（Arthaud-Day et al.，2006；贺远琼等，2009）可知，对这种直接联系的实证支持仍然是模棱两可的。在此结论的基础上，一些学者（Reis and Sequeira，2007；Knippenberg and Schippers，2007；Joshi and Roh，2009）认为应该探索影响这种关系的中介变量或调节变量，而非研究高管团队的特征与企业创新绩效之间简单的、直接的关系。

然而，只有很少的研究关注这种中介过程，并且学者的主要兴趣在于高管团队异质性对其社会行为而非创新成果的影响。因此，对于这种中介关系的实证证据仍然很少，尤其是涉及考虑创新战略和创新成果方面的中介关系时。战略导向作为研究组织特征与创新绩效之间的关系的中介变量，反映了企业匹配战略选择和环境的一种外部视角（Zhou and Wan，2010），不同的战略导向导致了企业对组织所拥有的优势的不同理解，而企业高管团队异质性又对战略导向产生不可避免的作用。因此，需要研究企业由内而外的创新战略—环境匹配（战略导向）的中介变量作用模型。

基于这些研究缺陷，本章拟引入创新管理中的企业治理观点，以期对企业创新研究做出贡献。通过研究企业的战略导向的中介作用，破解高管团队异质性与创新绩效的“黑箱”之谜。

2. 研究内容

本章通过文献研读和理论整理，同时配合问卷调研，确定了如下研究思路：高管团队异质性在战略导向的中介作用下与创新绩效之间的作用机制。本章将从以下四个方面开展研究。

第一，企业高管团队异质性与企业战略导向关系研究。

第二，企业战略导向与企业创新绩效关系研究。

第三，企业高管团队异质性与企业创新绩效关系研究。

第四，战略导向对高管团队异质性与创新绩效关系的中介作用研究。

4.1.4 研究方法与技术路线

1. 研究方法

本章主要采用文献研究与实地调研相结合、理论分析与实证研究相结合、实地访谈与问卷调查相结合的研究方法，在阅读大量相关研究文献的基础上，通过对数据的分析对概念模型和研究假设做进一步的验证。具体方法如下。

1）文献研究

文献研究是后续研究的重要理论基础。本章通过文献检索、回顾和分析，尤其是对高管团队异质性、战略导向等研究领域内的经典文献进行反复研读，理清了研究脉络和研究现状，并在此基础上形成了具体研究思路、概念模型及主要研究假设。

2）问卷调查

在文献回顾的基础上，针对核心研究问题科学合理地设计调查问卷，并通过问卷发放和企业实地调研等形式，获取所需要的样本数据，为下一阶段的实证分析做铺垫。

3）实证分析

主要运用 SPSS 统计分析软件，采用因子分析、多元回归分析等数理统计方法，对收集到的样本数据进行统计分析，以验证概念模型与研究假设是否成立。

2. 技术路线

本章在梳理国内外最新相关研究文献和研究成果的基础上，结合问卷调研，提出了高管团队异质性、战略导向、创新绩效三者的关系概念模型和研究假设；通过对概念模型的细化，形成调查问卷；确定研究样本，进行问卷的发放和收集，得到样本数据；进行数据的统计分析，并对概念模型和研究假设进行验证；对实证分析结论进行讨论，最终得出研究结论。研究技术路线如图 4.1 所示。

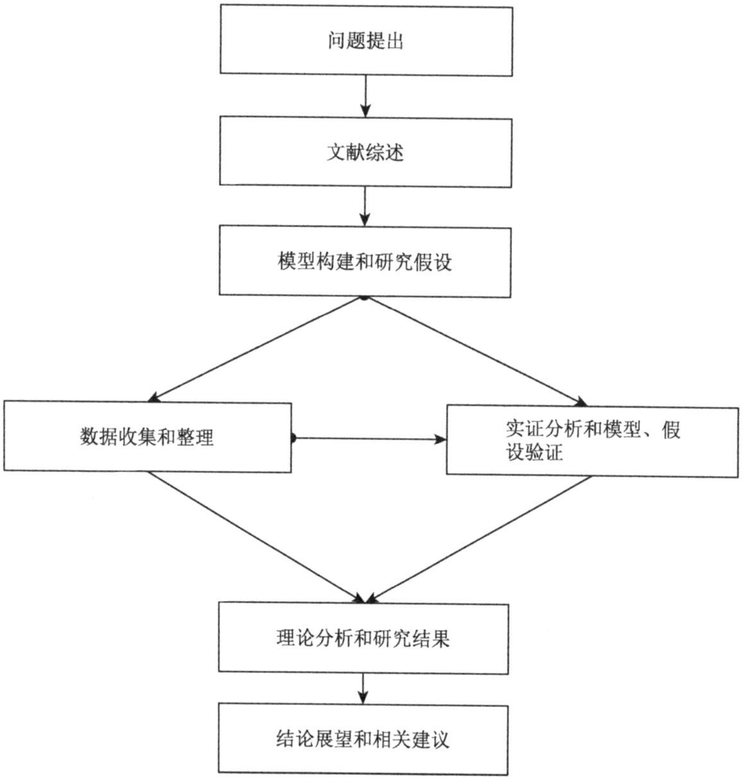

图 4.1　研究技术路线

4.2　理论和文献综述

4.2.1　高管团队异质性相关研究综述

日趋复杂的市场环境和日益激烈的市场竞争使企业越来越认识到高层管理者

战略决策能力的重要性。企业的战略决策，无论是 R&D 投入、新产品研发，还是新市场的开拓，都需要高层管理者综合考虑企业内部和外部因素。在对这些因子分析的过程中，高层管理者用自己的认知模式和价值观来评价各种信息，起了信息过滤和筛选的作用（韦小柯，2006）。高层管理者的个人特征（认知、经验、价值观）影响着其对战略情景的认识与分析，从而导致高层管理者做出不同战略决策。

1. 高层梯队理论

在市场环境快速变化的今天，企业需要对层出不穷的新问题及时做出正确的反应，而单个管理者又很难也不可能对所有的信息做出正确的理解和相应的行动，在这种环境下，高管团队因其合作效应而被看作解决动态环境下决策者能力不足的有效解决方案（Hambrick and Mason，1984）。自 2008 年金融危机以来，市场行情在震荡中反复，在供求方面，通货膨胀、成本上升使得企业间的竞争日趋激烈；在需求方面，消费者需求转变明显加快，使得产品生命周期大大缩短，迫使企业不断创新以开发新产品。企业传统的“一言堂”的管理模式已远远无法满足环境变化的要求，因此高管团队的群体决策模式得到了大力推广。

企业行为理论认为，管理决策并非总是遵循理性动机，而是在很大程度上受到作为“自然人”的管理者的影响。Hambrick 和 Mason（1984）提出的高层梯队理论认为，战略选择是一个极其复杂的决策过程，而复杂的决策是多行为因素综合作用的结果，其反映了决策者的特质（Hambrick and Mason，1984）。由于决策者所处的内外部环境复杂多变，单个管理者很难观察到企业内外部环境的每一个方面，从而使得个人对环境最终的理解存在缺陷。另外，个人基于偏好对所观测到的现象的选择性理解也使得管理者对客观信息的理解存在主观局限性。研究证明，诸如有限理性、多目标冲突、不同的渴望程度等行为因素影响了企业管理者的决策结果，进而对企业的绩效产生影响。因此，高层梯队理论提出战略决策的研究重点应该是整个高管团队，而不仅仅是领导者个人。Hambrick 和 Mason（1984）给出了原始的高层梯队理论模型，如图 4.2 所示。

大量的实证研究详细论证了高层管理者的人口统计特征对组织成果诸如战略和绩效的影响。早期的实证探索也同样指出了诸如年龄、职业轨迹和教育等高管团队异质性对组织产出的影响，如对企业竞争行为的影响（Hambrick and Chen，1996）、对经营水平的影响（Michel and Hambrick，1992）、对企业创新度的影响（Bantel and Jackson，1989）、对企业战略变革的影响（Wiersema and Bantel，1992）及对企业最终绩效的影响（Murray，1989；Norburn et al.，1988；Michel and Hambrick，1992）。然而，大多数的此类研究对于是同质性还是异质性导致了更好的企业绩效并没有确定的结论，同样，对于高管团队异质性如何影响企业的战略选择同样没有定论（Finkelstein and Hambrick，1996；Pettigrew and Whipp，1992）。

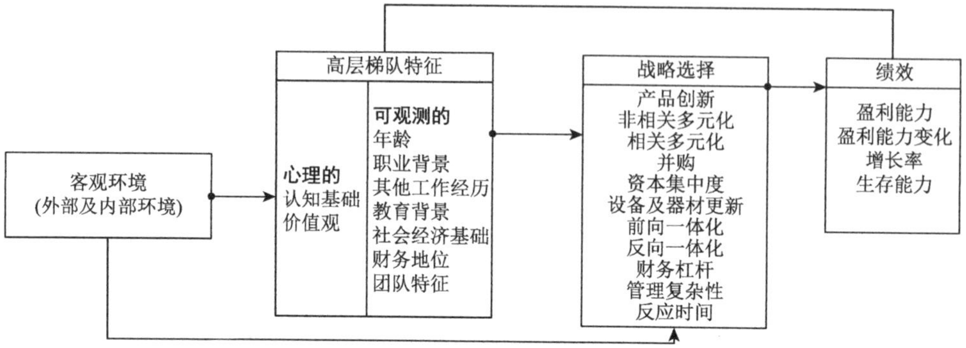

图 4.2　Hambrick 和 Mason（1984）的高层梯队理论模型

从理论上讲，高层梯队理论在高管团队研究领域有着里程碑意义，之后二十几年的研究都是基于这个理论展开的。当然，高层梯队理论也存在不足：首先，可观测到的人口统计数据，如年龄、教育和职业背景并不能完全真实地反映高层管理者的认知和价值观（Lawrence and Sewell，1997）；其次，没有考虑到高管团队与企业绩效关系之间存在的中间变量或调节变量的影响；最后，没有考虑认知、价值观等影响高管团队的心理特征的因素。

2. 高管团队异质性概念及维度

高管团队不仅仅是一个知识和权力的集合体，更是组织和环境之间的桥梁，负责整个组织绩效，是企业战略决策的核心。现代企业组织的成功也越来越取决于整个团队的表现特别是高管团队的表现（程贯平和刘海山，2009）。国际上关于高管团队的研究取得了大量成果，其中高管团队异质性是其研究的重点。高管团队的异质性是指高管团队成员人口统计学特征及重要的认知观念、价值观、经验的差异化；同质性是指团队成员之间以上特征的相似性。高管团队异质性建立在人口统计学特征的基础上，是研究高管团队特征的一种重要方法。

从总体来看，高管团队异质性包括很多维度，如年龄、性别、种族、文化、任期、受教育水平、职业背景等。根据不同的分类标准，高管团队异质性可分为不同的维度：根据外显程度，一类是显性的人口统计学特征变量，如性别、年龄、种族等，另一类是隐性的变量，如任期、教育、经验、文化等（Pelled，1996）；根据与工作的相关程度，分为非工作性的团队异质性（如年龄、性别、种族）、工作性的团队异质性（如工作经验、职业背景等）（Robert et al.，1999）；根据异质性之间的相互关系又可以分为自变量（如年龄、任期、教育、文化等异质性）和因变量（如认知异质性）（Kliduff and Eisenhardt，2000）。此外，还有许多研究者对于高管团队异质性有不同的区分，除了上述几种异质性之外，还有信息异质性、领薪方式异质性和风险偏好异质性等。

在早期的开创性研究中，Hambrick 和 Mason（1984）认为可观察到的管理者的人口统计特征可以作为管理者自身更复杂的心理维度的替代变量，原因在于，诸如态度、需求、价值观、偏好和认知等特征难以衡量和概念化，而作为人口统计学特征的年龄、职业背景等则较易衡量。正是由于高层管理者心理维度变量难以获得，并且难以准确评估错综复杂的心理因素和实际行为的相关度，组织人口统计学成了学者们研究高层梯队理论的主要途径（Daily et al.，2003；Hambrick and Mason，1984；Pettigrew and Whipp，1992）。

已有关于高管团队异质性的研究主要集中于团队成员的年龄、任期、教育、经验等与团队运作、企业战略选择及企业绩效的关系。研究表明，团队异质性与企业战略（Talke et al.，2010）和企业绩效（欧阳慧等，2003）之间存在显著的相关关系，而这种关系同时受到企业、团队所在社会背景、行业环境的影响。现有文献中，学者们研究的特征变量主要包括年龄、任期、教育背景、职业背景、国家或行业差异，这些变量也是现有文献中所研究最多的。另外，诸如认知、风险偏好、人格、信息和领薪方式等变量也有学者涉及。本章选取年龄、任期、教育背景和职业背景四个方面进行分析（张平，2006a，b）。

1）年龄异质性

年龄异质性指的是高层团队成员之间年龄的差异，通常研究者研究的是高管团队间的平均年龄对于企业战略选择、企业绩效等方面的影响。年龄的异质性是团队成员特征中的一个显性变量，是高管团队人口特征影响战略决策过程各因素中一个重要的因素（Tihanyi et al.，2000）。研究普遍认为，合理和高效的年龄结构才能提高团队效率和企业绩效。然而现有研究中对年龄异质性与创新绩效关系的结论却不一，甚至相互矛盾。例如，社会同一性理论认为，年龄异质性将造成诸如成员凝聚力下降、团队内交流和合作减少、冲突提高等负面效应，这对于企业绩效不利。信息-决策理论则认为，年龄异质性团队包含了具有不同观点的成员，提高了决策质量，对企业绩效有促进作用（张平，2006a，b）。表4.1显示的是国内外对于高管团队年龄异质性的研究结果。

表4.1　国内外年龄异质性主要研究结果

主要学者	结论
Wiersema 和 Bantel（1992）	平均年龄越大，企业越倾向于回避冒险，企业战略变化越少，可能带来低报酬率
Srivastava 和 Lee（2005）	高管团队年龄异质性与企业创新绩效有正向影响
张平（2006a，b）；黄晓飞和井润田	高管团队年龄异质性对企业绩效存在负向调节作用
谢凤华等（2008）	高管团队年龄异质性对 R&D 绩效没有显著影响；对生产制造绩效、营销绩效和创新过程绩效有消极的显著影响
马富萍和郭晓川（2010）	高管团队年龄异质性与技术创新绩效显著负相关

2）任期异质性

高管团队任期是管理者作为高管团队成员工作的时间，团队成员任期的长短影响了高管内交流的性质和深入程度（马富萍和郭晓川，2010）。成员进入团队并担任所在职位时间不同，在企业中成长经历也有所不同，造成他们对企业的认识和解读也会不同（张平，2006a，b）。一般认为，高管团队任期的同质性促进了团队内部的整合和合作，提高了团队的凝聚力。也有学者（谢凤华等，2008）的研究表明，高管团队任期异质性对技术创新绩效有显著积极影响，但对创新绩效过程有消极影响。

对国际化经营的企业中高管团队的团队任期异质性与企业绩效的关系，Tihanyi 等（2000）认为，高管团队任期异质性对企业绩效的影响要视企业的国际化程度而定。当企业国际化程度较低时，高管团队的任期异质性越高，越有利于推进企业的国际化经营，并较好地控制企业国际化进程中的风险和不确定性，因而企业的绩效越好；而在国际化程度较高的企业中，高管团队的任期异质性则与企业绩效负相关。然而，高管团队成员任期差异大，其背景、经验的差异也大，这导致内部冲突增加，成员之间不能做到很好地分享信息和知识，团队内合作困难，从而导致团队效率降低。因此，针对任期异质性对团队、企业绩效等的影响，应客观看待。国内外高管团队任期异质性主要研究成果见表 4.2。

表 4.2　国内外任期异质性主要研究结果

主要学者	结论
Katz（2010）	高管团队任期异质性会使得团队发现更多的战略方案
O'Reilly（1989）；Hambrick	高管任期越长，越容易接受组织的价值观和行为模式
Tihanyi 等（2000）	高管团队任期异质性对企业绩效的影响要视企业的国际化程度而定
Carpenter 和 Wade（2002）	高管团队任期异质性对企业绩效的影响应根据具体情况来确定
张平（2006a，b）	高管团队任期异质性与企业绩效负相关
谢凤华等（2008）	高管团队任期异质性对 R&D 绩效、生产制造绩效、营销绩效有显著积极影响，但对创新绩效过程有显著消极影响
马富萍和郭晓川（2010）	高管团队任期异质性与技术创新绩效显著正相关

3）教育背景异质性

教育背景异质性指高管团队之间教育水平和教育专业之间的差异，前者简单说是学历的不同，后者是所学专业的差异。教育背景的差异及由此产生的偏好、认知观念的差异，与企业战略选择、企业绩效的关系更直接，是影响企业技术创新绩效的重要因素。根据先前的研究总结发现，高管团队教育背景异质性表现出两个相互矛盾的影响：一方面，高管团队成员的教育背景差异越大，越容易产生冲突，团队成员对于企业战略的分歧越大（柯江林和石金涛，2006）；另一方面，教育背景异质性为团队提供了多元的信息及对信息不同层次的理解，从而提高了战略决策质量及企业绩效。Tihanyi 等（2000）研究发现，高管团队教育专业异质性与企业的国际化程度正相关；Bantel 和 Jackson（1989）及李华晶和张玉利（2006）的研究表明，高管团队教育背景异质性与创新绩效之间存在显著正相关关系。国内外高管团队教育背景异质性主要研究成果见表 4.3。

表 4.3 国内外教育背景异质性主要研究结果

主要学者	结论
Wiersema 和 Bantel（1992）	高管团队成员教育专业异质性与公司战略变革正相关
Simons（1999）	教育水平异质性越高，高管团队的决策方案越多
Knight（1999）	高管团队教育异质性越高，越容易产生冲突
Carpenter 和 Wade（2002）	高管团队教育异质性越高，越能适应全球化竞争
张平（2006a，b）	高管团队教育水平异质性与企业绩效无明显关系
李华晶和张玉利（2006）	高管团队教育背景异质性与创新绩效之间存在显著正相关关系
谢凤华等（2008）	高管团队教育水平异质性对 R&D 绩效、生产制造绩效、创新绩效过程有显著影响，但对营销绩效没有显著影响
马富萍和郭晓川（2010）	高管团队教育专业异质性与技术创新绩效显著正相关，而教育水平异质性与技术创新绩效相关性不显著

4）职业背景异质性

在不同行业、企业及同一企业的不同部门工作的高管团队成员拥有不同的工作经验，以及由此而带来的知识构成、观念及工作取向的不同。研究发现，由具有不同职业背景成员组成的高管团队不仅能够对外部环境加以充分地关注，而且能够从不同角度对外部事件进行解读，此时，高管团队获得的信息要比个体单独得到的多（Weick，1987）。然而，有的研究也表明，高管团队职业背景异质性越高，团队对于外部机会的识别能力越差，原因可能是较高的团队职业背景异质性阻碍了团队内有效的交流。

一些学者对高管团队职业背景异质性与企业绩效的关系进行了探讨。结果表明，无论是对企业市场占有率还是企业利润，职业背景异质性都发挥了积极的影响（Hambrick and Chen，1996）。Carpenter（2004）研究了社会环境、企业战略对高管团队异质性与企业绩效关系的作用，研究发现，在国际化程度低的企业中，高管团队职业背景异质性与企业绩效呈负相关；而在国际化程度高的企业中，高管团队职业背景异质性与企业绩效呈正相关（Carpenter et al.，2004）。国内外高管团队职业背景异质性主要研究成果见表 4.4。

表 4.4 国内外职业背景异质性主要研究结果

主要学者	结论
Hambrick 和 Chen（1996）	无论是对企业市场占有率还是企业利润，职业背景异质性都发挥了积极的影响
Knight 等	高管团队职业背景异质性越高，内部冲突越低，对企业战略的认同度越高
Carpenter 和 Wade（2002）；Andrews 等（1971）	在国际化程度低的企业中，高管团队职业背景异质性与企业绩效呈负相关；而在国际化程度高的企业中，高管团队职业背景异质性与企业绩效则呈正相关
张平（2006a，b）	高管团队职业背景异质性与企业绩效负相关
马富萍和郭晓川（2010）	高管团队职业背景异质性与技术创新绩效显著正相关

3. 高管团队异质性研究述评

现有关于高管团队异质性的研究中主要针对的是高管团队成员的特征异质性，研究高管团队异质性与企业绩效的关系。而对涉及认知异质性的研究则较少。同时，多数学者将高管团队异质性作为前置变量来研究其对企业战略选择和企业绩效的影响。但是实证研究没有得出一致的结论，因此学者们的研究开始发展为两条研究路线：一是研究者不仅总结整合已有的研究，也从不同的维度来探讨外部异质性与企业绩效的关系；二是高度关注中介变量对高管团队异质性与企业绩效关系的影响（秦辉，2009）。

例如，以战略决策为中介变量，研究认为，高管团队异质性有助于改善企业专注于创新领域的战略选择和企业新产品组合创新度，而专注于创新领域的战略选择和企业新产品组合创新度又与企业绩效正相关，因此，高管团队异质性和企业绩效正相关。但有文献指出，高管团队异质性和企业绩效之间并不存在直接关系，而是间接关系（Talke et al.，2010）。

以集体创新能力为中介变量，研究认为，集体创新能力与企业绩效正相关，而高管团队的年龄异质性和教育异质性与集体创新能力正相关，任期异质性与集体创新能力负相关，因此得出，高管团队的年龄异质性和教育异质性与企业绩效正相关，任期异质性则与企业绩效负相关（陈忠卫等，2009）。此外，有研究结果表明，高管团队心理契约与集体创新、企业绩效均具有显著正相关关系，高管团队心理契约对企业绩效的影响是通过集体创新这一中介变量表现出来的。集体创新在高管团队交易型心理契约与企业绩效关系中起部分中介作用，在关系型心理契约与企业绩效关系中起完全中介作用（王晶晶等，2009）。

同时，相关研究结论的不一致也反映了另一个问题：情境因素的影响。文献研究发现，动荡复杂的环境特征在很大程度上影响着高管团队与企业绩效之间的关系（Pearson et al.，2003）。情境特征反映在内外两个方面：外部情境主要涉及文化、行业特点、社会环境等因素，内部情境则涉及公司特征、董事会特征、工作复杂程度和团队类型等因素。相关文献研究认为，情境因素对高管团队异质性和企业绩效之间的关系起调节作用。

4.2.2　战略导向相关研究综述

战略影响了企业资源和权力的重新配置，企业在根据外部动态环境所做出的一系列战略反应体现企业在战略导向上的布局。在当今复杂多变的市场环境里，企业要立于不败之地，必须及时地与外界环境进行交互，做出准确合理的战略决策。本小节将针对战略导向，系统回顾以往研究成果，为后续研究提供理论基础。

1. 战略导向理论基础

现代意义上的战略管理思想最早出现在美国经济学家巴纳德的代表作《经理人员的职能》一书中，其运用战略的思想对企业各种要素及它们之间的相互影响进行了分析，首开企业经营战略研究之先河。1962 年，美国经营史学家钱德勒发表了《战略与结构：工业企业史的考证》，分析了环境、战略和组织之间的相互关系，提出了“结构追随战略”的论点。他认为，企业经营战略应当适应环境——满足市场需求，而组织结构又必须适应企业战略，随着战略的变化而变化。尽管他没有对企业战略本身进行具体分析，但却为此后的企业战略管理研究揭开了序幕。1965 年，美国著名的战略学家安索夫出版了第一部有关战略的著作《企业战略》，首次提出了“企业战略”这一概念，并将战略定义为“一个组织打算如何去实现其目标和使命，包括各种方案的拟定和评价，以及最终将要实施的方案”。安索夫的《企业战略》成为现代企业战略理论研究的起点（赵培庆，2010），从此以后，很多学者积极地参与到企业战略理论的研究中。

从时间跨度来看，战略管理理论的发展可以分为以下几个阶段。

1）20 世纪初到 60 年代初：早期战略思想阶段

在此阶段，虽没有出现完整的战略理论体系，但已经产生了很精彩的战略思想。20 世纪初，法约尔提出了管理的五项职能：计划、组织、指挥、协调和控制，其中计划职能是企业管理的首要职能。这可以说是最早出现的企业战略思想。1938 年经济学家巴纳德在《经理人员的职能》一书中，提出管理工作应注重组织的效能，即如何使企业组织与环境相适应。这种关于组织与环境相“匹配”的主张成为现代战略分析方法的基础。

2）60 年代初到 70 年代末：传统战略理论阶段

这一阶段是战略理论研究的奠基期和探索期，战略研究主要集中在战略的概念与构成要素等理论问题上，研究的核心问题是战略管理（周培岩，2008）。这一时期针对战略理论的研究出现了多种不同理论学派，主要有设计学派（代表人物是安德鲁斯)、计划学派（代表人物是安索夫)、定位学派（代表人物是波特)、企业家学派、认知学派、学习学派、权力学派、文化学派、环境学派和结构学派。其中，从性质上看，前三个学派属于说明性的学派，关注的是战略应如何被明确地表述。之后的六个学派则侧重于描述战略的制定和执行过程，而非描述理想的战略行为（李娟和唐勇，2008)。最后一个学派则是其他学派的综合。虽然各个学派的研究方法和侧重点不同，但都从不同角度对企业战略管理研究做出了自己的贡献。

3）80 年代初到 21 世纪初：竞争战略理论阶段

本时期之所以称为竞争战略理论阶段，主要是因为这一时期市场由卖方市场逐渐转向买方市场，市场环境复杂多变，企业如何谋求和建立竞争优势成了战略研究的首要目标。因此，战略研究主要围绕企业竞争优势展开，企业战略理论的研究重点逐步转移到企业竞争方面，提出了基于能力、基于资源、基于知识等崭新观点，并增加了对战略联盟的研究（周培岩，2008)。这一时期涌现出了三大主要战略学派：行业结构学派、核心能力学派和战略资源学派。波特是行业结构学派的创立者和代表人物。波特认为，行业结构对竞争规则的确立及可供企业选择的竞争战略有着深刻的影响，行业结构分析是确立竞争战略的基石，也是战略制定的起点。为此，波特创造性地建立了五力分析模型，并在这种思想指导下，提出了赢得竞争优势的三种最一般的基本战略：总成本领先战略、差异化战略、集中一点战略。核心能力学派以普拉哈拉德和哈默尔为代表人物，其代表性著作《企业核心能力》为核心能力理论的研究奠定了基础（周文燕等，2004)。核心能力就是企业的所有能力中最核心、最根本的部分，是企业竞争优势的源泉。核心能力学派认为，现代市场竞争是基于核心能力的竞争，因此，企业战略的目标就在于识别和开发竞争对手难以模仿的核心能力（刘辉和任建伟，2008)。战略资源学派认为，企业所拥有的独特的战略资源及运用这种战略资源的能力是企业竞争优势的源泉。因此，企业竞争战略的选择必须有利于培育和发展企业的战略资源（周文燕等，2004)，而战略管理的主要任务就是培育和发展企业对所拥有的战略资源的独特的运用能力，即核心能力。

4）21 世纪初至今：动态战略理论阶段

进入 21 世纪，经济全球化和全球信息化迅速发展，使得市场竞争环境更加易于变化和难以预测，企业间的竞争加剧且更富侵略性。此时，传统的战略管理的理论方法已不再适应现实环境中企业战略决策的要求，新的战略理论应运而生，主要代表理论有动态能力论和竞争动力学方法。

战略管理的最基本问题是企业如何获取和维持竞争优势。随着核心能力理论的快速发展，核心能力的局限性也浮现了出来。在动态的环境中，企业原有的核心能力可能成为阻碍企业发展的包袱。在这种情况下，企业应该考虑如何获取新资源或重新配置原有资源以获取持续的竞争力，由此，Teece 等（1997）最初提出了改变能力的能力，即动态能力的概念，并把动态能力定义为组织整合、构建、重新配置内部和外部能力以应对快速变化环境的能力（Teece et al.，1997）。因此，动态能力理论与先前的战略观点的不同之处在于：一是动态能力的动态性，它是指为了适应企业外部环境的变化而改变能力的能力；二是动态能力的能力性，它强调为了适应变化环境的需要，建立、整合和重新配置组织资源的内外部能力。

竞争动力学方法则是在企业能力理论、竞争力模式理论和企业资源理论的基础上，通过对企业内、外部影响企业绩效的主要因素，参与竞争的企业质量、企业竞争强度和灵活性进行分析（周文燕等，2004），来回答在动态竞争环境条件下，企业应如何制定和实施战略管理决策，才能获得超过平均水平的收益和维持企业的竞争优势。

2. 战略导向的概念

在讨论战略导向的定义之前，首先需要明确战略的概念及其发展。战略（strategy）一词最早是军事方面的概念。在西方，“strategy”一词源于希腊语“strategos”，意为军事将领、地方行政长官，后来演变成军事术语，指军事将领指挥军队作战的谋略。《中国大百科全书》中的解释是：战略是指导战争全局的方略。《简明不列颠百科全书》中的解释是：在战争中利用军事手段达到战争目的的科学和艺术。在现代，“战略”一词被引申至政治和经济领域，其含义则演变为泛指统领性的、全局性的、左右胜败的谋略、方案和对策。

1965 年，美国著名的战略学家 Ansoff 首次提出了“企业战略”这一概念，并将战略定义为“一个组织打算如何去实现其目标和使命，包括各种方案的拟定和评价，以及最终将要实施的方案”。Chandler 等（1962）把战略看作能够实现企业长期目标或目的的一种决定因素；为了实现这一目标，企业必须采取必要的行动，同时在企业内部合理地分配资源。Hambrick 和 Mason（1984）认为战略可以被视为一种连贯的决策体系，这种决策体系指导组织如何加以调整以适应环境，并影响企业内部的政策和流程。自从 Ansoff 提出战略定义之后，西方战略管理文献一般便将战略管理分为两大类：企业总体战略和经营战略（周文燕等，2004）。最近西方管理研究学者则更多地依据战略的形成过程，将战略分为战略形成（formulation）与战略实施（implementation）两个阶段（余浩，2008）。

对战略定义的分析为明确战略导向的概念提供了基础。国内外针对战略导向的研究日趋增多，但战略导向的概念尚无法统一，各项研究有不同的研究目的和研究角度，对战略导向的内涵界定存在一定的差距。国外研究学者中，Andrews 等（1971）把战略导向定义为变化中的组织过程；Gatignon 等（1997）则认为战略导向是企业为了获得持续的高绩效而奉行的行为准则和战略方向，并可以导致相应的战略行动，实现企业持续的高绩效。Menguc 和 Auh （2005）等认为战略导向是由成功的信息沟通、解释、采纳和实施所支持的企业集体行为，并进一步把战略导向分成 2 个部分：一是信息沟通、解释和采纳，即战略导向的形成；二是信息的实施，即战略导向的实施（瞿燕舞等，2009）。Jeong 等（2006）则指出：新产品开发中的战略导向强调的是企业为达到创新目标所实施的一组活动和行为。

国内研究学者中，芮明杰等（2005）采用战略定位（position）的称谓，认为战略导向描述的是企业与环境之间的关系，是企业在环境中的定位，具体包括两个方面：公司战略导向与业务战略导向（芮明杰等，2005）。公司战略导向决定了公司的业务范围，业务战略导向决定了具体业务部门的市场导向。战略导向描述了组织发展的方向，确定了公司的竞争方向、竞争方式及资源的配置方式。权小妍等（2005）融合了定位理论和资源基础理论，提出战略导向是企业高管团队对企业自身竞争优势的评价及战略核心任务的看法（权小妍等，2005）。张黎明和胡豪（2010）通过对现有研究中战略导向概念的分析指出，战略导向实质上是组织对自身前景的长远系统考虑，是对自身未来的定位和态势选择。瞿燕舞等（2009）则将战略导向界定为连贯一致的、一系列的活动和行为，包括企业的集体行为和受企业目标影响的个体行为。通过这些服务于企业目标的活动和行为，企业可以实现自身的不断发展。

3. 战略导向的研究方法

从国内外有关战略导向的研究文献来看，对战略导向的研究主要有三种研究方法：叙述法、归类法和比较法。①叙述法以定性方法为基础，试图用语言文字描述战略导向的独特本质，包括事件、场景和组织（Czarniawska and Wolff, 1998），如战略导向的特征化研究。叙述法强调用定性方法，通过案例分析追求研究的精确性（Morgan et al.，2003）。但由于仅限于语言描述而没有使用精确的测度指标，叙述法不能够充分有效评估变量。②归类法试图根据事前的概念划分或事后的实证分组对战略导向进行分类。归类法克服了叙述法诸多固有的缺陷，并成为国内外研究战略导向的主要方法。但此法只能用于组间分析，若应用于组内分析则无法进行（Speed and Smith，1993）。③比较法试图通过识别战略的特征与维度来寻求企业战略导向所共有的多种特质或维度。比较法通过不同的维度而非严格以战略的分类来观察企业的战略导向，因而克服了归类法中实证研究的缺点。但现有研究中，使用比较法研究战略导向的概念模型还相当缺乏（余浩，2008）。

4. 战略导向维度分类

在理解了战略导向的概念和研究方法之后，对战略导向进行分类则是企业理清组织的战略导向并进行选择的关键环节。不同的战略导向涉及不同的时间投资、财务资源投资、人力投资和政治资本投资。可以说，选择与组织相适应的战略导向，对任何组织决策和组织绩效都具有重要作用。但是，国内外有关这方面的研究结论也不尽相同。

在目标市场上，由于各个企业的行业差异和自身定位的不同，它们所面临的主要竞争对手和自身所拥有的资源也不相同，因而根据各自的战略目标所确定的整体战略导向也不相同（瞿燕舞等，2009）。1978 年 Miles 和 Snow 定义了四种战略导向类型：前瞻型、防御型、分析型、反应型。这种分类强调的是企业高管团队对企业整体视角和方向的指导与影响。Venkatraman（1989）将战略导向划分为 6 个关键维度，分别是进取性、分析性、保守性、未来性、前瞻性和冒险性。Berthon 等（1999）则以顾客导向和创新导向为基础建立了一个二维矩阵，将战略导向分为孤立型、跟随型、形成型和互动型 4 种类型。

同样，在实践中，为了应对不断变化的竞争，企业往往需要根据产品和市场不断修订组织的具体战略。Porter 提出了 3 种主要的战略导向：低成本竞争战略、差异化战略、聚焦战略；Miller（1986a）在 Porter 的研究基础上提出了 2 种差异化战略（创新差异化、市场差异化）来补充 Porter 的理论框架。其后，学者们将 Porter 和 Miller 的观点相结合，提出了成本领先战略、创新差异化战略和市场差异化战略 3 种战略导向。Gatignon 和 Xuereb（1997）则从市场导向与产品创新关系研究中，根据决定企业新产品成功的一系列因素的分析，提出了 3 个主要的战略导向，即顾客导向、竞争者导向和技术导向。此后，许多研究都是沿用这种分类方法来研究战略导向。本章依然借用他们的有关战略导向的分类维度将战略导向分为客户导向、竞争者导向、技术导向和创业导向。

1）客户导向

顾客需求是企业整个营销活动的中心和出发点，企业从事商品生产、商品交换及市场营销的最终目的是促使顾客购买产品和服务，满足顾客的某种需求。客户导向以满足顾客需求、增加顾客价值为企业经营出发点，特别注重对顾客消费能力、消费偏好及消费行为的调查分析，重视新产品开发和营销手段的创新，以动态地适应顾客的需求。客户导向使得企业更好地服务于他们的客户，尤其在新产品开发中，关注于客户的需求可以使得企业领先于竞争对手而获得市场优势。先前文献研究表明，客户导向对提高新产品开发绩效具有明显的促进作用。例如，Lukas 和 Brodowsky（1998）的实证研究结果显示，客户导向促进了全新产品的研发，限制了仿制产品的引入。然而，消费者不能充分了解市场的发展趋势，对于先进技术已缺乏认知，客户需求被限制在客户所能想到的熟悉产品的范围内，因此过于认真地倾听顾客需求则有可能阻碍其进行完全创新的新产品开发。

2）竞争者导向

竞争者导向（competitor orientation）强调注重竞争对手的动向，集中于对潜在竞争对手的评估。它认为企业应具有敏锐的洞察力，以便对当前的和潜在的主要竞争者的优劣势和竞争能力做出准确的判断（Theodosiou et al.，2012）。有关竞争导向的研究更多地根据 Porter 对战略导向的特征分类：低成本竞争战略，这样可以比竞争对手保持更高的利润空间；差异化战略，如通过新产品创新或通过营销创新树立独一无二的品牌形象来获得用户忠诚度，进而形成企业的一种竞争优势；聚焦战略，企业可以采用集中单一目标的战略导向，即聚焦于单一的目标用户（Durand and Coeurderoy，2001）。对竞争者的分析有利于企业准确判断自身的竞争优势，并根据竞争对手的动向采取相应的应对措施。如果企业过分集中于竞争，则会阻碍他们较少开发自己的新产品（Zahra，1995），原因在于专心于竞争者的能力及其产品组合是企业产品创新的便利来源（余浩，2008），所以，如果企业的创新过程过分受竞争者的焦点驱动，企业也就最可能开发与竞争者产品相类似的新产品。

3）技术导向

与创新密切相关的术语——技术导向（technology orientation）和产品导向，反映了企业引入和利用新技术、新产品和创新的倾向。技术导向认为，通过引入新的技术方案、创新产品和服务，或者改革生产流程，可以创造出更好的客户价值和获得企业的长远发展（Gatignon and Xuereb，1997；Martijn and Grinstein，2008；Hamel and Prahalad，1991）。一般而言，客户并不青睐于他们不熟悉的新事物，因此，可以通过开发和采用新技术以实现产品差异化和成本优势（Gatignon and Xuereb，1997）。在当前市场破坏性变革的时代，相较于基于当前客户需要的新产品开发而言，对新技术的投资则被视为能更好地保障企业的生存（Christensen and Bower，1996）。因此，技术导向被认为是提高企业和产品绩效的重要策略。然而现有研究对此并没有一致肯定的结论，却时有否定的发现。

4）创业导向

创业导向是一种时间观，它关注于企业的未来而非现状，着重于在未来一段时间内建立可持续的竞争优势而不仅仅是当下的季度财务预期（Johnson et al.，2011a，b）。创业导向表现在通过有目的地执行而取得成功，它包括采纳和利用新技术、新观念、新生产流程，乐于产品创新和抓住市场机会、倾向于经历创业风险等（陶祁和王重鸣，2006）。作为战略导向的维度之一，创业导向抓住了企业战略特有的企业家因素（Hult et al.，2004； Bhuian et al.，2005；Wiklund and Shepherd，2005）。Pinto 和 Covin（1989）认为具有冒险性、创新性和进取性的创业倾向是创业导向的关键要素（Miller，1986a；Pinto and Covin，1989）。而 1996 年 Lumpkin 和 Dess 对创业导向的定义中，则将竞争精神和独立自主的行为看做创业维度的重要组成部分。由此看来，创业导向的一个重要特征便是组织的创业行为可以使得组织在动态的竞争环境中更好地适应自身业务的调整（Pinto and Covin，1989）。以创业为导向的组织可以改变和适应新的环境，并且善于利用资源开发可能存在的机遇。他们积极探索可能导致市场变革的新创意，并领先于对手预期未来的需求。相关文献表明，对环境的调整和适应能力有利于产生更好的企业绩效（Hult et al.，2004；Wiklund and Shepherd，2005）。

一般来讲，企业的行为可能同时由多个战略导向所引导（Theodosiou et al.，2012），同样，在不同的环境和企业发展的不同阶段，企业也会具有不同的战略导向及不同的战略重点。因此，企业应及时关注内外部环境，选择与企业发展相适应的战略导向。

4.2.3 创新绩效相关研究综述

作为企业绩效的一种，创新绩效在过去几十年中得到了国内外众多研究者的研究，但是对其的研究始终处于初级阶段，而且大部分研究都集中在创新绩效的测评方面，对于创新绩效始终没有一个统一的、公认的定义。本小节基于创新绩效理论，对创新绩效的概念和测评方式进行综述，从而为后面的实证分析做好理论铺垫。

1. 创新绩效理论基础及概念界定

自熊彼特在1912年的著作《经济发展理论》中系统提出“创新”（innovation）概念以来，国内外学者对创新进行了大量的研究。创新理论是熊彼特的经济理论的核心内容。他将创新定义为企业家对于生产要素的新组合，并总结了创新的五种主要形式：一是引入新产品或提高产品质量；二是采用新的生产工艺、新的生产流程等；三是开辟新市场；四是获取新的原材料或半制成品的供给来源；五是采用新的生产组织方法。熊彼特从经济学的角度对创新的定义与主体、创新对经济增长及社会发展的作用进行了深入的分析（余志杨，2011）。他认为，创新是经济增长的源泉。随着科技进步对于经济发展的重要性日益增加，以及学者们对于创新研究的逐渐深入，国内外学者对于创新理论做出了各种解释和拓展，从不同的角度对其进行了发展。

在创新研究领域，很多的实证研究都是以创新绩效作为企业创新的衡量指标，因为这一指标既表明了企业创新的强度，又反映了企业创新的效果（王长峰，2009）。然而，从以往研究来看，国内外研究者对于创新绩效的定义皆有不同。Hagedoorn和Cloodt（2003）比较系统地对企业创新绩效进行了界定，他们认为，狭义上创新绩效是根据企业将发明创造引入市场的程度来衡量的，可以根据新产品、新设备或新流程的引入比率来衡量（Freeman and Soete，1997）；而广义上创新绩效则是指从概念产生到将发明创造引入市场的整个过程中，企业所取得的发明、技术、创新三个方面的绩效。国内研究中，徐契舜（2007）认为创新绩效是指个人或团队表现出的创新程度及创新对绩效提升的程度，通常用新产品或服务为企业创造利润来衡量。高建等（2004）认为技术创新绩效是指企业技术创新过程的效率、技术创新的成果及技术创新对商业成功的贡献，包括产出绩效和过程绩效两个方面。而沈海华（2006）则认为创新绩效是由技术创新活动所产生的、能被客观测度和感知的成果绩效，包括创新的直接经济效益（如新产品销售率、新产品利润率等），以及间接经济效益（如技术诀窍、专利等）。余志杨（2011）从概念的内涵进行总结，认为创新绩效包括发明绩效和技术绩效。

2. 创新绩效评价

创新绩效评价是对创新活动系统性地衡量和评价的制度，是在一定的思路和框架的指导下进行的，而非几个独立指标的简单汇总。因此，应该先确定适合某个行业或者某个企业的特定评价框架和思路，然后在具体框架和思路的指导下确定创新绩效评价的具体指标。企业在确定整体思路后，就可以选取符合本企业的创新绩效评价体系和评价指标，因而具有直观性、可度量性及可比性，能准确地反映企业的创新绩效。当然，不同的企业所处行业、战略目标、创新的性质等各有不同，因此在进行创新绩效评价时侧重点也应有不同，若千篇一律，则失去了评价体系应有的功效和作用。

同时，由于企业创新过程的复杂性，国内外对如何测度企业创新绩效至今仍没有一个标准的体系（赵淳宇和袁斌，2010）。现有国内外创新绩效评价体系研究中，根据评价的着力点和评价过程的不同，可分为能力角度的创新绩效评价体系、过程模型角度的创新评价体系、基于投入产出的创新评价体系及运行机制角度的评价体系四种（马俊美，2010）。四种创新绩效评价体系侧重点不同，企业应根据自身特点和战略导向选择适合自身要求的评价体系。

4.2.4 基于文献综述的关系整理

1. 高管团队异质与战略导向关系整理

在动态环境中，企业需要不断调整自身战略以适应外部环境的变化。战略领导理论认为，战略实际上是环境因素被企业的高层管理者的有限理性过滤和选择的结果（江岩和张体勤，2008）。高层梯队理论强调在决策制定过程中高层管理者的认知基础和价值观对决策制定的影响，高层管理者的独特的经历，以及在其基础上形成的认知和动机等是决定战略的关键因素（Kotter，1982；Hambrick and Chen，1996）。因此，高管团队是企业战略制定、实施的关键。然而，现有研究中针对高管团队异质性与企业战略导向关系的研究少之又少。

国外研究中，Knight 等（1999）研究了高管团队人口统计学特征的异质性对组织运作和战略一致性（strategic consensus）的影响，并提出了“高管团队异质性→组织运作→战略一致性”的影响机制模型（Knight et al.，1999）。其研究发现，高管团队功能异质性和教育异质性与战略一致性负相关，任期异质性与战略一致性正相关，年龄异质性对战略一致性无明显关系。

战略导向（客户导向、竞争者导向、技术导向和创业导向）是高层管理者的心智和认知模式相似性的反映，而且信息的充分传播和交流为高层管理者在功能多样化的条件下拥有相似的价值观和心智模式提供了前提条件（Auh and Menguc，2005）。由于信息的充分共享和充分的交流沟通，更高的跨功能协调对战略导向产生了更高的一致性，并且相较于低复杂性的环境，在高复杂性环境中跨功能协调对战略导向具有更高的积极作用。

针对战略导向作为中介变量的研究，发现高管团队异质性可以通过影响企业对专注于创新领域的战略选择进而影响企业的创新度和绩效（Talke et al.，2010）。研究者认为，任务导向型的高管团队异质性，包括教育、职务、行业、组织背景和董事会任期等异质性，有助于企业对专注于创新领域的战略选择。而企业专注于创新领域的战略选择对企业的创新度和创新绩效产生了积极影响。

国内研究中，通过对 CEO 领导行为及高管团队特征与创新战略导向关系的研究发现，高管团队任期异质性、教育专业异质性、职能背景异质性与双元型创新导向存在显著的正向关系，而学历异质性则与双元型创新导向负相关（江岩和张体勤，2008）。但是，虽然高管团队异质性对双元型创新导向具有影响，但其直接的解释力不够强。李卫民（2009）通过对 2006～2008 年 149 家上市公司的研究，认为高管团队的平均年龄和平均任期与企业选择战略的种类负相关，高管团队的平均教育水平、规模、年龄异质性、任期异质性、教育水平异质性和职业背景异质性则与企业战略选择的种类正相关。

也有学者研究发现，高管团队异质性的构成因素对战略决策的质量和速度也有不同的影响（芦慧等，2010）。例如，高管团队的知识结构被认为是制定战略的基础，而任期异质性对于企业的全球战略姿态有着积极的影响（Tihanyi et al.，2000）。同时，由于文化的因素，中国企业中高管团队异质性与战略决策的关系显示出与西方不同的结论，如民营企业中高管团队任期异质性与战略决策的准确性没有影响。

2. 战略导向与创新绩效关系整理

战略导向是企业为了持续地获取卓越绩效而采取的战略行为（Gatignon and Xuereb，1997），是一种社会学习与筛选机制，旨在保持管理层的战略意图与业务活动的连贯性（Atuahene-Gima and Ko，2001）。战略导向是一种导向性原则，是对组织战略的总体反映（Venkatraman，1989），不同的战略导向使得企业对自身所拥有的优势产生了不同的理解，包括企业如何看待顾客、如何制定战略和如何定义自己的业务范围等，影响了企业资源的利用方式及竞争战略的选取（魏泽龙等，2008），从而能够对企业绩效产生重要影响。

国外研究中，Venkatraman（1989）将战略导向分为进取性、分析性、保守性、未来性、前摄性和冒险性 6 个维度，分别讨论了它们对企业绩效的影响。研究表明，分析性、保守性和未来性 3 个维度对于企业绩效正相关，而进取性、前摄性和冒险性 3 个维度则对企业绩效没有显著影响。Jeong 等（2006）研究了战略导向对新产品开发的影响。他将战略导向分为客户导向和技术导向两个维度，新产品开发绩效则包括客户认同度、技术绩效和利润率三个方面。研究发现，客户导向对客户认同度有显著的积极影响，对技术绩效影响较弱，对利润率则无统计意义；技术导向对技术绩效和利润率有强烈的影响，对客户认同度也有较弱但显著的影响。研究认为，企业若想获得创新的竞争优势，就必须拥有更强的技术导向。

国内研究中，杨智等（2009）以湖南省高新技术开发区的 180 家企业为样本，引入渐进性创新和突破性创新作为中介变量，构建了对企业绩效有影响的市场导向和创新导向。研究结果表明，市场导向和创新导向对企业绩效有显著的正向影响，但两种战略导向对企业绩效的影响机制并不完全相同。创新导向对企业绩效的影响主要通过创新的中介效应来实现，而市场导向可以对企业绩效同时存在直接和间接的影响。薛镭等（2011）基于对全国 501 家高科技及非高科技企业产品创新活动的调查，研究了顾客导向与技术导向对企业产品创新绩效的影响。研究发现，顾客导向和技术导向对产品创新绩效有显著正向影响；顾客导向与技术导向对高科技行业中的产品创新绩效的影响没有显著的差异；而在非高科技行业中，技术导向对产品创新绩效的影响要显著高于顾客导向对产品创新绩效的影响。余浩和陈劲（2010；2012）将战略导向分为竞争导向、技术导向、客户导向和未来导向四个维度，通过对浙江省 310 家生物技术企业技术创新绩效的实证研究，发现技术导向对企业的技术创新绩效有显著正向影响，而竞争导向、客户导向和未来导向对技术创新绩效的影响则不显著。同时，研究发现，战略导向与创新绩效的关系并不直接，因此建议对两者之间关系的研究应当考虑合适的中间变量。

不同环境下，战略导向对企业绩效的影响也不相同。Yang 和 Paranjape（2011）通过对中国商业的研究，探讨了在不同环境下最适合新产品成功的战略导向。研究发现，客户导向、技术导向对企业的创新绩效有显著的积极影响，竞争者导向对创新绩效有积极影响但不显著。相较于其他环境，客户导向在低市场成长率和高竞争强度的环境中更有利于新产品绩效，技术导向则在高市场成长率和高竞争强度的环境中更有利于新产品绩效，而竞争者导向则在低市场成长率和低竞争强度的环境中更有利于新产品绩效。

通过文献回顾可以发现，以往对战略导向与企业创新绩效之间的研究方法不同，结论不一。鉴于此，学者们开始较多地关注战略导向对企业创新绩效影响机制的研究。此类研究大致分为两类：一类是研究二者之间可能存在的外部调节变量，如市场环境变量（市场变化程度、技术变化程度、竞争力等）、企业内部因素（如企业战略选择）。另一类是研究二者的作用机制，探讨战略导向如何影响企业绩效。例如，市场导向通过企业创新影响企业绩效；或者战略导向影响产品创新，而产品创新又可以导致更好的企业绩效，等等。

3. 高管团队异质性与创新绩效关系整理

近几年，国内外学者从不同角度探讨了高管团队异质性与创新绩效的关系，尤其是对创新绩效的影响因素做了大量的研究，并且得出了各自的结论，对于丰富创新绩效理论和指导企业创新实践起到了很大的促进作用。

国外研究中，诸多研究表明，高管团队年龄异质性、任期异质性、教育背景异质性及职业背景异质性对创新绩效有显著正向影响（Auh and Menguc，2005；Srivastava and Lee，2005；Carmen et al.，2005）。以高管团队成员的认知为中介变量，Martin 和 Eisenhardt（2000a）等研究了高管团队异质性和企业绩效之间的关系，发现较高的高管团队认知异质性导致了较低的企业绩效（Kliduff and Eisenhardt，2000）。以战略决策为中介变量，Talke 等（2010）研究了高管团队异质性如何通过专注于创新领域的战略选择来影响创新绩效，研究认为，高管团队异质性有助于改善企业专注于创新领域的战略选择和企业新产品组合创新度，而专注于创新领域的战略选择和企业新产品组合创新度又与企业绩效正相关，因此，高管团队异质性和企业绩效正相关（Talke et al.，2010）。但文献指出，高管团队异质性和企业绩效之间并不存在直接关系，而是间接关系。

国内研究中，针对不同行业和不同性质的企业，学者们展开了大量研究。以资源型企业为例，马富萍和郭晓川（2010）分析了高管团队异质性与技术创新绩效的关系，研究认为，高管团队年龄异质性、任期异质性、教育水平异质性、教育专业异质性和职业背景异质性与技术创新绩效正相关。苏丹（2011）则以我国医药制造类上市公司为研究样本，探讨了高管团队异质性与企业绩效的关系。研究发现，高管团队的教育异质性、年龄异质性与企业绩效负相关。

以民营企业为例，谢凤华等（2007）通过对民营企业的实证调查研究，探讨了高管团队异质性与企业技术创新绩效的关系。高管团队异质性采用年龄、教育水平和任期三个维度，创新产出绩效则分为 R&D 绩效、生产制造绩效、营销绩效和创新过程绩效四个方面。研究结果表明，高管团队教育水平异质性对 R&D 绩效、生产制造绩效和创新过程绩效均有显著积极影响，对营销绩效没有显著影响；高管团队任期异质性对创新绩效的四个方面均有显著积极影响；高管团队年龄异质性对 R&D 绩效没有显著影响，但对生产制造绩效、创新过程绩效、营销绩效有显著消极影响。

也有学者通过引入中介变量和调节变量对二者关系加以研究。例如，以集体创新作为中介变量，研究发现，高管团队年龄异质性对公司绩效起正向作用，而任期异质性与公司绩效负相关（陈忠卫和常极，2009）。以高管团队行为整合变量及高管团队冲突处理方式作为调节变量（马富萍和郭晓川，2010），研究发现，在高管团队行为整合程度较高的情况下，高管团队异质性对技术创新绩效将产生更强的正向影响；高管团队成员越倾向于采取合作型冲突处理方式，高管团队异质性对技术创新绩效的正向影响越显著，而越倾向于采取竞争型冲突处理方式时，高管团队异质性对技术创新绩效的正向影响越不显著。

此外，贺远琼等（2009）采用 Meta 分析方法对目前关于高管团队特征与企业绩效关系的相关文献进行了定量化分析，并从信息-决策理论的视角、团队冲突理论的视角和创新理论的视角分别给予了解释。研究结果表明，不同的高管团队特征与企业绩效之间存在显著相关关系，但相关方向却有显著差异。从信息-决策理论的视角来看，高管团队异质性与企业绩效正相关；而基于团队冲突理论的视角，高管团队异质性却与企业绩效负相关。谢敏明（2011）基于对文献的元分析，研究了高管团队异质性与产品创新绩效的关系，分析得出，高管团队年龄异质性与创新绩效负相关，而任期异质性、教育背景异质性、职业背景异质性与创新绩效正相关。

通过文献回顾可以发现，针对高管团队异质性和创新绩效关系的研究很多，但研究得出的结论却不尽相同。因此，有些学者开始较多地关注高管团队异质性对企业创新绩效影响机制的研究。这类研究也可大致分为两类：一类是研究二者之间可能存在的外部调节变量，如外部环境变量（如文化背景、行业背景等）（Pearson et al.，2003）、企业内部变量（如工作复杂性、企业国际化程度等）（Tihanyi et al.，2000）；另一类是研究二者之间的作用机制，探讨高管团队异质性如何影响企业创新绩效，如 Talke 等（2010）的研究。本章引入战略导向作为中介变量，通过研究战略导向的中介作用，以期为探讨高管团队异质性与创新绩效关系的“黑箱”之谜做出贡献。

4.3 研究假设和概念模型

4.3.1 高管团队异质性与创新绩效

1. 高管团队年龄异质性与创新绩效

高管团队异质性有利于创新，但并非高管团队异质性的所有维度都对企业的创新有积极的影响。Bantel 和 Jackson（1989）研究发现，处于同一年龄段的高层管理者通常拥有相似的经历和相近的价值观，他们对企业战略的看法也较为相似；而年龄差异大的高层管理者之间则更容易发生价值观、认知的冲突（Wiersema and Bird，1993）。因此，年龄异质性低的高管团队比年龄异质性高的高管团队的凝聚力要高，团队成员之间的合作会更加顺利，这将有利于组织创新绩效提升。由此，提出以下假设。

H1：高管团队年龄异质性与创新绩效负相关。

2. 高管团队任期异质性与创新绩效

高管团队任期是管理者作为高管团队成员工作的时间，团队成员任期的长短影响了高管内交流的性质和深入程度。高管团队成员任期长，不论对其自身还是企业来讲都已形成思维惯性和惰性，缺乏创新的动力，因而对企业绩效有消极的影响；而高管团队任期异质性代表着每个成员任期的差异性，成员之间具有思维方式的碰撞，还没有形成思维定式，因而与企业创新绩效正相关（谢凤华等，2007）。由此，提出以下假设。

H2：高管团队任期异质性与创新绩效正相关。

3. 高管团队教育背景异质性与创新绩效

高管团队成员教育背景异质性分为教育水平异质性和教育专业异质性两个方面。教育背景异质性在很大程度上决定了高管团队成员不同的认知模式和社会心理，高管团队教育背景异质性越高，越能获得一系列多元的信息、技能和观念；同时教育背景异质性也为高管团队提供了不同的信息处理方式，因此，高管团队成员教育背景的多样性有利于提高战略决策的质量（Amason and Sapienza，1997）。教育背景异质性使得高管团队成员能够准确评估企业现有战略、更大范围地产生可供选择的战略方案及多方面地比较这些方案（张平，2006a，b），因此教育背景异质性高的团队在复杂的环境中对企业绩效的作用更大。由此，提出以下假设。

H3a：高管团队教育水平异质性与创新绩效正相关；

H3b：高管团队教育专业异质性与创新绩效正相关。

4. 高管团队职业背景异质性与创新绩效

在不同行业、不同企业及同一企业的不同职能部门工作的高管团队成员拥有不同的工作经验、知识构成，这种职业背景的异质性为高管团队成员提供了不同的工作技能，同样也影响了高管团队成员对外部环境的不同理解及战略选择。高管团队成员拥有不同职业背景，意味着他们曾经接受不同的职业培训和拥有不同的工作经验，因此他们的认识模式和对问题的思考角度也不同。这种情况下，高管团体成员对组织面临的环境看法不同，因而产生了不同的分析问题的角度和行动路线。古家军和胡蓓（2008）的研究表明，高管团队职业背景异质性对技术创新绩效有显著的积极影响。由此，提出以下假设。

H4：高管团队职业背景异质性与创新绩效正相关。

4.3.2 高管团队异质性与战略导向

战略是组织中高管团队成员价值观和认知基础的反映。高管成员在成长环境、受教育方式、人生经历等方面存在很大差异，从而表现出不同的价值观与行为倾向（杨林和芮明杰，2010）。Wiersema 和 Bantel（1992）认为高层管理者在面对竞争和其他外部环境时，具有不同的战略变革意向和能力。高层梯队理论强调，组织的战略行为并非仅仅是高层管理者个体特质的综合体，而是高管团队作为一个整体所产生的结果。

一般来说，高管团队成员异质性较高时，对战略问题会产生多种看法，从而促使企业考虑战略变化（徐强，2009a，b）。Naranjo-Gil 和 Hartmann（2007）研究了高管团队异质性对战略变革的影响，发现在面对相同的外部环境压力时，异质性的高管团队比同质性的高管团队更倾向于从事企业的战略变革，而且高管团队异质性与战略变革的范围和强度正相关。李炜文（2006）研究了高管团队的特征对公司的战略变化水平的影响，认为年龄异质性、教育水平异质性对战略变化有正的影响，而平均任期对战略变化有负的影响。

同样，较高的团队异质性也导致了高管团队在制定战略时有较大的分歧，因为异质性使得高管成员对企业内外部环境具有不同看法与思考方式，从而导致不同的战略导向和战略选择。异质性较高的团队，高管团队的视野比较广阔，更能识别出更多的机会并乐于在创新中创造机会。因此，异质性较高的团队更适合处理非结构化、创造性的问题。团队异质性越高，创新导向就越明显（Hambrick，1998；Carpenter et al.，2004）。

具体说来，Wiersema 和 Bantel（1992）认为年龄是表征高管团队成员经历的重要指标，当团队成员年龄差异较大时团队成员对战略问题会产生多种创新性的看法，因而也更倾向于创新战略的选择。Srivastava 和 Lee（2005）研究发现，高管团队成员任期异质性越高，企业越倾向于先于竞争对手推出新产品，从而成为行业领先者而非模仿者，因而也更青睐技术导向和创业导向。Bantel 和 Jackson（1989）通过研究同样发现高管团队教育背景异质性及职业背景异质性分别与组织创新性正相关。由此，提出表 4.5 所示的假设。

表 4.5　高管团队异质性与战略导向的研究假设

高管团队异质性与客户导向	H5a：高管团队年龄异质性与客户导向负相关
	H5b：高管团队任期异质性与客户导向负相关
	H5c：高管团队教育水平异质性与客户导向正相关
	H5d：高管团队教育专业异质性与客户导向正相关
	H5e：高管团队职业背景异质性与客户导向负相关
高管团队异质性与竞争者导向	H6a：高管团队年龄异质性与竞争者导向负相关
	H6b：高管团队任期异质性与竞争者导向正相关
	H6c：高管团队教育水平异质性与竞争者导向正相关
	H6d：高管团队教育专业异质性与竞争者导向正相关
	H6e：高管团队职业背景异质性与竞争者导向负相关
高管团队异质性与技术导向	H7a：高管团队年龄异质性与技术导向正相关
	H7b：高管团队任期异质性与技术导向正相关
	H7c：高管团队教育水平异质性与技术导向正相关
	H7d：高管团队教育专业异质性与技术导向正相关
	H7e：高管团队职业背景异质性与技术导向正相关
高管团队异质性与创业导向	H8a：高管团队年龄异质性与创业导向正相关
	H8b：高管团队任期异质性与创业导向正相关
	H8c：高管团队教育水平异质性与创业导向正相关
	H8d：高管团队教育专业异质性与创业导向正相关
	H8e：高管团队职业背景异质性与创业导向正相关

4.3.3　战略导向与创新绩效

1. 客户导向与创新绩效

客户导向以市场需求为目标，积极关注客户的需求，力求通过创新为客户提供更符合客户需要的产品和服务。以客户为导向的企业通过向市场引入更好的产品来满足客户的需求，因而可以使企业领先于竞争对手而获得市场优势。同时，为了紧跟客户的需求变化，企业也希望努力提高产品的技术含量。这些努力为企业获得更好的创新绩效奠定了基础。先前文献研究也表明，客户导向对提高新产品开发绩效具有明显的促进作用。由此，提出以下假设。

H9：客户导向与创新绩效正相关。

2. 竞争者导向与创新绩效

竞争者导向强调注重竞争对手的动向，集中于对潜在竞争对手的评估。对于竞争者的分析有利于企业准确判断自身的竞争优势，并根据竞争对手的动向采取相应的措施。然而，企业过分关注竞争者的行为会阻碍他们较少开发自己的新产品（Zahra，1995），原因在于专心于竞争者的能力及其产品组合是企业产品创新的便利来源（余浩，2008），所以，如果企业的创新过程过分受竞争者的焦点所驱动，企业也就最可能开发与竞争者产品相类似的新产品，从而丧失企业的创新优势。由此，提出以下假设。

H10：竞争者导向与创新绩效负相关。

3. 技术导向与创新绩效

先前的研究证明，技术能力是企业创新成功的重要因素（Cooper，1993；Song and Parry，1997）。技术导向反映了企业引入和利用新技术、新产品和创新的倾向。企业通过引入新的技术方案、创新产品和服务或者改革生产流程，可以创造出更好的客户价值和获得企业的长远发展。因此，技术导向被认为是提高企业和产品创新绩效的重要策略。由此，提出以下假设。

H11：技术导向与创新绩效正相关。

4. 创业导向与创新绩效

创业导向关注于企业的未来而非现状，着重于在未来一段时间内建立可持续的竞争优势而不仅仅是当下良好的季度财务指标（Johnson et al.，2011a，b）。以创业为导向的企业积极采纳和利用新技术、新观念、新的生产流程，乐于产品创新和抓住市场机会，倾向于经历创业风险，并且善于利用资源开发可能存在的机遇。他们积极探索可能导致市场变革的新创意，并领先于对手预期未来的市场需求。由此，提出以下假设。

H12：创业导向与创新绩效正相关。

4.3.4 战略导向中介作用

4.3.1 小节～4.3.3 小节基于文献综述分别论证并假设了高管团队异质性与创新绩效、高管团队异质性与战略导向，以及战略导向与创新绩效之间的关系。在此基础上，本小节主要论述高管团队异质性将通过影响企业的战略导向选择从而影响创新绩效，即战略导向在二者关系中的中介作用。

不断变化的环境需要企业不断调整自身战略以适应外部环境的变化。战略领导理论认为，战略实际上是环境因素被企业的高层管理者的有限理性过滤和选择的结果（江岩和张体勤，2008）。高层梯队理论强调在决策制定过程中高层管理者的认知基础和价值观对决策制定的影响，高层管理者的独特的经历，以及在其基础上形成的认知和动机等是决定战略的关键因素（Kotter，1982；Hambrick and Chen，1996）。因此，高管团队在企业制定、实施战略的过程中扮演重要的角色。

同时，战略导向是一种社会学习与筛选机制，旨在保持管理层的战略意图与业务活动的连贯性（Atuahene-Gima and Ko，2001），目标在于获取持续的卓越绩效（Gatignon and Xuereb，1997）。因此，战略导向作为一种导向性原则，是对组织战略的总体反映（Venkatraman，1989），不同的战略导向使得企业对自身所拥有的优势产生了不同的理解，包括企业如何看待顾客、如何制定战略和如何定义自己的业务范围等，从而影响了企业利用资源的方式及战略导向的选取（魏泽龙等，2008），进而影响企业创新绩效的高低。

此外，前人对于高管团队异质性与创新绩效关系研究结论的不一致启示我们对于二者关系中“黑箱”因素的探索。本小节将战略导向作为影响高管团队异质性和创新绩效关系的“黑箱”因素之一，认为战略导向对于二者的关系起到了中介作用，即高管团队异质性通过影响企业战略导向的选择，进而影响企业的创新绩效。因此，基于以上论述，提出表4.6所示的关系假设。

表4.6　战略导向的中介作用研究假设

客户导向的中介作用假设	H13a：客户导向对年龄异质性与创新绩效的关系起中介作用
	H13b：客户导向对任期异质性与创新绩效的关系起中介作用
	H13c：客户导向对教育水平异质性与创新绩效的关系起中介作用
	H13d：客户导向对教育专业异质性与创新绩效的关系起中介作用
	H13e：客户导向对职业背景异质性与创新绩效的关系起中介作用
竞争者导向的中介作用假设	H14a：竞争者导向对年龄异质性与创新绩效的关系起中介作用
	H14b：竞争者导向对任期异质性与创新绩效的关系起中介作用
	H14c：竞争者导向对教育水平异质性与创新绩效的关系起中介作用
	H14d：竞争者导向对教育专业异质性与创新绩效的关系起中介作用
	H14e：竞争者导向对职业背景异质性与创新绩效的关系起中介作用
技术导向的中介作用假设	H15a：技术导向对年龄异质性与创新绩效的关系起中介作用
	H15b：技术导向对任期异质性与创新绩效的关系起中介作用
	H15c：技术导向对教育水平异质性与创新绩效的关系起中介作用
	H15d：技术导向对教育专业异质性与创新绩效的关系起中介作用
	H15e：技术导向对职业背景异质性与创新绩效的关系起中介作用

续表

创业导向的中介作用假设	H16a：创业导向对年龄异质性与创新绩效的关系起中介作用
	H16b：创业导向对任期异质性与创新绩效的关系起中介作用
	H16c：创业导向对教育水平异质性与创新绩效的关系起中介作用
	H16d：创业导向对教育专业异质性与创新绩效的关系起中介作用
	H16e：创业导向对职业背景异质性与创新绩效的关系起中介作用

4.3.5　概念模型

基于上面综述及研究假设可知，高管团队异质性对创新绩效具有一定的影响作用，但这种影响并非直接影响，而是通过某些变量发挥作用。本章引入战略导向作为中介变量，构建了基本概念模型，如图 4.3 所示。

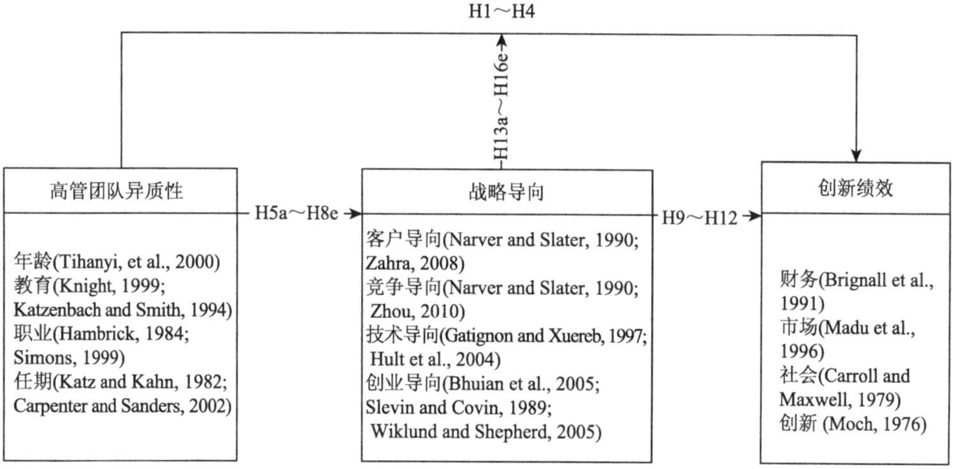

图 4.3　基本概念模型

4.4　研 究 方 法

4.4.1　研究对象

本章的研究内容涉及高管团队异质性、战略导向及创新绩效等多项内容，研究对象定为小微企业，区域主要集中于江苏、上海、浙江、广东等小微企业比较发达的地区。调研对象选择企业高层领导者或高层管理者，通过填写调查问卷的方式进行数据收集。

在研究领域上，主要选择制造业、服务业等行业内的企业进行调查；研究内容涉及创新绩效等财务内容，所以对学校、医院、机关事业单位等非营利机构不予研究。

4.4.2　问卷设计

问卷调研是定量研究中的一种基本方法，具有很好的适用性和可操作性。而科学合理的问卷则是数据有效性的前提。本章调研问卷的语句和选项基本来自国内外学者使用的量表，因此，具有较高的信度和效度。同时，由于这些参考量表大部分为英文量表，为确保忠于原意和受访者能够准确理解量表语句内涵，采用“双向翻译”的方法设计量表。通过中英文互译及语意对比和反复推敲，最后形成问卷初稿。

研究的变量为高管团队异质性、战略导向和创新绩效。其中，除企业基本资料和高管团队异质性中年龄、任期、教育背景、职业背景等可以明确表达的信息外，创新绩效和战略导向均使用利克特 5 级量表进行测量。量表中针对创新绩效及战略导向的各维度设计了待回答问题，并请受访者根据其对每个题项内容的同意程度，在每个题项后进行选择。根据研究的目的，采用利克特 5 分值量表，其中 1 分表示非常不同意、2 分表示不同意、3 分表示中立态度、4 分表示同意、5 分表示非常同意，受访者根据自己的认知对量表中具体指标的认同程度进行选择。

4.4.3　变量测度

1. 被解释变量：创新绩效

根据 4.3.5 小节构建的基本概念模型，研究以创新绩效作为被解释变量（因变量）。对于创新绩效的测量，主要根据高层管理人员的主观判断进行衡量。以往研究证明，主观绩效与客观绩效具有较高的相关性（Dess and Robinson，1984），在客观绩效不易获得时，主观绩效的测量则是绩效评价的有效手段（Menguc and Auh，2005；李忆，2009）。因此在以往研究的基础上，采用多题项、多指标对创新绩效进行测度。通过借鉴 Lane 等（2001）、陈琦（2010）等的研究成果，选用 8 个题项来测度创新绩效（表 4.7），并采用利克特 5 级量表对题项进行度量，从 1 到 5 分别表示对该题项的认同程度（从非常不同意到非常同意）。5 个题项分别对应附录 7 第三部分中 C1～C8 题。

表 4.7 变量测度——创新绩效

题项	代表学者
我们公司的投资回报率不断上升	Lane 等，2001；陈琦，2010
我们公司的资产回报率不断上升	
我们公司的专利申请数量不断增加	
来自新产品的销售额不断上升	
来自新产品的利润不断上升	
我们公司新产品的市场占有率不断上升	
我们的新产品开发成功率在同行业中居于领先水平	
公司高管对新产品开发整体绩效比较满意	

2. 解释变量：高管团队异质性

根据研究内容，解释变量为高管团队异质性，分为年龄异质性、任期异质性、教育背景异质性和职业背景异质性四个维度。年龄按高管人员出生年份至 2012 年的时间长短计算；任期时间按高管人员进入公司年份至 2012 年的时间长短计算。在测量连续型的数据，如年龄、时间等时，标准差系数（standard deviation coefficient）是一个比例恒定的测量标准，用标准差除以均值表示。标准差的值越大表示高管团队成员的年龄、任期异质性越高，因而用标准差系数表示年龄异质性和任期异质性。

高管团队教育背景异质性分为教育水平和教育专业两方面，教育水平以学历表示，分为大专及以下、本科、硕士、博士四个层级；教育专业分为科学工程、经济管理、文学艺术、法律、其他（教育学、军事学）五类（熊玮，2010）。职业背景分类主要参考 Tihanyi 等（2000）的分类，将高管团队成员的职业背景划分为：生产制造、研发、金融财会、市场营销、法律、行政管理等六类。具体如表 4.8 所示。高管团队的教育背景异质性和职业背景异质性的测量采用 Herfindahl-Hirschman 系数，参考 Blau（1977）的研究，公式为

$$H = 1 - \sum_{i=1}^{n} P_i^2$$

式中，P_i 是高管团队中第 i 类成员所占百分比；H 值为 0～1，值越大，说明高管团队的异质性程度越高。

表 4.8 高管团队成员教育背景和职业背景的划分

高管团队成员教育水平	高管团队成员教育专业	高管团队成员职业背景
1. 大专及以下	1. 科学工程（理、工、农、医）	1. 生产制造
2. 本科	2. 经济管理（经济学、管理学）	2. 金融财会
3. 硕士	3. 文学艺术（哲学、文学、历史学）	3. 市场营销
4. 博士	4. 法律（法学）	4. 研发
	5. 其他（军事学、教育学）	5. 法律
		6. 行政管理

资料来源：根据熊玮（2010）修改

3. 中介变量：战略导向

战略导向是本章研究模型中的中介变量，分为客户导向、竞争者导向、技术导向和创业导向四个维度。对每个维度分别设计了若干题项，采用利克特5级量表对题项进行度量，从1到5分别表示对该题项的认同程度（从非常不同意到非常同意）。具体如表4.9所示。

表 4.9 变量测度——战略导向

变量	题项	代表学者
客户导向	我们公司的经营目标取决于客户的满意度	Narver 等，2004；Theodosiou 等，2012
	我们密切监督和评估是否兑现了服务于客户需求的承诺	
	我们的竞争优势在于对客户需求的理解	
	我们的经营战略以增加客户价值为目标	
	我们经常评估客户的满意度	
	我们密切关注售后服务	
竞争者导向	在我们的企业里，我们的销售员相互分享竞争对手的信息	Narver 和 Slater，1990；Theodosiou 等，2012
	在我们的企业里，我们倾向于根据竞争对手的行为而采取行动	
	我们可以对竞争对手的行动迅速做出回应	
	我们会定期讨论竞争对手的优势和劣势	
技术导向	我们的组织很乐意采纳技术创新	Hult 等，1998
	我们的产品符合领先的行业标准	
	我们会在新产品的开发中使用最新的技术	
	我们会系统地对行业内外的新技术进行详细调查	
	我们将大部分的利润投入研发	
	我们为新型专利的研发建立了激励机制	
	所有高管将定期参加研发会议	

续表

变量	题项	代表学者
创业导向	我们的战略着重于公司长远的成功	Hoogstra 和 Schanz，2008；Johnson 等，2011a，b
	公司的长期目标优先于短期目标	
	保证长期绩效比满足短期财务目标更重要	
	我们勇于为最大限度的开发机遇付出努力	
	我们会积极地寻求新创意	

4.4.4 数据收集

本章研究发放问卷和收集数据的方式主要有三种，其一，近年来，通过互联网调查系统进行在线调查的方法越来越盛行，本章研究首先通过问卷星提供的在线问卷调查功能，将调查问卷设计成网页形式，被调查者只要点击链接就能进入问卷填写页面，填写后提交便完成了调查，此方式方便快捷。其二，对浙江工业大学往届校友创办的企业进行调查，结合 E-mail、QQ 等形式，完成问卷的发放与回收。其三，请已经工作的同学帮忙，经由他们将问卷递至其所在企业高管手中，填写完成后进行回收。样本主要取自江苏、上海、浙江、广东的小微企业，同时，为保证数据独立性和代表性，每个企业取 3 份，剔除无效问卷后，有效问卷 180 份。

4.4.5 分析方法

1. 描述性统计分析

本章研究主要针对样本企业的基本资料进行描述性统计分析，包括企业年龄、产权性质、员工数量、企业所处成长阶段等，说明各变量的均值、百分比等，描述样本的类别、特性及比例分配情况。

2. 信度与效度分析

信度是指衡量效果的一致性和稳定性（贾怀勤，2006），效度是指测量工具对调查对象属性的差异进行准确测量时的准确程度。信度和效度分析是实证研究的重要环节，只有满足信度和效度要求的实证分析，才具有说服力（李怀祖，2004）。本章研究通过分析求得各问卷与分量表的内部一致性系数克龙巴赫 α 值，以检验各研究变量量表的信度。效度分析则通过 KMO 统计量和巴特利球形检验予以检验。

3. 相关分析

相关分析是测度事物间统计关系的有效工具，旨在考察各种变量之间的相互关系。本章研究以 Pearson 相关分析研究高管团队异质性、战略导向及创新绩效之间的相关性，求出相关系数，以了解它们之间是否有显著相关，并将其作为统计回归分析的基础。

4. 方差分析

方差分析的目的是通过分析找出对该事物有显著影响的因素、各因素之间的交互作用，以及显著影响因素的最佳水平等。方差分析从观测变量的方差入手，研究诸多控制变量中哪些是对观测变量有显著影响的变量。方差分析认为，如果某个观测变量值在某控制变量的各个水平中出现了明显波动，则该控制变量是影响该观测变量的主要因素；反之，则认为该控制变量没有对观测变量产生重要影响。

5. 回归分析

相关分析只能说明变量之间是否存在相关性及相关程度，并不能说明它们之间的因果关系，因此需要通过回归分析来进一步研究变量之间的统计关系。本章研究采用回归分析方法，通过建立回归方程，探讨高管团队异质性与战略导向的因果关系、战略导向与创新绩效的因果关系、高管团队异质性与创新绩效的因果关系。

4.5 实证分析

本节在对回收的样本数据进行信度和效度检验的基础上，运用 SPSS 分析软件和回归分析等定量研究方法，对提出的概念模型和研究假设进行验证，并将统计分析结果与预期假设做进一步的探讨和分析。

4.5.1 描述性分析

1. 样本企业描述性统计分析

本章研究对象主要为浙江省的小微企业，也有来自其他省市，如上海、江苏、福建、广东等地的小微企业。样本企业的描述性统计分析主要涉及企业性质、企业规模、企业年龄及企业所处阶段的分析。具体分析数据见表 4.10～表 4.13。企业性质参考国家统计局的有关分类标准，分为国有或国有控股企业、民营企业、股份制企业、外商独资企业、港澳台企业和其他等六类。

表 4.10　企业性质分布表

企业性质	频数	百分比/%	累积百分比/%
国有或国有控股	3	5.0	5.0
民营	41	68.3	73.3
股份制	6	10.0	83.3
外商独资	3	5.0	88.3
港澳台	4	6.7	95.0
其他	3	5.0	100.0
合计	60	100.0	

表 4.11　企业规模分布表

企业规模	频数	百分比/%	累积百分比/%
＜10 人	3	5.0	5.0
11～50 人	6	10.0	15.0
51～100 人	19	31.7	46.7
101～500 人	21	35.0	81.7
＞500 人	11	18.3	100.0
合计	60	100.0	

表 4.12　企业年龄分布表 1

企业年龄	频数	百分比/%	累积百分比/%
1	1	1.7	1.7
2	2	3.3	5.0
3	2	3.3	8.3
4	8	13.3	21.7
5	4	6.7	28.3
6	3	5.0	33.3
7	9	15.0	48.3
8	8	13.3	61.7
9	7	11.7	73.3
10	5	8.3	81.7
11	2	3.3	85.0
12	1	1.7	86.7

续表

企业年龄	频数	百分比/%	累积百分比/%
13	3	5.0	91.7
14	1	1.7	93.3
15	1	1.7	95.0
16	1	1.7	96.7
17	2	3.3	100.0
合计	60	100.0	

表 4.13　企业年龄分布表 2

企业年龄	频数	百分比/%	累积百分比/%
＜3 年	3	5.0	5.0
3～6 年	17	28.3	33.3
7～10 年	29	48.3	81.6
＞10 年	11	18.4	100.0
合计	60	100.0	

由表 4.10 可知，受调查的小微企业中，有 68.3%是民营企业，其样本数量超过样本总量的一半；其次是股份制企业、港澳台企业、国有或国有控股企业和外商独资企业，其样本数量分别占样本总量的 10.0%、6.7%、5.0%、5.0%。

本章根据企业现拥有的员工人数来划分企业规模，包括＜10 人、11～50 人、51～100 人、101～500 人、＞500 人五个档次。由表 4.11 可知，样本企业中规模在 101～500 人的企业最多，占总量的 35.0%，其次是 51～100 人和＞500 人规模的企业，分别占样本总量的 31.7%、18.3%，规模在 50 人以下的企业占样本总量的 15.0%。根据企业人数统计可知，受调查企业符合本章研究对象是小微企业的特征。

企业年龄以公司首次登记注册的年份距离 2012 年的时间长短来计算，单位为年。由表 4.12、表 4.13 可知，企业年龄从 1 年到 17 年不等，其中，样本企业中，以成立 7 年者为众，占样本总量的 15.0%；其次为成立 4 年和 8 年者，均占样本总量的 13.3%。

将企业发展阶段分为创业、成长、成熟、转型四个阶段。由表 4.14 可知，参与调查的样本企业的发展阶段主要集中在成长阶段和成熟阶段，分别占样本总量的 61.7%、25.0%；处于转型阶段的为 10.0%，处于创业阶段的最少，为 3.3%。

表 4.14　企业发展阶段分布表

企业所处阶段	频数	百分比/%	累积百分比/%
创业	2	3.3	3.3
成长	37	61.7	65.0
成熟	15	25.0	90.0
转型	6	10.0	100.0
合计	60	100.0	

2. 高管人员描述性统计分析

高管人员统计变量包括年龄、任期时间、年龄异质性、任期异质性、教育专业异质性、教育水平异质性、职业背景异质性，统计量包括均值、标准差、最大值和最小值。在本研究中，年龄按高管人员出生年份至 2012 年的时间长短计算；任期时间按高管人员进入公司年份至 2012 年的时间长短计算；教育水平以学历表示，分为大专及以下、本科、硕士、博士四个层级；教育专业分为科学工程、经济管理、文学艺术、法律、其他（包括教育学、军事学）五类。职业背景分类主要参考 Tihanyi 等（2000）的分类，将高管团队成员的职业背景划分为：生产制造、研发、金融财会、市场营销、法律、行政管理等六类。具体数据见表 4.15。

表 4.15　高管人员描述性统计分析表

变量	最小值	最大值	均值 M	标准差 SD	样本数 N
年龄	26	59	41.720	8.567	180
任期时间	1	15	5.260	2.825	180
教育水平	1	4	2.52	0.672	180
教育专业	1	5	1.76	0.752	180
职业背景	1	6	2.84	1.298	180
年龄异质性	0.05	0.39	0.195	0.080	60
任期异质性	0.00	0.93	0.394	0.244	60
教育水平异质性	0.00	0.67	0.394	0.192	60
教育专业异质性	0.00	0.67	0.386	0.199	60
职业背景异质性	0.00	0.67	0.481	0.230	60

由表 4.15 可知，受调查高管人员年龄分布跨度较大，年龄最大者为 59 岁，最小者为 26 岁，均值为 41.720 岁。表 4.16 则显示高管人员年龄多数处在 30 岁至 50 岁，

说明小微企业偏好于中年领导，因为这一年龄段的高管人员有一定能力和经验去应付外部市场环境变化及控制经营风险。同时，年龄的集中也与较低的年龄异质性相符合。

表 4.16　年龄描述性统计分析表

年龄	频数	百分比/%	累积百分比/%
≤30	26	14.4	14.4
31～40	52	28.9	43.3
41～50	69	38.3	81.7
≥51	33	18.3	83.9
合计	180	100.0	

由表 4.15 可知，受调查高管人员任期时间从 1 年到 15 年不等，均值为 5.260 年。表 4.17 则表明任期在 5 年及以下的高管人员占调查总数的 60.0%，任期在 6 年到 10 年的高管人员占 36.1%，而任期在 10 年以上的高管人员则只有总数的 3.9%。这种情况与表 4.15 中较低的任期异质性相契合。

表 4.17　任期时间描述性统计分析表

任期时间	频数	百分比/%	累积百分比/%
1	5	2.8	2.8
2	23	12.8	15.6
3	34	18.9	34.4
4	25	13.9	48.3
5	21	11.7	60.0
6	14	7.8	67.8
7	18	10.0	77.8
8	13	7.2	85.0
9	12	6.7	91.7
10	8	4.4	96.1
11	2	1.1	97.2
12	2	1.1	98.3
13	2	1.1	99.4
15	1	0.6	100.0
合计	180	100.0	

由表 4.18 可知，样本企业高管中 6.1%获得大专及以下学历，40.0%的高管获得本科学历，50.0%的高管获得硕士学位，仅有约 3.9%的高管获得博士学位；表 4.15 显示高管教育水平均值为 2.52，也说明获得学士和硕士学位的高管人员较多，体现出我国小微企业高管人员普遍拥有良好的教育经历，受教育水平较高。同时，这也与较低的教育水平异质性相符合。

表 4.18　教育水平描述性统计分析表

教育水平	频数	百分比/%	累积百分比/%
大专及以下	11	6.1	6.1
本科	72	40.0	46.1
硕士	90	50.0	96.1
博士	7	3.9	100.0
合计	180	100.0	

表 4.19 显示受调查企业高管人员的受教育专业多集中在科学工程与经济管理两大类，分别占样本总量的 37.8%、53.3%，而文学艺术、法律、其他（教育学、军事学）专业的高管人员则仅占总数的 8.9%。这与表 4.15 所显示的较低的教育专业异质性相符合。

表 4.19　教育专业描述性统计分析表

教育专业	频数	百分比/%	累积百分比/%
科学工程	68	37.8	37.8
经济管理	96	53.3	91.1
文学艺术	10	5.6	96.7
法律	4	2.2	98.9
其他（教育学、军事学）	2	1.1	100.0
合计	180	100.0	

表 4.20 显示受调查企业高管人员的职业背景以金融财会最多，占样本数量的 34.4%。其次为生产制造、研发及市场营销领域，各占样本总量的 18.9%、18.9%、18.3%，法律及行政管理领域仅占总量的 9.5%。

表 4.20　职业背景描述性统计分析表

曾任职行业	频数	百分比/%	累积百分比/%
生产制造	34	18.9	18.9
研发	34	18.9	37.8

续表

曾任职行业	频数	百分比/%	累积百分比/%
金融财会	62	34.4	72.2
市场营销	33	18.3	90.6
法律	10	5.6	96.1
行政管理	7	3.9	100.0
合计	180	100.0	

4.5.2　信度与效度分析

1. 信度分析

为了进一步考查问卷的可靠性与有效性，需要对问卷做信度分析。信度本身与测量所得结果正确与否无关，其目的在于检测问卷本身是否稳定、可靠。信度可以衡量出工具（问卷）的可靠度、一致性与稳定性。测验信度越高，表示测验结果越可信。但信度分析结果也并非完全可靠，因为信度除受测验质量影响外，同样也受到受测者因素的影响。因此，信度只是一种程度大小的差别。信度高的问卷是指同样的受测者在接受性质相同、题型相同的各种问卷测量后，在各测量结果间显示出强烈的正相关。

检视信度的方法有很多，如再测法（retest method）、复本相关法（equivalent-forms method）、折半法（split half method）及克龙巴赫 α 系数法，其中最常用的是克龙巴赫 α 系数法。克龙巴赫 α 系数与信度的对照表如表 4.21 所示。

表 4.21　克龙巴赫 α 系数与信度对照表

克龙巴赫 α 系数	问卷信度
克龙巴赫 α 系数<0.3	不可信
0.3≤克龙巴赫 α 系数<0.4	勉强可信
0.4≤克龙巴赫 α 系数<0.5	可信
0.5≤克龙巴赫 α 系数<0.7	很可信（常见）
0.7≤克龙巴赫 α 系数<0.9	很可信（次常见）
0.9≤克龙巴赫 α 系数	十分可信

针对本章研究量表问卷的信度分析，采用克龙巴赫 α 系数法检验量表整体的一致性。由表 4.21 可知，克龙巴赫 α 值越接近 1，信度就越高。利用统计软件 SPSS 对各变量进行信度分析，得到客户导向量表的克龙巴赫 α 值为 0.894、竞争者导向

量表的克龙巴赫 α 值为 0.824、技术导向量表的克龙巴赫 α 值为 0.851、创业导向量表的克龙巴赫 α 值为 0.786，战略导向量表的克龙巴赫 α 值为 0.865，创新绩效量表的克龙巴赫 α 值为 0.935，问卷总体的克龙巴赫 α 值为 0.849，说明各分量表的内部一致性信度可以接受，确保了数据的可靠性。具体数据见表 4.22。

表 4.22　问卷信度表

指标	题项数量	指标克龙巴赫 α 值	问卷克龙巴赫 α 值
客户导向	6	0.894	0.849
竞争者导向	4	0.824	
技术导向	7	0.851	
创业导向	5	0.786	
战略导向	22	0.865	
创新绩效	8	0.935	

2. 效度分析

效度是指测量的有效程度，即测量工具能测出其所要测量特质的程度。简单地说，效度是指一个测验的准确性、有用性。效度是科学的测量工具所必须具备的最重要的条件。常用于调查问卷效度分析的方法主要有以下几种：表面效度（face validity）分析、校标效度（criterion validity）分析、结构效度（construct validity）分析。本章采用结构效度分析方法对问卷效度进行测量。

结构效度是指测量结果体现出来的某种结构与测量值之间的对应程度，包括同质效度、异质效度和语意逻辑效度。结构效度分析所采用的方法是因子分析。用于评价结构效度的主要指标有累积贡献率、共同度和因子负荷量。而 KMO 统计量和巴特利球形检验则可用来判断样本是否适合做因子分析。

KMO 统计量是通过比较各变量间简单相关系数和偏相关系数的大小判断变量间的相关性。巴特利球形检验用于检验相关矩阵是否是单位阵，即各变量是否独立。它是以变量的相关系数矩阵为出发点，且要求对应的显著性概率值小于用户给定的显著性水平。众多学者指出，当 KMO≥0.70，且巴特利球形检验的 χ^2 统计值具有统计意义上的显著性，则可进行因子分析。同时，通过因子分析得到的旋转后的各题项载荷系数若均大于载荷系数参考值 0.5，则可将同一变量的各题项合并为一个因子进行后续分析。

首先对 KMO 统计量和巴特利球形检验结果进行检验，以确认因子分析适合与否。然后采用因子分析法对战略导向和创新绩效两个变量进行效度分析。具体数据见表 4.23。

表 4.23　KMO 统计量与巴特利球形检验结果

变量	KMO 值	KMO 参考值	巴特利球形检验 P 值
客户导向	0.908	≥0.70	0.000
竞争者导向	0.773		0.000
技术导向	0.884		0.000
创业导向	0.807		0.000
战略导向	0.855		0.000
创新绩效	0.815		0.000

由表 4.23 可知，各 KMO 值均大于参考值 0.70，且巴特利球形检验 χ^2 统计值的 P 值均为 0.000，均小于 0.01，在显著性水平 0.01 的情况下具有统计意义上的显著性，说明数据满足因子分析的条件。对战略导向和创新绩效的因子分析均采用主成分分析法，以特征根值大于 1 为标准提取成分因子，并采用最大方差法旋转，具体如下。

1）战略导向效度分析

战略导向测量量表题项包括附录 7 问卷中的 Z11～Z45 题。KMO 统计量与巴特利球形检验结果如表 4.24 所示，KMO 统计量的值为 0.855，说明变量间的共同因素较多，巴特利球形检验结果卡方值为 1748.319，显著性概率为 0.000，说明问卷数据适合做因子分析。

表 4.24　战略导向 KMO 和巴特利球形检验结果

KMO		0.855
巴特利球形检验	χ^2	1748.319
	自由度	231
	显著度	0.000

通过主成分分析，并采用最大方差法进行正交旋转处理后，结果如表 4.25 所示。由表 4.25 可知，战略导向变量可提取的特征根值大于 1 的因子数为 4 个，对总方差的解释能力累积达 60.202%；战略导向四个维度的题项旋转后的因子负荷量最大值为 0.878，最小值为 0.568，均大于负载系数参考值 0.50，说明该指标项的潜变量符合结构效度要求。

表 4.25　战略导向因子分析结果

影响因素	题项描述	因子负荷量（旋转后）			
		1	2	3	4
Z1：客户导向	Z11	0.715	0.101	0.171	0.119
	Z12	0.782	0.127	0.074	0.060
	Z13	0.802	0.044	0.105	0.029
	Z14	0.763	0.141	0.154	−0.038
	Z15	0.831	0.187	0.099	−0.028
	Z16	0.859	0.074	−0.007	−0.008
Z2：竞争者导向	Z21	0.115	0.082	−0.010	0.843
	Z22	0.037	0.054	0.039	0.878
	Z23	−0.062	0.146	0.227	0.743
	Z24	0.009	0.150	0.101	0.704
Z3：技术导向	Z31	0.143	0.645	0.137	0.134
	Z32	−0.026	0.785	0.128	0.117
	Z33	0.001	0.823	0.006	0.000
	Z34	0.076	0.712	0.151	0.078
	Z35	0.159	0.697	0.193	0.122
	Z36	0.247	0.671	0.064	0.109
	Z37	0.161	0.568	0.214	0.020
Z4：创业导向	Z41	0.276	0.140	0.759	−0.091
	Z42	0.099	0.053	0.815	0.107
	Z43	0.105	0.275	0.702	0.089
	Z44	0.094	0.089	0.631	0.077
	Z45	−0.006	0.212	0.583	0.168
整体	旋转后特征根值	4.042	3.768	2.758	2.676
	旋转后总体方差比例/%	18.374	17.128	12.535	12.165
	旋转后累积总体方差比例/%	18.374	35.502	48.037	60.202

2）创新绩效效度分析

创新绩效测量量表题项包括附录 4 问卷中的 C1～C11 题。KMO 统计量与巴特利球形检验结果如表 4.26 所示，KMO 统计量的值为 0.815，说明变量间的共同因素较多，巴特利球形检验结果卡方值为 1622.223，显著性概率为 0.000，说明问卷数据适合做因子分析。

表 4.26　创新绩效 KMO 和巴特利球形检验结果

KMO		0.815
巴特利球形检验	χ^2	1622.223
	自由度	28
	显著度	0.000

主成分分析结果如表 4.27 所示。由表 4.27 可知，创新绩效变量可提取的特征根值大于 1 的因子数为 1 个，对总方差的解释能力累积达 68.870%；题项旋转后的因子负荷量最大值为 0.870，最小值为 0.722，均大于负载系数参考值 0.5，说明该指标项的潜变量符合结构效度要求。

表 4.27　创新绩效因子分析结果

影响因素	题项描述	因子负荷量
		1
C1：客户导向	C11	0.830
	C12	0.722
	C13	0.843
	C14	0.780
	C15	0.863
	C16	0.863
	C17	0.870
	C18	0.857
整体	旋转后特征根值	5.510
	旋转后总体方差比例/%	68.870
	旋转后累积总体方差比例/%	68.870

战略导向、创新绩效的信度和效度检验结果表明，本章研究的模型设计的各测量题项均能较好地满足高信度和高效度的要求，可进行后续的相关性分析及回归分析。

4.5.3　相关性分析

相关性分析是指对两个或多个具备相关性的变量因素进行分析，从而衡量两个变量因素的相关密切程度。相关性分析主要采用 Pearson 简单系数法。Pearson 相关系数用来衡量两个数据集合是否在一条线上面，主要用来衡量定距变量间的线性关系。相关系数的绝对值越大，则相关性越强；相关系数越接近于 0，则相关性越弱。通常情况下，相关系数大于 0.8，说明极强相关；0.6～0.8，说明强相关；0.4～0.6，则中等程度相关；0.2～0.4，则弱相关；0.0～0.2，则说明极弱相关或无相关。本小节利用 Pearson 相关系数对高管团队异质性、战略导向和创新绩效三者的相关性进行衡量。研究变量的相关系数矩阵见表 4.28。

表 4.28　相关性分析

变量	年龄异质性	任期异质性	教育水平异质性	教育专业异质性	职业背景异质性	客户导向	竞争者导向	技术导向	创业导向	创新绩效
年龄异质性	1									
任期异质性	0.314*	1								
教育水平异质性	−0.128	0.140	1							
教育专业异质性	0.007	−0.083	−0.006	1						
职业背景异质性	0.034	0.061	0.065	0.174	1					
客户导向	−0.113	0.052	−0.051	−0.211	−0.048	1				
竞争者导向	−0.116	−0.012	−0.256*	−0.004	−0.151	−0.016	1			
技术导向	0.167	0.233	0.016	0.011	0.014	0.010	0.069	1		
创业导向	0.269*	0.199	0.024	0.179	0.089	0.067	−0.156	0.223	1	
创新绩效	0.258*	0.190	−0.330**	0.225*	0.024	0.515**	0.623**	0.670**	0.494**	1

***$P<0.001$；**$P<0.01$；*$P<0.05$

由表 4.28 可知，高管团队异质性的四个维度中，年龄异质性与创业导向（$r=0.269$，$P<0.05$）和创新绩效（$r=0.258$，$P<0.05$）有显著正相关关系，说明年龄异质性较高的高管团队有利于创业导向的选择与组织创新绩效的提升。教育水平异质性与竞争者导向（$r=-0.256$，$P<0.05$）和创新绩效（$r=-0.330$，$P<0.01$）呈现显著负相关关系，说明高管团队成员教育水平的差异将不利于企业竞争者导向的选择，并降低了企业绩效。任期异质性和职业背景异质性同其他变量维度的关系没有得到验证。

此外，表 4.28 显示战略导向的四个维度分别与创新绩效存在显著的相关关系，并存在 0.01 水平上显著的正相关关系。战略导向与创新绩效的相关性分析结果表明，在企业的战略导向中，客户导向、竞争者导向、技术导向、创业导向均有利于提高企业的创新绩效。

一般来说，同时进入回归方程的不同控制变量和自变量之间的相关系数只要不超过 0.7，就不会产生多重共线性问题（Tsui，1992）。表 4.28 中高管团队异质性各维度之间的相关性系数及战略导向各维度之间的相关性系数均小于0.7，说明数据之间并不存在多重共线性问题，因此可以进行后续分析。

4.5.4 方差分析

本章的研究样本来自不同性质、不同年龄、不同规模及不同发展阶段的企业，为了进一步确定不同特征的样本在观测变量上的表现是否相同，用方差分析中的单因素方差分析的方法对所有样本进行分析。单因素方差分析是用来研究某一个控制变量的不同水平是否会对观测变量产生显著影响。此处的控制变量为企业性质、企业规模、企业年龄和企业所处阶段，观测变量为高管团队异质性、战略导向和创新绩效。

1. 不同企业性质的方差分析

本章将样本企业的性质分为国有或国有控股企业、民营企业、股份制企业、外商独资企业、港澳台企业和其他等六类。具体方差分析数据见表4.29。由表4.29可知，在企业性质的作用下，不同性质的企业在教育专业异质性上的差异是显著的，达到0.05的显著性水平，在竞争者导向、技术导向、创新绩效上的差异则达到0.01的显著性水平。

表4.29 基于不同企业性质的方差分析

变量	变差	平方和	自由度	均方	*F*值	显著性
年龄异质性	组间	0.018	5	0.004	1.533	0.350
	组内	0.364	54	0.007		
	总数	0.381	59			
任期异质性	组间	0.305	5	0.061	1.028	0.410
	组内	3.198	54	0.059		
	总数	3.503	59			
教育水平异质性	组间	0.095	5	0.019	1.495	0.379
	组内	2.081	54	0.039		
	总数	2.177	59			
教育专业异质性	组间	0.469	5	0.094	2.726	0.029
	组内	1.857	54	0.034		
	总数	2.326	59			
职业背景异质性	组间	0.392	5	0.078	1.551	0.190
	组内	20.147	54	0.373		
	总数	22.776	59			

续表

变量	变差	平方和	自由度	均方	F值	显著性
竞争者导向	组间	2.975	5	0.595	1.649	0.003
	组内	19.481	54	0.361		
	总数	22.456	59			
技术导向	组间	2.629	5	0.526	1.409	0.001
	组内	20.147	54	0.373		
	总数	22.776	59			
创业导向	组间	3.644	5	0.729	2.100	0.018
	组内	18.742	54	0.347		
	总数	22.386	59			
创新绩效	组间	2.362	5	0.472	1.250	0.000
	组内	20.414	54	0.378		
	总数	22.776	59			

2. 不同企业年龄的方差分析

本章将企业年龄分为<3 年、3～6 年、7～10 年、>10 年四个层次。具体方差分析数据见表 4.30。由表 4.30 可知，在企业年龄的作用下，不同年龄的企业在客户导向、竞争者导向、技术导向、创新绩效上的差异是显著的，达到 0.05 的显著性水平，任期异质性、创业导向的差异则达到 0.01 的显著性水平。

表 4.30　基于不同企业年龄的方差分析

变量	变差	平方和	自由度	均方	F值	显著性
年龄异质性	组间	0.029	3	0.010	1.554	0.211
	组内	0.352	56	0.006		
	总数	0.381	59			
任期异质性	组间	0.935	3	0.312	6.801	0.001
	组内	2.567	56	0.046		
	总数	3.503	59			
教育水平异质性	组间	0.064	3	0.021	1.570	0.637
	组内	2.112	56	0.038		
	总数	2.177	59			

续表

变量	变差	平方和	自由度	均方	F值	显著性
教育专业异质性	组间	0.280	3	0.093	2.551	0.065
	组内	2.046	56	0.037		
	总数	2.326	59			
职业背景异质性	组间	0.166	3	0.055	1.046	0.379
	组内	2.955	56	0.053		
	总数	3.121	59			
客户导向	组间	3.232	3	1.077	3.087	0.034
	组内	19.544	56	0.349		
	总数	22.776	59			
竞争者导向	组间	3.216	3	1.072	3.120	0.033
	组内	19.240	56	0.344		
	总数	22.456	59			
技术导向	组间	3.232	3	1.077	3.087	0.034
	组内	19.544	56	0.349		
	总数	22.776	59			
创业导向	组间	4.271	3	1.424	4.401	0.008
	组内	18.115	56	0.323		
	总数	22.386	59			
创新绩效	组间	3.126	3	1.042	2.970	0.039
	组内	19.650	56	0.351		
	总数	22.776	59			

3. 不同企业规模的方差分析

本章以企业人数代表企业规模，分为<10人、11～50人、51～100人、101～500人、>500人五个层次。具体方差分析数据见表4.31。由表4.31可知，在企业规模的作用下，不同规模的企业在客户导向、技术导向、创业导向、创新绩效上的差异是显著的，达到0.05的显著性水平，任期异质性则在0.01的显著性水平上显著。

表 4.31　基于不同企业规模的方差分析

变量	变差	平方和	自由度	均方	*F* 值	显著性
年龄异质性	组间	0.015	4	0.004	1.580	0.278
	组内	0.366	55	0.007		
	总数	0.381	59			
任期异质性	组间	1.097	4	0.274	6.269	0.000
	组内	2.406	55	0.044		
	总数	3.503	59			
教育水平异质性	组间	0.152	4	0.038	1.033	0.398
	组内	2.024	55	0.037		
	总数	2.177	59			
教育专业异质性	组间	0.222	4	0.056	1.454	0.229
	组内	2.104	55	0.038		
	总数	2.326	59			
职业背景异质性	组间	0.313	4	0.078	1.532	0.206
	组内	2.808	55	0.051		
	总数	3.121	59			
客户导向	组间	3.788	4	0.947	2.743	0.037
	组内	18.988	55	0.345		
	总数	22.776	59			
竞争者导向	组间	3.479	4	0.870	2.520	0.051
	组内	18.977	55	0.345		
	总数	22.456	59			
技术导向	组间	3.788	4	0.947	2.743	0.037
	组内	18.988	55	0.345		
	总数	22.776	59			
创业导向	组间	4.314	4	1.078	3.282	0.017
	组内	18.072	55	0.329		
	总数	22.386	59			
创新绩效	组间	4.002	4	1.001	2.931	0.029
	组内	18.774	55	0.341		
	总数	22.776	59			

4. 不同企业发展阶段的方差分析

本章将企业发展阶段分为创业、成长、成熟、转型四个阶段。具体方差分析数据见表4.32。由表4.32可知，在企业发展阶段的作用下，不同发展阶段的企业在教育专业异质性、任期异质性、创业导向上的差异均达到显著水平。

表4.32 基于企业所处不同阶段的方差分析

变量	变差	平方和	自由度	均方	*F*值	显著性
年龄异质性	组间	0.013	3	0.004	1.678	0.269
	组内	0.368	56	0.007		
	总数	0.381	59			
任期异质性	组间	0.572	3	0.191	3.641	0.018
	组内	2.931	56	0.052		
	总数	3.503	59			
教育水平异质性	组间	0.180	3	0.060	1.686	0.180
	组内	1.996	56	0.036		
	总数	2.177	59			
教育专业异质性	组间	0.340	3	0.113	3.199	0.030
	组内	1.986	56	0.035		
	总数	2.326	59			
职业背景异质性	组间	0.175	3	0.058	1.108	0.354
	组内	2.946	56	0.053		
	总数	3.121	59			
客户导向	组间	1.170	3	0.390	1.010	0.102
	组内	21.606	56	0.386		
	总数	22.776	59			
竞争者导向	组间	1.170	3	.390	1.026	0.388
	组内	21.286	56	0.380		
	总数	22.456	59			
技术导向	组间	1.170	3	0.390	1.010	0.395
	组内	21.606	56	0.386		
	总数	22.776	59			

续表

变量	变差	平方和	自由度	均方	F 值	显著性
创业导向	组间	2.010	3	0.670	1.842	0.098
	组内	20.376	56	0.364		
	总数	22.386	59			
创新绩效	组间	1.305	3	0.435	1.135	0.343
	组内	21.471	56	0.383		
	总数	22.776	59			

4.5.5 回归分析

相关性分析的目的在于表明变量间相关关系的密切程度，只能说明变量之间有关联性，至于是否具有因果关系，则需要利用回归分析来检测，回归分析的目的是进一步探寻变量之间的预测作用。本章利用 SPSS 软件，采用分层回归的方法分析变量间的因果关系。回归采用 Enter 的办法，并在分析中汇报各模型回归方程的 R^2、F 值、标准化回归系数、回归系数的 Sig.值。R^2 称为判定系数，反映了回归效果的好坏，数值越接近于 1 越好；回归效果的 F 检验，F 值越大越好；Sig.值反映了自变量与因变量之间的显著性程度，以 0.05 为界，越小越好。

由回归结果可知，模型的 F 值都是显著的，说明回归模型都是显著的。并且调整后的拟合优度（调整后的 R^2）均介于 0.060～0.188，也能满足研究需要。具体分析数据见表 4.33～表 4.36。

表 4.33　高管团队异质性对创新绩效的回归分析

变量		因变量：创新绩效	
		模型 1 β 值	Sig.值
控制变量	企业性质	0.127	0.149
	企业年龄	–0.087	0.221
	企业规模	0.140	0.042
	企业发展阶段	0.219	0.015
自变量	职业背景异质性	0.224	0.731
	年龄异质性	0.182**	0.038
	任期异质性	0.111	0.102
	教育水平异质性	0.185**	0.008
	教育专业异质性	0.356***	0.000

续表

变量	因变量：创新绩效	
	模型 1 β 值	Sig.值
模型 R^2	0.380	
调整后的 R^2	0.340	
F 值	9.401	

***P<0.001；**P<0.01；*P<0.05

表 4.34　高管团队异质性对战略导向的回归分析

变量		中介变量：战略导向			
		模型 2 客户导向 β 值	模型 3 竞争者导向 β 值	模型 4 技术导向 β 值	模型 5 创业导向 β 值
控制变量	企业性质	0.109	0.140	−0.013	−0.172
	企业年龄	0.084	−0.001	−0.057	−0.115
	企业规模	−0.041	−0.066	0.047	0.059
	企业发展阶段	−0.170	0.178	−0.052	0.372
自变量	年龄异质性	0.015	0.108	0.185*	−0.052
	任期异质性	0.040	0.239***	0.207**	0.171*
	教育水平异质性	−0.019	0.193**	0.123	−0.031
	教育专业异质性	0.840***	0.269***	0.276***	0.019
	职业背景异质性	−0.066	0.067	0.167*	0.035
模型 R^2		0.207	0.295	0.196	0.238
调整后的 R^2		0.148	0.249	0.144	0.182
F 值		5.830	6.426	3.749	4.460

***P<0.001；**P<0.01；*P<0.05

表 4.35　高管团队异质性对创新绩效的回归分析

变量		因变量：创新绩效	
		模型 6 β 值	Sig.值
控制变量	企业性质	0.071	0.238
	企业年龄	−0.070	0.442
	企业规模	0.147	0.025
	企业发展阶段	0.191	0.076
自变量	客户导向	0.122*	0.044
	竞争者导向	0.344***	0.000

续表

变量		因变量：创新绩效	
		模型 6 β 值	Sig.值
自变量	技术导向	0.306***	0.000
	创业导向	0.198*	0.041
模型 R^2		0.461	
调整后的 R^2		0.430	
F 值		14.861	

***P<0.001；**P<0.01；*P<0.05

表 4.36 战略导向的中介作用回归分析

变量		因变量：创新绩效				
		模型 1 β 值	模型 7 β 值	模型 8 β 值	模型 9 β 值	模型 10 β 值
控制变量	企业性质	0.127	0.128	0.097	0.129	0.136
	企业年龄	−0.087	−0.085	−0.086	−0.075	−0.081
	企业规模	0.140	0.139	0.153	0.130	0.137
	企业发展阶段	0.219	0.217	0.182	0.230	0.200
自变量	年龄异质性	0.182**	0.143*	0.134*	0.104	0.145*
	任期异质性	0.111	0.112	0.061	0.069	0.102
	教育水平异质性	0.185**	0.185**	0.144*	0.160*	0.137*
	教育专业异质性	0.356***	0.267**	0.299***	0.299***	0.255**
	职业背景异质性	0.224	0.023	0.010	−0.011	0.022
中介变量	客户导向		−0.013			
	竞争者导向			0.211**		
	技术导向				0.206**	
	创业导向					0.152*
模型 R^2		0.380	0.380	0.411	0.414	0.382
调整后的 R^2		0.340	0.335	0.369	0.371	0.337
F 值		9.401	8.401	9.579	9.681	8.483

***P<0.001；**P<0.01；*P<0.05

1. 高管团队异质性对创新绩效的回归分析

以企业性质、企业年龄、企业规模和企业发展阶段为控制变量，以高管团队异质性的四个维度（年龄异质性、任期异质性、教育背景异质性和职业背景异质性）为自变量，以创新绩效为因变量，建立模型 1，并进行回归分析，具体数据见表 4.33。

由表 4.33 可知，模型 1 通过 F 检验，F=9.401，P<0.001，说明所构建的模型有效。高管团队年龄异质性（β = 0.182，P<0.01）与创新绩效在 0.01 的水平上显著正相关，与假设 H1 相反；高管团队教育水平异质性与创新绩效在 0.01 的水平上显著相关（β = 0.185，P<0.01），教育专业异质性与创新绩效在 0.001 的水平上显著正相关（β = 0.356，P<0.001），假设 H3a、H3b 得到支持；高管团队任期异质性和职业背景异质性与创新绩效的关系方向与假设相同，但没有通过显著性检验，因此，假设 H2、H4 没有得到支持。

2. 高管团队异质性对战略导向的回归分析

以企业性质、企业年龄、企业规模和企业发展阶段为控制变量，以高管团队异质性的四个维度（年龄异质性、任期异质性、教育背景异质性和职业背景异质性为自变量），以战略导向的四个维度客户导向、竞争者导向、技术导向、创业导向为因变量，分别建立模型 2、模型 3、模型 4、模型 5，并进行回归分析，具体数据见表 4.34。

由表 4.34 可知，四个模型均通过 F 检验，说明所构建的模型有效。其中，由客户导向的回归分析可知，只有教育专业异质性与客户导向在 0.001 的水平上显著相关（β = 0.840，P<0.001），假设 H5d 得到验证；其他异质性维度与客户导向的关系则不显著，假设 H5a、H5b、H5c、H5e 没有得到支持。

由竞争者导向的回归分析可知，任期异质性、教育专业异质性均与竞争者导向在 0.001 的水平上显著负相关（回归系数分别为 0.239、0.269，P<0.001），教育水平异质性与竞争者导向在 0.01 的水平上显著负相关（β = 0. 193，P<0.01），这与假设 H6b、H6c、H6d 相符合。年龄异质性和职业背景异质性与竞争者导向的关系则没有得到支持，假设 H6a、H6e 没有得到验证。

由技术导向的回归分析可知，年龄异质性、职业背景异质性与技术导向在 0.05 的水平上显著正相关（回归系数分别为 0.185、0.167，P<0.05），假设 H7a、H7e 得到验证。任期异质性与技术导向在 0.01 的水平上显著正相关（β = 0.207，P<0.01），假设 H7b 得到验证。教育专业异质性与创新绩效在 0.001 的水平上显著正相关（β = 0.276，P<0.001），假设 H7d 得到验证。教育水平异质性与创新绩效的关系方向虽与假设相同，但没有通过显著性检验，因此，假设 H7c 没有得到验证。

由创业导向的回归分析可知，任期异质性与创业导向在 0.05 的水平上显著正相关（β = 0.171，P<0.05），假设 H8b 得到验证，假设 H8a、H8c、H8d、H8e 均没有得到支持。

3. 战略导向对创新绩效的回归分析

以企业性质、企业年龄、企业规模和企业发展阶段为控制变量，以战略导向的四个维度（客户导向、竞争者导向、技术导向、创业导向）为自变量，以创新绩效为因变量，建立模型 6，并进行回归分析，具体数据见表 4.35。

由表 4.35 可知，模型 6 通过 F 检验，$F=14.861$，$P<0.001$，说明所构建的模型有效。由表 4.35 可知，战略导向的四个维度均与创新绩效显著正相关。其中，竞争者导向、技术导向均与创新绩效在 0.001 的水平上显著正相关（回归系数分别为 0.344、0.306，$P<0.001$），客户导向与创业导向则与创新绩效在 0.05 的水平上显著正相关（回归系数分别为 0.122、0.198，$P<0.05$），假设 H9、H11、H12 得到验证，假设 H10 没有得到验证。

4. 战略导向的中介作用分析

以企业性质、企业年龄、企业规模和企业发展阶段为控制变量，以高管团队异质性的四个维度（年龄异质性、任期异质性、教育背景异质性和职业背景异质性）为自变量，以战略导向的四个维度（客户导向、竞争者导向、技术导向、创业导向）为中介变量，以创新绩效为因变量，建立模型 7～模型 10，并进行回归分析，具体数据见表 4.36。

首先，检验自变量对因变量的回归系数是否显著，即高管团队异质性对创新绩效的回归。由表 4.36 可知，高管团队异质性的四个维度中，年龄异质性、教育背景异质性对创新绩效的回归系数均显著。

其次，检验自变量对中介变量、中介变量对因变量的回归系数是否显著。由表 4.34 并剔除第一步中回归系数不显著的职业背景异质性维度可知，高管团队异质性对战略导向的回归中，教育专业异质性对客户导向回归显著；任期异质性、教育水平异质性和教育专业异质性对竞争者导向回归显著；年龄异质性、任期异质性、教育专业异质性对技术导向回归显著；任期异质性对创业导向回归显著。由表 4.35 可知，战略导向四个维度对创新绩效的回归均显著。

最后，检验中介变量对高管团队异质性与创新绩效关系的中介回归是否显著。由表 4.36 可知，竞争者导向、技术导向、创业导向对高管团队异质性与创新绩效关系的中介作用回归系数均显著。其中，模型 8 显示，在竞争者导向对高管团队异质性与创新绩效关系的回归中，年龄异质性、教育水平异质性和教育专业异质性对创新绩效的回归系数下降，但仍达到显著性水平，说明竞争者导向在年龄异质性、教育水平异质性和教育专业异质性对创新绩效的关系中起部分中介作用，假设 H14a、H14c、H14d 得到支持。模型 9 显示，在技术导向对高管团队异质性与创新绩效关系的回归中，教育水平异质性和教育专业异质性对创新绩效的回归系数下降，但仍达到显著性水平，说明技术导向在教育水平异质性和教育专业异质性对创新绩效的关系中起部分中介作用，假设 H15c、H15d 得到验证。模型 10 显示，在创业导向对高管团队异质性与创新绩效关系的回归中，年龄异质性、教育水平异质性和教育专业异质性对创新绩效的回归系数下降，但仍达到显著性水平，说明创业导向在年龄异质性、教育水平异质性和教育专业异质性对创新绩效的关系中起部分中介作用，假设 H16a、H16c、H16d 得到支持。

4.5.6 结果讨论

研究共有 49 个假设，其中 22 个获得支持，27 个未获得支持，具体数据见表 4.37。

表 4.37　假设检验结果

假设	检验结果
H1：高管团队年龄异质性与创新绩效负相关	不支持
H2：高管团队任期异质性与创新绩效正相关	不支持
H3a：高管团队教育水平异质性与创新绩效正相关	支持
H3b：高管团队教育专业异质性与创新绩效正相关	支持
H4：高管团队职业背景异质性与创新绩效正相关	不支持
H5a：高管团队年龄异质性与客户导向负相关	不支持
H5b：高管团队任期异质性与客户导向负相关	不支持
H5c：高管团队教育水平异质性与客户导向正相关	不支持
H5d：高管团队教育专业异质性与客户导向正相关	支持
H5e：高管团队职业背景异质性与客户导向负相关	不支持
H6a：高管团队年龄异质性与竞争者导向负相关	不支持
H6b：高管团队任期异质性与竞争者导向正相关	支持
H6c：高管团队教育水平异质性与竞争者导向正相关	支持
H6d：高管团队教育专业异质性与竞争者导向正相关	支持
H6e：高管团队职业背景异质性与竞争者导向负相关	不支持
H7a：高管团队年龄异质性与技术导向正相关	支持
H7b：高管团队任期异质性与技术导向正相关	支持
H7c：高管团队教育水平异质性与技术导向正相关	不支持
H7d：高管团队教育专业异质性与技术导向正相关	支持
H7e：高管团队职业背景异质性与技术导向正相关	支持
H8a：高管团队年龄异质性与创业导向正相关	不支持

续表

假设	检验结果
H8b：高管团队任期异质性与创业导向正相关	支持
H8c：高管团队教育水平异质性与创业导向正相关	不支持
H8d：高管团队教育专业异质性与创业导向正相关	不支持
H8e：高管团队职业背景异质性与创业导向正相关	不支持
H9：客户导向与创新绩效正相关	支持
H10：竞争者导向与创新绩效负相关	不支持
H11：技术导向与创新绩效正相关	支持
H12：创业导向与创新绩效正相关	支持
H13a：客户导向对年龄异质性与创新绩效的关系起中介作用	不支持
H13b：客户导向对任期异质性与创新绩效的关系起中介作用	不支持
H13c：客户导向对教育水平异质性与创新绩效的关系起中介作用	不支持
H13d：客户导向对教育专业异质性与创新绩效的关系起中介作用	不支持
H13e：客户导向对职业背景异质性与创新绩效的关系起中介作用	不支持
H14a：竞争者导向对年龄异质性与创新绩效的关系起中介作用	支持
H14b：竞争者导向对任期团队异质性与创新绩效的关系起中介作用	不支持
H14c：竞争者导向对教育水平异质性与创新绩效的关系起中介作用	支持
H14d：竞争者导向对教育专业异质性与创新绩效的关系起中介作用	支持
H14e：竞争者导向对职业背景异质性与创新绩效的关系起中介作用	不支持
H15a：技术导向对年龄异质性与创新绩效的关系起中介作用	不支持
H15b：技术导向对任期异质性与创新绩效的关系起中介作用	不支持
H15c：技术导向对教育水平异质性与创新绩效的关系起中介作用	支持
H15d：技术导向对教育专业异质性与创新绩效的关系起中介作用	支持
H15e：技术导向对职业背景异质性与创新绩效的关系起中介作用	不支持
H16a：创业导向对年龄异质性与创新绩效的关系起中介作用	支持
H16b：创业导向对任期异质性与创新绩效的关系起中介作用	不支持
H16c：创业导向对教育水平异质性与创新绩效的关系起中介作用	支持
H16d：创业导向对教育专业异质性与创新绩效的关系起中介作用	支持
H16e：创业导向对职业背景异质性与创新绩效的关系起中介作用	不支持

本章研究的主要目的在于探讨我国小微企业高管团队异质性对企业创新绩效的影响。在研究中，除了直接对高管团队异质性与企业创新绩效关系进行研究以外，还引入了战略导向作为中介变量予以研究。研究结果与已有研究成果既有相

同之处，也有矛盾的方面，战略导向在高管团队异质性和创新绩效关系中的中介效应也在不同程度上影响了两者的关系。下面对研究结果加以讨论。

1. 高管团队异质性与创新绩效

本章关于高管团队异质性与创新绩效关系的研究假设共 5 个，其中教育水平异质性、教育专业异质性与创新绩效正相关的假设得到验证，年龄异质性、任期异质性及职业背景异质性与创新绩效关系的假设没有得到验证。

教育水平异质性与教育专业异质性是教育背景异质性的两个方面，前者简单说是学历的不同，后者是所学专业的差异。本章实证结果表明，高管团队成员间的教育背景异质性有利于企业创新绩效的提升，原因可能在于，一方面，教育水平和教育专业的异质性为高管团队提供了多元的信息及对现象深层次、多元化的理解，提高了企业对外部环境及自身的认知，有利于企业从多个角度对市场环境进行分析和理解，有利于企业更好地把握未来的发展方向（马富萍和郭晓川，2010）；另一方面，教育水平和教育专业的异质性使得成员间的知识结构、思维模式不同，因而提供了对技术发展趋势的多元化理解和把握（张平，2006a，b），有利于企业技术创新的开展，从而对企业创新绩效的提升提供了保障。

值得一提的是，本章假设年龄异质性与创新绩效负相关，而实证研究结果则显示二者的正相关关系，说明在小微企业高管团队中，成员的年龄异质性越高，则越有利于创新绩效的提升。原因可能在于，年龄差异较大的管理人员之间，由于成长环境及所受教育的不同，在价值观及认知模式方面会存在较大的差异，从而在面对市场环境的复杂变化时，团队成员不会因循守旧，而是勇于创新（马富萍和郭晓川，2010）。由此看来，在组建公司高管团队时，应充分关注并考虑成员间的年龄异质性程度（陈忠卫和常极，2009）。

任期异质性和职业背景异质性与创新绩效的关系虽与假设方向相同，但并没有得到显著性的支持，因此不予支持，原因可能在于调查样本的选择方面，一是可能由于调研企业的成立年数普遍较少，成员的任期时间长短比较集中，成员间的任期异质性并没有得到显现；二是可能样本企业的所处行业和地域比较集中，因而高管成员的职业背景也比较相似，从而降低了团队的职业背景异质性效应。

2. 高管团队异质性与战略导向

本章关于高管团队异质性与战略导向关系的研究假设共 20 个，其中 9 个得到验证。

（1）在高管团队异质性与客户导向的假设中，只有教育专业异质性与客户导向正相关的假设得到验证，其他假设没有得到支持。原因可能在于，高管团队成员的教育专业不同，影响了成员的知识结构及其看待市场需求的角度和侧重点，使得成员对客户的需求有了不同的理解和解释，对于企业来说则在一定程度上加强了对客户导向的关注和选择。

（2）对高管团队异质性与竞争者导向的关系研究发现，任期异质性、教育水平异质性和教育专业异质性均有利于企业对竞争者导向的选择，原因可能在于，成员的任期、教育水平和教育专业的不同，影响了其看待企业所面临的外部竞争环境和自身竞争优劣势的角度，这在一定程度上也引导着企业对外部竞争环境的关注，尤其是对竞争者的关注。

（3）对高管团队异质性与技术导向的关系研究发现，除去教育水平异质性与技术导向正相关的假设没有得到支持外，其他四个假设均得到支持，即高管团队年龄、任期、教育背景和职业背景的异质性均有利于企业对于技术导向的选择，原因可能在于，成员的年龄、任期、教育背景和职业背景的异质性使得团队成员对技术发展趋势及企业的未来目标有了不同的理解，提供了对技术发展趋势的多元化理解和把握，有利于企业对技术创新的选择。

（4）对高管团队异质性与创业导向的关系研究发现，只有任期异质性与企业的创业导向正相关，原因可能在于，任期异质性较高的团队，成员进入企业的阶段不同，对企业发展的目标和方向也有不同的理解；任期异质性越高，成员对于企业短期目标的关注越低，越多地关注企业未来的成长，因此对于创业导向的选择也就越强。

3. 战略导向与创新绩效

关于战略导向与创新绩效关系的研究假设共 4 个，其中 3 个得到支持，即客户导向、技术导向、创业导向均与企业创新绩效正相关，而竞争者导向与创新绩效负相关的假设并没有成立。

客户导向关注客户，以满足顾客需求、增加顾客价值为企业经营出发点，特别注重对顾客消费能力、消费偏好及消费行为的调查分析，重视新产品开发和营销手段的创新（Yang and Paranjape，2011），以动态地适应顾客的需求。客户导向使得企业更好地服务于他们的客户，尤其在新产品开发中，关注于客户的需求可以使得企业领先于竞争对手而获得市场优势，因此可以使企业的创新绩效有效提升。

技术导向倾向于通过开发和采用新技术以实现产品差异化和成本优势（Gatignon and Xuereb，1997）。技术导向认为，通过引入新的技术方案，创新产品和服务，或者改革生产流程，可以创造出更好的客户价值和获得企业的长远发展（Gatignon and Xuereb，1997；Martijn and Grinstein，2008）。

在当前市场破坏性变革的时代，相较于基于当前客户需要的新产品开发而言，对新技术的投资则被视为能更好地保障企业的生存。因此，技术导向被认为是提高企业和产品绩效的重要策略。

创业导向则表现为一种时间观，它关注于企业的未来而非现在，着重于在未来一段时间内建立可持续的竞争优势而不仅仅是当下的季度财务预期（Johnson et al.，2011a，b）。创业导向青睐于采纳和利用新技术、新观念、新的生产流程，乐于产品创新和抓住市场机会，倾向于经历创业风险（陶祁和王重鸣，2006），追求企业的创新，不论是技术创新还是管理创新，抑或是生产流程的创新等。可以看出，不论是客户导向、技术导向，还是创业导向，创新是主要途径和手段，关注的也是创新绩效的提升。

值得关注的是，本章假设竞争者导向和创新绩效负相关，而实证分析结果却与此相反。企业对于竞争对手的关注，虽然一方面使得企业倾向于模仿竞争对手的产品，跟随竞争对手的行动，但更重要的是，对竞争者的关注使得企业可以更加集中地针对特定产品做出创新，这对于企业创新绩效的提升无疑是有效的。

4. 战略导向的中介作用

根据现有的研究成果可知，高管团队异质性和创新绩效之间的关系存在着不确定性，究其原因，不仅在于市场环境及企业主体自身的不同，也在于存在影响二者关系的中介变量或调节变量。本书作者认为企业的战略导向是高管团队异质性和创新绩效的中介变量，而不同于已有的研究，将战略仅仅作为一种调节变量。依据 Hambrick 和 Mason（1984）的高层梯队理论的观点，高管团队特征-战略导向-企业创新绩效的顺序更符合企业的实际情况（苏丹，2011），也更加符合从认知到行为再到结果的逻辑关系。

本章的研究在国内外相关理论和研究的基础上，从战略选择的角度来分析企业战略，并将其分为客户导向、竞争者导向、技术导向和创业导向四个维度。实证分析表明，战略导向在高管团队异质性与创新绩效之间起到了一定的中介效应，即竞争者导向分别在年龄异质性、教育水平异质性和教育专业异质性与创新绩效的关系中起中介作用，提高了企业创新绩效；技术导向分别在教育水平异质性和教育专业异质性与创新绩效的关系中起中介作用，提高了创新绩效；创业导向分别在年龄异质性、教育水平异质性和教育专业异质性与创新绩效的关系中起中介作用，提高了创新绩效。

4.6　结论与展望

本章研究的目的是探讨我国小微企业的高管团队异质性与企业创新绩效的关系，并引入战略导向作为中介变量，探究高管团队异质性对创新绩效的作用机制，以及高管人员在企业战略决策过程中的影响。通过研究分析，得出了一些有价值的结论，下面将对这些结论进行分析和讨论。

4.6.1 研究结论

本章在已有相关研究的基础上，对高管团队异质性与创新绩效之间的作用机制进行了探讨，引入中介变量——战略导向，构建了新的研究模型，并以我国小微企业为样本进行实证研究，得出了一些有价值的研究结论，主要体现在以下几个方面。

（1）对高管团队异质性与创新绩效之间的关系做了理论综述和实证研究，对小微企业中高管团队异质性与创新绩效的关系得出了与已有研究不同的结论。研究发现，高管团队教育水平异质性、教育专业异质性与创新绩效正相关，任期异质性和职业背景异质性与创新绩效则无明显关系。

（2）对战略导向与创新绩效之间的关系做了理论综述和实证研究，发现战略导向的四个维度（客户导向、竞争者导向、技术导向和创业导向）均与创新绩效正相关。

（3）对高管团队异质性与战略导向的关系做了理论综述和实证研究，发现教育专业异质性与客户导向正相关；任期异质性、教育水平异质性和教育专业异质性均与竞争者导向正相关；年龄异质性和职业背景异质性均与技术导向正相关；任期异质性与企业的创业导向正相关。

（4）首次引入战略导向作为高管团队异质性和创新绩效关系的中介变量，并通过实证分析得出了相关结论。研究发现，战略导向在高管团队异质性与创新绩效之间起到了一定的中介效应，即竞争者导向分别在年龄异质性、教育水平异质性和教育专业异质性与创新绩效的关系中起中介作用，提高了企业创新绩效；技术导向分别在教育水平异质性和教育专业异质性与创新绩效的关系中起中介作用，提高了创新绩效；创业导向分别在年龄异质性、教育水平异质性和教育专业异质性与创新绩效的关系中起中介作用，提高了创新绩效。

4.6.2 研究启示

本章以我国的小微企业为研究对象，通过实证研究高管团队异质性、战略导向和创新绩效的相互关系与作用机制，以及不同特征的企业在这些方面的不同表现，得出了一些有价值的研究结论，对于小微企业合理配置高管团队，以及如何更好地鼓励和推动创新，提升企业创新绩效，具有一定的指导意义，建议如下。

（1）应重视企业高管团队的建设。相较于大型企业，小微企业成立时间较短，企业内部体制并不十分完善，尤其是在高管团队的建设上。构建成员任期结构、教育背景、职业背景合理和有效的高管团队，对于提升高管团队的战略决策水平和决策效果，进而对于帮助企业获得持续的竞争优势和良好的企业绩效具有十分积极的作用。具体言之，相对于改善高管团队的任期结构，公司更应该考虑改善高管团队中成员的教育水平和教育专业结构，因为后者的改善及合理配置更容易使企业获得创新绩效的提升。

（2）过度同质化的高管配置也不利于集体智慧的发挥，也无助于提升团队的决策质量，因此，在条件允许的情况下，应该着重构建和平衡具有合理的年龄、任期、教育背景和职业经验结构的高管团队，以提升团队的决策质量。应该着重吸纳具有不同教育背景和文化结构的人员到高管团队中来，因为不同教育水平和教育背景的人员结构可以使团队在做决策的时候考虑到更全面的情况，实现各成员专业知识的充分互补和融合，提升团队的决策水平。

（3）企业的性质、规模、所处阶段不同，在高管团队异质性、战略导向和创新绩效的表现上就会有所不同。不同类型的企业应客观地了解自身性质、规模等因素，通过完善企业内部机制、培养良好的企业文化，并借鉴创新表现突出的企业的经验。尤其是对于小微企业来说，自身的财力、物力等资源的短缺是创新的阻碍，但内部组织架构、各类人员的配置比例、各部门的分工和合作、团队的建设等才是创新关键，企业可以通过优化其内部的人员组织结构，最优配置企业所拥有的资源，充分发挥资源的最大效用，以求较高的创新绩效。

4.6.3 创新之处

本章在研究对象、内容上有以下创新。

（1）在研究对象上有新的关注，先前的相关研究主要针对成熟的市场经济国家的大型企业，本章的研究对象则定位于中国小微企业。中国小微企业数量众多，是我国经济发展的生力军，其发展速度和发展水平直接关系到我国经济总体的发展速度和水平，因此针对小微企业的研究则显得更加有意义。此外，处于转型经济中的小微企业行为明显不同于成熟经济中的企业行为，其高管团队的构成、运作过程及对于企业创新绩效所发挥的作用也不尽相同。

（2）在研究内容上，先前的相关研究主要集中于高管团队异质性与企业绩效（包括创新绩效）的关系、战略导向与企业绩效的关系，而对于高管团队异质性与战略导向之间关系的研究则少之又少。本章在总结前人研究经验和缺陷的基础上，从“人”的因素出发，提出了高管团队对企业战略导向的影响，以期从微观角度探讨企业战略决策的过程。这既是本章研究的一个创新点，同时也为未来的研究提供了新的研究思路和研究方向。

4.6.4 研究局限

本章的研究是探索性的实证研究，虽然取得了一些有价值的结论和成果，但仍然存在着一定的局限性。

首先，研究对象是小微企业。众所周知，由于我国的市场经济正处在发展阶段，现代企业制度还处在建设过程中，小微企业虽然数量众多，但企业内外部的制度和体制并不完善，尤其在企业内部，高管人员配置不规范，这在一定程度上限制了取样的有效性。

其次，针对战略导向和创新绩效的数据获取方法大多依据国外研究中的方法，采用利克特 5 级量表进行衡量，虽然方式比较方便直接，但数据的主观性较强，限制了取样数据的科学性和客观性。

最后，由于研究条件的限制，本章针对高管团队异质性的研究，仍然延续了前人的研究方法，即以高管人员的人口统计特征（年龄、任期、教育背景和职业背景）作为高管人员的认知特征的替代变量，但高管团队的年龄、任期等并不完全等同于或代表高管团队的认知、人格，如教育程度并不完全与对事物的认知程度正相关，这也是高管团队异质性研究中的缺陷。

4.6.5 研究展望

尽管研究存在着局限性，但是本章研究所做的工作还是为进一步深入研究相关的问题奠定了基础，未来研究可在以下方向展开。

（1）目前学者们的研究主要集中于高管团队成员的人口统计学特征（如年龄、任期、教育水平、教育专业及职业背景等）对企业绩效等的影响，而对于高管团队的认知和价值观等心理特征、社会地位与社会资本等社会特征、人力资本与管理技能等能力特征对企业绩效影响的实证研究还较鲜见。未来的学者可以进一步尝试研究高管团队的心理特征、社会特征及能力特征对企业绩效等的影响。

（2）针对高管团队异质性与企业创新绩效的关系，学者们做了大量的实证研究，但是研究的结果不一致，甚至出现了相互矛盾的结论。这说明高管团队异质性和企业创新绩效之间存在某些中介变量或调节变量，从而导致了不同的研究结论。由此可以看出两者之间的关系仍然是一个“黑箱”。尽管有少部分学者的研究已经针对高管团队特征与企业绩效之间的“黑箱”展开了相关研究，如研究了高管团队运作过程对企业绩效的影响，但比较而言，国内外研究的深度和广度仍然不够。因此，未来的研究应该探讨高管团队异质性对企业创新绩效的影响机制，即高管团队异质性是如何影响企业创新绩效的。

（3）目前关于高管团队异质性与企业绩效关系的实证研究主要是针对普遍意义上的企业而展开的，针对分行业、所有制及地区，以及依据企业特征来实证研究高管团队异质性与创新绩效的关系在国内还尤为罕见。然而不同的企业管理实践存在的差异必定会影响高管团队异质性与企业绩效的关系。国内学者应该在国外已有研究结论和研究方法基础上，针对我国企业特定的管理实践进行跨企业背景的比较研究。

（4）在战略管理领域中，针对战略导向和企业创新绩效关系的研究已有所成绩，但针对高管团队异质性和战略导向关系的研究却比较罕见。战略决策的关键要素是人，更直接一点，就是高管人员决定了企业的战略方向。因此，合理的高管团队异质性不仅能提升团队的运作效率，更能为企业的战略制定献计献策。希望本章研究能起到抛砖引玉的作用，为相关的研究提供思路和想法。

此外，将高管团队异质性作为前置变量进行研究是高管团队研究领域中常见的研究方法，即研究高管团队异质性对企业战略、企业决策、产品创新、企业绩效等的影响。现有文献中，关于影响高管团队异质性因素的研究则很少，如企业战略、企业绩效等对高管团队异质性有何影响，企业的战略决策是否同样决定了企业高管团队的构成等问题，此方面仍需在未来的研究中加以探讨。

参 考 文 献

贝克尔. 1998. 观察生活的经济方式//王宏昌，林少宫. 诺贝尔经济学奖金获得者讲演集（1978—2007）. 北京：中国社会科学出版社.

波特 M. 1997. 竞争优势. 陈小悦译. 北京：华夏出版社.

曹崇延，王淮学. 1998. 企业技术创新能力评价指标体系研究. 预测，（2）：66-68.

陈劲. 2001. 永续发展——企业技术创新透析. 北京：科学出版社：146.

陈劲. 2002. 集成创新的理论模式. 中国软科学，（12）：24-30.

陈劲，陈钰芬. 2006. 企业技术创新绩效评价指标体系研究. 科学学与科学技术管理，27（3）：86-91.

陈劲，陈钰芬. 2007. 开放创新条件下的资源投入测度及政策含义. 科学学研究，25（2）：352-359.

陈劲，邱嘉铭，沈海华. 2007. 技术学习对企业创新绩效的影响因素分析.科学学研究，（6）：1223-1232.

陈敏菊. 2007. 竞争企业间合作创新影响因素的博弈分析. 商场现代化，（17）：32-34.

陈琦. 2010. 技术核心能力对高技术企业绩效的影响——基于结构方程模型的实证分析. 求索，（10）：26-27，30.

陈威豪. 2006. 创造与创新氛围研究述评. 自然辩证法研究，22（11）：15-19.

陈忠卫，常极. 2009. 高管团队异质性、集体创新能力与公司绩效关系的实证研究. 软科学，23（9）：78-83.

陈忠卫，魏丽红，王晶晶. 2009. 高管团队心理契约与组织绩效关系的实证研究——基于企业相对规模的比较. 山西财经大学学报，（2）：69-75.

程贯平，刘海山. 2009. 高层管理团队理论模型的发展. 现代管理科学，（3）：97-99.

楚叶. 1999. 台刊生存之道：竞合 结盟 开网站. 出版参考，（21）：12-13.

崔焕金. 2005. 动态联盟的创新优势：知识的结构性整合. 求实，（9）：47-48.

董丽凤. 2006. 协作中品位创新的味道. 中国计算机用户，（20）：54.

傅家骥. 1998. 技术创新学. 北京：清华大学出版社：118.

甘华鸣，姜钦华. 2002. MBA 必修核心课程 合争. 北京：中国国际广播出版社.

高鸿业. 2000. 西方经济学. 北京：中国人民大学出版社：196.

高建，汪剑飞，魏平. 2004. 企业技术创新绩效指标：现状、问题和新概念模型. 科研管理，25（z1）：14-22.

古家军，胡蓓. 2008. TMT 知识结构、职业背景的异质性与企业技术创新绩效关系——基于产业集群内企业的实证研究. 研究与发展管理，20（2）：28-33.

国家经贸委中小企业司，国际合作司. 2001. 中国中小企业融资与社区发展国际研讨会. www.cq.chinanews.com.

贺远琼，杨文，陈昀. 2009. 基于 Meta 分析的高管团队特征与企业绩效关系研究. 软科学，23（1）：12-16.

侯杰泰，温忠麟，成子娟. 2004. 结构方程模型及其应用. 北京：教育科学出版社：14-15.
黄顺基. 1996. 信息化与经济增长方式的根本转变. 自然辩证法研究，（11）：29-35.
黄晓飞，井润田. 2006. 我国上市公司的实证研究：股权结构和高层梯队与公司绩效的关系. 管理学报，3（3）：336.
江岩，张体勤. 2008. 高层管理团队特征与组织创新研究述评. 山东社会科学，（2）：139-142.
荆林波. 2005. 零售业：在竞合中生存与发展. 经济管理，（1）：27-29.
卡尔潘 L. 2003. 全球企业战略联盟：模式与案例. 吴刚，李海容译. 北京：冶金工业出版社.
柯江林，石金涛. 2006. 组织中员工知识分享行为激励机制的比较分析. 上海交通大学学报，40（9）：1566-1571.
李成刚，吴涛. 2007. 技术创新投入结构与创新绩效的关系研究. 技术经济，26（12）：23-27.
李道佳，孟华，张泽伟. 2001. 中国有能力应对“入世”后的挑战. www.xinhuanet.com.
李华晶，张玉利. 2006. 高管团队特征与企业创新关系的实证研究——以科技型中小企业为例. 商业经济与管理，（5）：9-13.
李怀祖. 2004. 管理研究方法论. 第2版. 西安：西安交通大学出版社：182-275.
李杰. 2001-08-02. 中介行业协会的地位和作用. 中国财经报.
李娟，唐勇. 2008. 面向供应链的企业客户关系管理研究. 现代商业，（33）：50.
李锐，凌文铨. 2008. 变革型领导理论研究述评. 软科学，22（2）：70-73，78.
李炜文. 2006. 高层管理团队特征、战略变化和组织绩效. 汕头：汕头大学.
李卫民. 2009. 企业高管团队异质性与战略选择的实证研究. 中外企业家，（18）：199-200.
李忆，司有和. 2009. 组织结构、创新与企业绩效：环境的调节作用. 管理工程学报，23（4）：20-26.
林震岩. 2007. 多变量分析：SPSS的操作与应用. 北京：北京大学出版社.
刘帮成. 2007. 市场知识能力与创新绩效——组织任务环境变量的缓冲效应检验. 研究与发展管理，19（5）：24-31.
刘辉，任建伟. 2008. 企业应急管理体系构建及其运作管理研究. 金融经济，（24）：94.
刘磊磊，周亚庆，陈学光. 2007. 公司创业导向前提及对组织绩效影响机制. 技术经济，26（5）：42-45.
刘玉录. 2001. 略论企业技术创新的前提条件. 现代财经：天津财经学院学报，21（132）：47.
柳卸林. 1993. 技术创新经济学. 北京：中国经济出版社.
芦慧，陈红，柯江林. 2010. 传统文化视角下的员工敬业与绩效关系概念模型探析. 软科学，24（10）：106-109.
罗宾逊 P. 1996. 保罗·罗默谈新增长现论——保罗·罗默访谈录. 吴荫东译. 经济资料译丛，（1）：38-41.
罗斯托 W. 1988. 从起飞进入持续增长的经济学. 贺力平等译. 成都：四川人民出版社：21.
马富萍，郭晓川. 2010. 高管团队异质性与技术创新绩效的关系研究——以高管团队行为整合为调节变量. 科学学与科学技术管理，31（12）：186-191.
马俊美. 2010. 中小企业战略决策速度与创新绩效的关系研究. 天津：天津商业大学.
梅强. 2001. 建设中小企业服务体系思考. 镇江高专学报，14（2）：48.
孟怀虎. 2001-06-04. 信用公示拯救信用危机 浙江百万私企欲借信用东风再上层楼. 中华工商时报.
牛成哲，李秀芬，张平. 2005. 基于价值链思想的企业资金管理研究. 社科纵横，20（6）：68-69，64.

欧阳慧，曾德明，张运生. 2003. 国际化竞争环境中 TMT 的异质性对公司绩效的影响. 数量经济技术经济研究，20（12）：125-129.
秦辉. 2009. 企业人力资源开发与管理的现状与对策. 现代商业，（21）：47.
瞿燕舞，华志忠，马剑虹. 2009. 战略导向的概念、先行因素及其绩效影响机制研究综述. 管理学报，6（3）：420-425.
曲国禹，刘学铭. 1999. 对建立企业技术创新能力评价指标体系的探讨. 辽宁工业大学学报（社会科学版），（1）：81-84.
权小妍，董大海，刘瑞明. 2005. 权变的战略导向观：战略管理研究的新视角. 大连理工大学学报（社会科学版），26（1）：31-35.
任新建. 2006. 企业竞合行为选择与绩效的关系研究.上海：复旦大学.
任新建，项保华. 2005. 链式战略联盟合作困境及突破探析. 科研管理，26（5）：68-72.
芮明杰，任红波，李鑫. 2005. 基于惯例变异的战略变革过程研究. 管理学报，2（6）：654-659.
沈海华. 2006. 技术学习对创新绩效的影响因素分析. 杭州：浙江大学.
石钟韶，赵民，李雪. 2005. 抢位灵动联盟的故事. 北京：人民邮电出版社.
斯密 A. 2002. 国民财富的性质和原因的研究. 郭大力，王亚南译. 北京：商务印书馆.
宋建元. 2006. 成熟型大企业开展破坏性创新的机理与途径研究. 杭州：浙江大学.
苏丹. 2011. 我国上市公司内部资本市场治理的困境及其出路. 中国集体经济，（18）：102-103.
粟虹. 2008. 从美国小企业发展看我国中小企业的技术创新. 黑龙江对外经贸，（10）：101-102.
孙洪庆. 2002. 超越竞争：赢得持久的竞争优势. 经济工作导刊，（6）：34-35.
孙枫林. 1995. 管理统计学. 成都：电子科技大学出版社：64.
陶祁，王重鸣. 2006. 管理培训背景下适应性绩效的结构分析. 心理科学，29（3）：614-617.
汤翁义. 2000. 从盖茨神话看企业家素质. 中外管理，（7）：48-49.
滕文芳. 2008. 有关组织公民行为的文献综述. 管理观察，（13）：148-150.
王韧. 2008. 创新视角的组织公民行为及其相关概念探析. 科技管理研究，28（1）：9-11，15.
王宣喻，瞿绍发，李怀祖. 2004. 私营企业内部治理结构的演变及其实证研究. 中国工业经济，（1）：70-77.
王雁飞，朱瑜. 2005. 战略性人力资源管理与组织绩效关系. 科技管理研究，25（11）：96-98.
王长峰. 2009. 知识属性、网络特征与企业创新绩效：基于吸收能力的视角. 济南：山东大学.
韦小柯. 2006. 高层管理团队特征与企业 R&D 投入关系研究. 科学学研究，24：553-557.
魏江，朱海燕. 2006. 高技术产业集群创新过程模式演化及发展研究——以杭州软件产业集群为例. 研究与发展管理，18（6）：116-121，138.
魏江，郭斌，许庆瑞. 1995. 企业技术能力与技术创新能力的评价指标体系. 中国高新技术企业评价，（5）：33-38.
魏泽龙，李垣，徐强. 2008. 公司治理机制、战略导向与企业绩效关系研究. 现代管理科学，（7）：30-32.
吴克强，何玲玲. 2001-12-18. 浙江以技改提升企业核心竞争力. 中国乡镇企业报.
吴贵生，李纪珍，孙议政. 2000. 技术创新网络和技术外包. 科研管理，（4）：33-43.
吴晓波，高忠仕，魏仕杰. 2007. 隐性知识显性化与技术创新绩效实证研究. 科学学研究，25（6）：1233-1238.
吴治国，石金涛，杨帆. 2008. 组织创新气氛概念的讨论与界定. 科学学研究，26（2）：435-441.
武欣，吴志明. 2005. 基于心理契约的组织公民行为管理. 管理现代化，2：18-20.

项保华. 1999. 企业战略管理若干问题试析. 南开管理评论，(4)：58-61.
项保华. 2001. 正确、高效、愉悦——《战略管理：艺术与实务》自序. 全国新书目，(8)：20.
肖洪钧，苗晓燕. 2009. 领导风格与团队创新气氛的关系研究. 软科学，23 (4)：65-68.
谢凤华，姚先国，古家军. 2008. 高层管理团队异质性与企业技术创新绩效关系的实证研究. 科研管理，29 (6)：65-73.
谢敏明. 2011. 基于元分析的高管团队异质性与产品创新绩效关系研究. 现代物业（中旬刊），(11)：151-155.
谢企华. 2004. 企业竞争的新焦点——战略供应链. 管理学报，(3)：245，249-254.
熊彼特 J. 1979. 资本主义、社会主义与民主. 绛枫译. 北京：商务印书馆：164-166.
熊彼特 J. 1990. 经济发展理论. 何畏等译. 北京：商务印书馆.
熊玮. 2010. 高层管理团队异质性对公司多元化战略与绩效关系影响的实证研究. 南昌：南昌大学.
徐吉麟. 2007. 借力战略供应商关系管理确保创新与成本的竞争优势. 汽车与配件，(15)：46-48.
徐契舜. 2007. 组织内部冲突网络、自我效能与创新绩效之研究. 桃园：中原大学企业管理研究所.
徐强. 2009a. 改进企业营运资金管理的建议. 商业会计，(3)：47.
徐强. 2009b. 中国战略产业国际化发展问题研究. 国际贸易，(1)：24-27.
许庆瑞. 2000. 研究、发展与技术创新管理. 北京：高等教育出版社.
许庆瑞，蒋键，郑刚. 2004. 供应商参与技术创新研究——基于宝钢集团的案例分析. 中国地质大学学报（社会科学版），4 (6)：6-9.
许庆瑞，王伟强，吕燕. 1995. 中国企业环境技术创新研究. 中国软科学，(5)：16-20.
许志晋，凌奕杰，宋风珍. 1997. 企业技术创新能力的模糊综合评判. 科学学研究，(1)：105-110.
薛红志，张玉利. 2006. 突破性创新、互补性资产与企业间合作的整合研究. 中国工业经济，(8)：101-108.
薛镭，杨艳，朱恒源. 2011. 战略导向对我国企业产品创新绩效的影响——一个高科技行业非高科技行业企业的比较. 科研管理，32 (12)：1-8.
杨宏进. 1998. 企业技术创新能力评价指标的实证分析. 统计研究，15 (1)：53-58.
杨建华. 2008. 基于企业社会责任的企业竞争力——SA8000 标准的思考. 生产力研究，20 (13)：9-10.
杨静武. 2007. 开放式创新模式下的技术创新能力研究. 财经理论与实践，28 (2)：98-102.
杨林，芮明杰. 2010. 高管团队特质、战略变革与企业价值关系的理论研究. 管理学报，7 (12)：1785-1791.
杨勇，达庆利. 2007. 企业技术创新绩效与其规模，R&D 投资，人力资本投资之间的关系——基于面板数据的实证研究. 科技进步与对策，24 (11)：128-131.
杨智，张茜岚，谢春燕. 2009. 企业战略导向的选择：市场导向或创新导向——基于湖南省高新技术开发区企业的实证研究. 科学学研究，27 (2)：278-288.
姚梅芳，郑雪冬，金玉石. 2004. 基于 Kaplan-Norton BSC 法的高科技网络及软件创业企业绩效评价体系研究. 工业技术经济，23 (6)：103-105.
易丹辉. 2008. 结构方程模型：方法与应用. 北京：人民大学出版社.
尹建海，杨建华. 2008. 基于加强型平衡记分法的企业技术创新绩效评价指标体系研究. 科研管理，29 (1)：1-7.

余芳珍，唐奇良. 2007. 提升自主创新能力的开放式创新源管理. 科学学研究，25（s1）：134-138.
余浩. 2008. 基于互搏意愿的颠覆性产品创新管理机制研究. 杭州：浙江大学.
余浩. 2010. 企业战略导向与技术创新绩效的实证研究. 科学学与科学技术管理，31（9）：62-66.
余浩，陈劲. 2012. 战略导向、互博意愿与产品创新绩效关系研究. 科研管理，33（5）：1-7.
余晖. 2001-10-15. 重视对经济治理结构的研究. 中评网.
余志杨. 2011. 政府支持行为对中小企业创新绩效影响研究：服务性中介机构的作用. 南京：南京大学.
袁凌，初立娜. 2008. 个人与组织匹配对组织公民行为的影响研究. 当代财经，（8）：85-88.
张飚. 2007. 企业技术创新绩效评价研究. 天津：天津大学.
张超. 2004. 长三角地区移动通讯产业集群内合作竞争与创新绩效关系研究. 杭州：浙江大学.
张方华，陈劲. 2002. 知识创造——企业知识管理的核心. 科学学与科学技术管理，23（10）：36-40.
张福海. 2006. 中外资银行竞合关系研究. 金融理论与实践，（6）：35-38.
张建华. 2000. 创新、激励与经济发展. 武汉：华中理工大学出版社：33.
张建华. 2005. 创新、激励与经济发展. 2 版. 武汉：华中理工大学出版社：179.
张黎明，胡豪. 2010. 新产品研发能力对企业战略导向的影响实证分析. 经济问题，（7）：63-66.
张乃成. 2000. 汽车零部件供应商与技术创新. 汽车与配件，（44）：10-12.
张平. 2005.我国上市公司高层管理团队异质性与企业绩效的关系研究. 广州：华南理工大学.
张平. 2006a. 动态竞争环境下高层管理团队异质性与企业绩效. 科技管理研究，26（9）：167-170.
张平. 2006b. 高层管理团队异质性与企业绩效关系研究. 管理评论，18（5）：54-61.
张小林，戚振江. 2001. 组织公民行为理论及其应用研究. 心理学动态，9（4）：352-360.
张昕，李廉水. 2007. 制造业聚集、知识溢出与区域创新绩效——以我国医药、电子及通讯设备制造业为例的实证研究. 数量经济技术经济研究，24（8）：35-43，89.
张宇. 2007. 组织公民行为及其效应. 内蒙古大学学报（哲学社会科学版），39（2）：120-124.
赵淳宇，袁斌. 2010. 市场影响力对企业领导者创新欲望影响的实证研究. 商业时代，（22）：78-80.
赵家新. 2007. 基于平衡计分卡的高科技企业综合创新绩效评价体系研究. 科技进步与对策，24（10）：151-153.
赵培庆. 2010. 建筑企业技术发展战略的研究. 西安：长安大学.
赵小惠，孙林岩，董雅文. 2007. 制造商-供应商协同产品创新伙伴关系博弈研究. 西安工程科技学院学报，21（1）：101-105.
郑春冬，和金生. 2000. 一种企业技术创新能力评价的新方法. 科技技术管理研究，（3）：41-44.
中国人民银行. 2001-11-01. 第三季度货币政府执行报告. 中华工商时报.
周洪成，陈力. 2007. 论构建创新型电信运营模式. 价值工程，（6）：55-58.
周珂. 2008. 团队成员信任对成员创新绩效的影响研究. 杭州：浙江大学.
周培岩. 2008. 企业战略导向与绩效关系实证研究. 长春：吉林大学.
周文燕，陈辉华，刘微明. 2004. 企业战略管理理论的发展. 吉首大学学报（社会科学版），25（1）：90-93.
Jolly V K. 2001. 新技术的商业化. 张作义译. 北京：清华大学出版社：147.
Knight. 1999. 小展示，大收益——PC SHOPPER 创刊纪念酒会企业新品展示一览. 世界计算机周刊，（34）：19-20.

Adner R，Helfat C E. 2003. Corporate effects and dynamic managerial capabilities. Strategic Management Journal，24（10）：1011-1025.

Afuah A. 2000. How much do your co-opetitors' capabilities matter in the face of technological change. Strategic Management Journal，21（3）：387-404.

Ahmad S. 1994. Joe Rae（1834），Schumpeter（1911）and Amsden（1989）on Technical Change and Economic Development. Hamilton：McMaster University.

Amabile T M，Conti R，Coon H. 1996. Assessing the work environment for creativity. Academy of Management Journal，39（5）：1154-1184.

Amason A C，Sapienza H J. 1997. The effects of top management team size and interaction norms on cognitive and affective conflict. Journal of Management，23（4）：495-516.

Anderson N，West M A. 1996. The team climate inventory：development of the TCI and its applications in teambuilding for innovativeness. European Journal of Work & Organizational Psychology，5（1）：53-66.

Andrew P，Ewan F，Lorna M. 1992. Shaping strategic change—the case of the NHS in the 1980s. Public Money & Management，12（3）：27-31.

Andrews D F，Gnanadesikan R，Warner J L. 1971. Transformations of multivariate data. Biometrics，27（4）：825-840.

Archibugi D. 1993. Models of international organization in perpetual peace projects. Review of International Studies，18（4）：295-317.

Argyris C，Schon D A. 1996. Organiational Learning Ⅱ. Boston：Addison Wesley.

Arthaud-Day M L，Certo S T，Dalton C M，et al. 2006. A changing of the guard：executive and director turnover following corporate financial restatements. Academy of Management Journal，49（6）：1119-1136.

Arthurs J D，Busenitz L W. 2006. Dynamic capabilities and venture performance：the effects of venture capitalists. Journal of Business Venturing，21（2）：195-215.

Athaide G A，Meyers P W，Wilemon D L. 1996. Seller-buyer interactions during the commercialization of technological process innovations. Journal of Product Innovation，13（5）：406-421.

Atuahene-Gima K，Ko A. 2001. An empirical investigation of the effect of market orientation and entrepreneurship orientation alignment on product innovation. Organization Science，12（1）：54-74.

Auh S，Menguc B. 2005. Diversity at the executive suite：a resource-based approach to the customer orientation-organizational performance relationship. Journal of Business Research，59（5）：564-572.

Baldwin A R G，Bengtsson M. 2004. The emotional base of interaction among competitors-an evaluative dimension of cognition. Scandinavian Journal of Management，20（1）：75-102.

Bantel K A，Jackson S E. 1989.Top management and innovations in banking：does the composition of the top team make a difference?. Strategic Management Journal，10（S1）：107-124.

Barnard C I. 1938. The Functions of the Executive. Cambridge：Harvard University Press：456.

Barney J. 1991. Firm resources and sustained competitive advantage. Journal of Management，17（1）：99-120.

Barsade S G，Ward A J，Turner J D F. 2000. To your heart's content：a model of affective diversity in top management teams. Administrative Science Quarterly，45（4）：802-836.

Bayona C，Corredor P，Santamaría R. 2004. Collaborative culture and stock market reaction to alliance announcements. Management Research：The Journal of the Iberoamerican Academy of Management，2（1）：25-48.

Belderbos R，Carree M，Lokshin B. 2004. Cooperative R&D and firm performance. Research Policy，33（10）：1477-1492.

Bengtsson M，Kock S. 2000. "Coopetition" in business networks—to cooperate and compete simultaneously. Industrial Marketing Management，29（5）：411-426.

Bhuian S N，Menguc B，Bell S J. 2005. Just entrepreneurial enough：the moderating effect of entrepreneurship on the relationship between market orientation and performance. Journal of Business Research，58（1）：9-17.

Bidault F，Despres C，Butler C. 1998. The drivers of cooperation between buyers and suppliers for product innovation. Research Policy，26（7-8）：719-732.

Blau P M. 1977. A macrosociological theory of social structure. American Journal of Sociology，83（1）：26-54.

Bollen K A. 1989. A new incremental fit index for general structural equation models. Sociological Methods & Research，17（3）：303-316.

Bonner J M，Ruekert R W，Walker Jr O C. 2002. Upper management control of new product development projects and project performance. Journal of Product Innovation Management，19（3）：233-245.

Borys B，Jemison D B. 1989. Hybrid arrangements as strategic alliances：theoretical issues in organizational combinations. Academy of Management Review，14（2）：234-249.

Bower J L，Christensen C M. 1996. Disruptive technologies：catching the wave. Journal of Product Innovation Management，13（1）：75-76.

Brandenburger A M，Nalebuff B J. 1996. Co-opetition. New York：Currency Doubleday：290.

Brignall T J，Fitzgerald L，Johnston R，et al. 1991. Product costing in service organizations. Management Accounting Research，2（4）：227-248.

Bruce R A，Scott S G. 1994. Varieties and commonalities of career transitions：Louis' typology revisited. Journal of Vocational Behavior，45（1）：17-40.

Burgers W P，Cromartie J S，Davis J R. 1998. Cooperative competition in global Industries：the strategic dimension. The International Trade Journal，12（4）：421-444.

Campbell H. 1970. Flushing and morbid blushing：their pathology and treatment. Journal of the American Medical Association，15（11）：627-628.

Carayannis E G，Alexander J. 2001. Strategy，structure and performance issues of pre-competitive R & D consortia：insights and lessons learned from SEMATECH. Ieee Transactions on Engineering Management，51（2）：226-232.

Carmen C O，Ana Beatriz H L，Ramón V C. 2005. The relationship between top management teams and innovative capacity in companies. Journal of Management Development，24（8）：683-705.

Carpenter G，Murray S. 2002. Leisure behaviors and perceptions when mid-life death is imminent：a case report. Journal of Park & Recreation Administration，20（4）：12-36.

Carpenter M A，Geletkanyczl M A，Sanders1 W G. 2004. Upper echelons research revisited：antecedents， elements, and consequences of top management team composition. Journal of Management, 30(6): 749-778.

Carpenter M A, Sanders W G. 2002. Top management team compensation: the missing link between CEO pay and firm performance?. Strategic Management Journal, 23 (4): 367-375.

Carpenter M A, Wade J B. 2002. Microlevel opportunity structures as determinants of non-CEO executive pay. Academy of Management Journal, 45 (6): 1085-1103.

Carroll J B, Maxwell S E. 1979. Individual differences in cognitive abilities. Annual Review of Psychology, 30 (30): 603.

Caruana A, Pitt L, Berthon P. 1999. Excellence-market orientation link: some consequences for service firms. Journal of Business Research, 44 (1): 5-15.

Chakrabarti A K. 1974. The role of champion in product innovation. California Management Review, 17 (2): 58-62.

Chandler H W, Henley E J, Trachtenberg E N. 1962. The mechanism of radiation-induced graft copolymerization. The International Journal of Applied Radiation and Isotopes, 13 (5): 239-246.

Chesbrough H W. 2006. Open Innovation: The New Imperative for Creating and Profiting from Technology. Brighton: Harvard Business Press.

Churchill J G A. 1979. A paradigm for developing better measures of marketing constructs. Journal of Marketing Research, 16 (1): 64-73.

Cohen W M, Levinthal D A. 1990. Absorptive capacity: a new perspective on learning and innovation. Administrative Science Quarterly, 35 (1): 128-152.

Combs J G, Ketchen D J. 1999. Can capital scarcity help agency theory explain franchising? Revisiting the capital scarcity hypothesis. Academy of Management Journal, 42 (2): 196-207.

Cooper A C. 1993. Challenges in predicting new firm performance. Journal of Business Venturing, 8 (3): 241-253.

Cooper R G, Kleinschmidt E J. 1995. Performance typologies of new product projects. Industrial Marketing Management, 24 (5): 439-456.

Curtil L, Ferrier E, Ronel-Idrissi S. 2001. Composite materials contribution in strengthening concrete structures affected by alkali aggregate reaction. International Journal of Materials & Product Technology, 19 (1): 68-82.

Cusumano M A, Takeishi A. 1991. Supplier relations and management: a survey of Japanese, Japanese-transplant, and U.S. auto plants. Strategic Management Journal, 12 (8): 563-588.

Czarniawska B, Wolff R. 1998. Constructing new identities in established organization fields. International Studies of Management & Organization, 28 (3): 32-56.

Daft R L, Weick K E. 1984. Toward a model of organizations as interpretation systems. Academy of Management Review, 9 (2): 284-295.

Daily C M, Dalton D R, Cannella A A. 2003. Corporate governance: decades of dialogue and data. Academy of Management Review, 28 (3): 371-382.

Devinney T M. 1993. How well do patents measure new product activity. Economics Letters, 41 (4): 447-450.

Dosi G. 1982. Sources, procedures, and microeconomic effects of innovation. Journal of Economic Literature, 26 (3): 1120-1171.

Drucker P F. 1999. Peter drucker on the new business realities. Antitrust Bulletin，44（4）：795-820.

Dundon E. 2002. Seeds of innovation：cultivating the synergy that fosters new ideas. Quality Management Journal，11（4）：58.

Durand R，Coeurderoy R. 2001. Age，order of entry，strategic orientation，and organizational performance. Journal of Business Venturing，16（5）：471-494.

Dyer J H，Singh H. 1998. The relational view：cooperative strategy and source of interorganizational competitive advantage. Academy of Management Review，23（4）：66-679.

Eisenhardt K，Martin J. 2000. Dynamic capacity：what are they?. Strategic Management Journal，21（10-11）：1105-1121.

Ensley M D，Pearson A，Pearce C L. 2003. Top management team process，shared leadership，and new venture performance：a theoretical model and research agenda. Human Resource Management Review，13（2）：329-346.

Faems D，van Looy B，Debackere K. 2005. Interorganizational collaboration and innovation：toward a portfolio approach. Journal of Product Innovation Management，22（3）：238-250.

Finkelstein S，Auderson P，Ouiu J B. 1996. Managing professional intellect：making the most of the best. Harvard Business Review，74（2）：71.

Foreman A，Shaw K，Fenwick J. 1994. Managing competition in UK local government：the impact of compulsory competitive tendering. International Journal of Public Sector Management，7(6)：4-14.

Frank R H. 1988. Choosing the right pond：human behavior and the quest for status. Public Choice，56（1）：84-88

Freeman C. 1982. The economics of industrial innovation. Cambridge：The MIT Press：212-214.

Freeman C. 2004. Technological infrastructure and international competitiveness. Industrial & Corporate Change，13（3）：541-569.

Freeman C，Oldham C H G，Cooper C M，et al. 1971. The goals of R&D in the 1970s. Science Studies，1（3-4）：357-406.

Freeman C，Soete L. 1997. The Economics of industrial innovation. Social Science Electronic Publishing，7（2）：215-219.

Fritsch M，Lukas R. 2001. Who cooperates on R&D?. Research Policy，30（2）：297-312.

Garud R，Nayyar P R. 1994. Transformative capacity：continual structuring by international technology transfer. Strategic Management Journal，15（5）：365-385.

Gatignon H，Xuereb J M. 1997. Strategic orientation of the firm and new product performance. Journal of Marketing Research，34（1）：77-90.

Gatignon H，Robertson T S，Fein A J. 1997. Incumbent defense strategies against new product entry. International Journal of Research in Marketing，14（2）：163-176.

Gaver B，Dunne T. 1999. Design：cultural probes. Interactions，6（1）：21-29.

Gemuenden H G，Ritter T，Heydebreck P. 1996. Network configuration and innovation success：an empirical analysis in German high-tech industries. International Journal of Research in Marketing，13（5）：449-462.

Gnyawali D R，Madhavan R. 2001. Cooperative networks and competitive dynamics：a structural embeddedness perspective. Academy of Management Review，26（3）：431-445

Granovetter M S. 1973. The strength of weak ties.American Journal of Sociology，78（6）：136-1380.

Greening A P，Ind P W，Northfield M，et al. 1994. Added salmeterol versus higher-dose corticosteroid in asthma patients with symptoms on existing inhaled corticosteroid. Lancet (North American Edition)，344（8917）：219-224.

Griffin J. 1992. Theocritus，the iliad，and the east. American Journal of Philology，57（2）：189-211.

Gurnani H，Erkoc M，Luo Y. 2007. Production，manufacturing and logistics-impact of product pricing and timing of investment decisions on supply chain co-opetition. European Journal of Operational Research，180（1）：228-248.

Hagedoorn J. 2003. Sharing intellectual property rights—an exploratory study of joint patenting amongst companies. Industrial & Corporate Change，12（5）：1035-1050.

Hagedoorn J，Cloodt M. 2003. Measuring innovative performance：is there an advantage in using multiple indicators?. Research Policy，32（8）：1365-1379.

Hambrick D C. 1983. High profit strategies in mature capital goods industries：a contingency approach. Academy of Management Journal，26（4）：687-707.

Hambrick D C. 1998. Corporate coherence and the top management team. Strategy & Leadership，25（5）：24-29.

Hambrick D C. 2007. The field of management's devotion to theory：too much of a good thing. Academy of Management Journal，50（6）：1346-1352.

Hambrick D C，Chen C M J. 1996. The influence of top management team heterogeneity on firms' competitive moves. Administrative Science Quarterly，41（4）：659-684.

Hambrick D C，Mason P A. 1984. Upper echelons：the organization as a reflection of its top managers. Social Science Electronic Publishing，9（2）：193-206.

Hamel G. 1991. Competition for competence and interpartner learning within international strategic alliances. Strategic Management Journal，12（S1）：83-103.

Hamel G，Prahalad C K. 1991. Corporate imagination and expeditionary marketing. Harvard Business Review，69（4）：81.

Hirschman A O. 1980. National Power and the Structure of Foreign Trade. Berkeley：University of California Press.

Hoogstra M A，Schanz H. 2008. The future orientation of foresters：an exploratory research among Dutch foresters into the prerequisite for strategic planning in forestry. Forest Policy & Economics，10（4）：220-229.

Howell J M，Boies K. 2004. Champions of technological innovation：the influence of contextual knowledge，role orientation，idea generation，and idea promotion on champion emergence. The Leadership Quarterly，15：123-143.

Howell J M，Higgins C A. 1990. Champions of change：identifying，understanding，and supporting champions of technological innovations. Organizational Dynamics，19（1）：40-55.

Hult G T M，Hurley R F，Giunipero L C，et al. 1998. Organizational learning in global purchasing：a model and test of internal users and corporate buyers. Decision Sciences，31（2）：293-325.

Hult G T M，Hurley R F，Knight G A. 2004. Innovativeness：its antecedents and impact on business performance. Industrial Marketing Management，33（5）：429-438.

Hultman M，Robson M J，Katsikeas C S. 2009. Export product strategy fit and performance：an

empirical investigation. Journal of International Marketing，17（4）：1-23.
Ibarra H，Kilduff M，Tsai W. 2005. Zooming in and out：connecting individuals and collectivities at the frontiers of organizational network research. Organization Science，16（4）：359-371.
Jackofsky E F，Slocum J W. 1987. A causal analysis of the impact of job performance on the voluntary turnover process. Journal of Organizational Behavior，8（3）：263-270.
Jackson C. 1989. Building a competitive advantage through information technology. Long Range Planning，22（4）：29-39.
Janssen O. 2001. Fairness perceptions as a moderator in the curvilinear relationships between job demands，and job performance and job dissatisfaction. Academy of Management Journal，44（5）：1039-1050.
Jarillo J C. 1988. On strategic networks. Strategic Management Journal，9（1）：31-41.
Jenssen J I. 2003. Innovation，capabilities and competitive advantage in Norwegian shipping. Maritime Policy & Management，30（2）：93-106.
Jeong I，Pae J H，Zhou D. 2006. Antecedents and consequences of the strategic orientations in new product development：the case of Chinese manufacturers. Industrial Marketing Management，35（3）：348-358.
Johnson J L，Martin K D，Amit S. 2011a. Strategic culture and environmental dimensions as determinants of anomie in publicly-traded and privately-held firms. Business Ethics Quarterly，21（3）：473-502.
Johnson J L，Martin K D，Saini A. 2011b. The role of a firm's strategic orientation dimensions in determining market orientation. Industrial Marketing Management，41（4）：715-724.
Jorde T M，Teece D J. 1989. Competition and cooperation：striking the right balance. California Management Review，31（3）：25-37.
Joshi A，Roh H. 2009. The role of context in work team diversity research：a meta-analytic review. Academy of Management Journal，52（3）：599-627.
Kang S H，Lau S K. 2008. Developing ontology revision framework：a case study on the use of the coherence theory for semantic shopping mall. IEEE International Conference on Management of Innovation & Technology.
Katz B. 2010. The journal of economic perspectives. Journal of Economic Perspectives，55（4）：285.
Katz D，Kahn R L. 1982. The social psychology of organizations. Administrative Science Quarterly，10（1）：118.
Katzenbach J R，Smith D K. 1994. The rules for managing cross-functional reengineering teams. Strategy & Leadership，21（2）：12-13.
Kenny G K，Morgan P，Hinings B. 1986. The protection of interests：organizational change in the Australian services canteens organization. Asia Pacific Journal of Management，4（1）：11-23.
Khurana A，Rosenthal S R. 1998. Towards holistic "front ends" in new product development. Journal of Product Innovation Management，15（1）：57-75.
Kim I G，Lee S C，Lee J H. 1994. Structure and organization of the human transglutaminase gene：evolutionary relationship to the transglutaminase family. Journal of Investigative Dermatology，103（2）：137-142.
Kline J K，Rosenberg N. 1986. An overview of innovation//Landau R，Rosenburg N. The Positive

Sum Strategy: Harnessing Technology for Economic Growth. Washington DC: Nabu Press.

Knight D, Pearce C L, Smith K G. 1999. Top management team diversity, group process, and strategic consensus. Strategic Management Journal, 20 (5): 445-465.

Knippenberg D V, Schippers M C. 2007. Work group diversity. Annual Review of Psychology, 58 (1): 515.

Kohnen J. 2004. The seeds of innovation: cultivating the synergy that fosters new ideas. Quality Management Journal, 11 (4): 58-58.

Kotabe M, Martin X, Domoto H. 2003. Gaining from vertical partnerships: knowledge transfer, relationship duration, and supplier performance improvement in the U.S. and Japanese automotive industries. Strategic Management Journal, 24 (4): 293-316.

Kotter J P. 1982. What effective general managers really do. Harvard Business Review, 35 (2): 156-167.

Kruger F J, Forsyth G G, Kruger L M. 2006. Classification of veldfire risk in South Africa for the administration of the legislation regarding fire management. Forest Ecology & Management, 234 (Suppl): S219.

Lado A A, Boyd N G, Hanlon S C. 1997. Competition, cooperation and the search of econmic rent: a syncretic model. Academy of Management Review, 22 (1): 110-141.

Langlois R N. 1987. Schumpeter and the Obsolescence of the Entrepreneur. Department of Economics, The University of Connecticut: 91-1503.

Lane P J, Salk J E, Lyles M A. 2001. Absorptive capacity, learning, and performance in international joint ventures. Strategic Management Journal, 22 (12): 1139-1161.

Lawrence S R, Sewell E C. 1997. Heuristic, optimal, static, and dynamic schedules when processing times are uncertain. Journal of Operations Management, 15 (1): 71-82.

Lee C, Bobko P. 1994. Self-efficacy beliefs: Comparison of five measures. Journal of Applied Psychology, 79 (3): 364-369.

Lewin K. 1930. Der übergang von der aristotelischen zur galileischen Denkweise in Biologie und Psychologie. Erkenntnis, 1 (1): 421-466.

Litwin G H, Stringer R A. 1968. Motivation and organizational climate. American Journal of Sociology, 82 (4): 1220-1235.

Loasby B J. 1991. Equilibrium and Evolution, an Exploration of Connecting Principles in Economics. Manchester: Manchester University Press.

Lukas B A, Brodowsky G H. 1998. Successful invention management: formalizing the generation and validation of new product ideas. Competitive Intelligence Review, 9 (9): 20-28.

Lumpkin G T, Dess G G. 1996. Enriching the entrepreneurial orientation construct-a reply to "entrepreneurial orientation or pioneer advantage". Academy of Management Review, 21 (3): 605-607.

Luo Y D. 2004. Co-opetition in International Business. Copenhagen: Copenhagen Business School Press.

Luo Y D. 2005. Toward coopetition within a multinational enterprise: a perspective from foreign subsidiaries. Journal of World Business, 40: 71-90.

Luo Y D. 2007. A coopetition perspective of global competition. Journal of World Business, 42 (2):

129-144.

Madu C N，Kuei C H，Jacob R A. 1996. An empirical assessment of the influence of quality dimensions on organizational performance. International Journal of Production Research，34（7）：1943-1962.

Mahoney J T，Pandian J R. 1992. The resource-based view within the conversation of strategic management. Strategic Management Journal，13（5）：363-380.

Mansfield E. 1961. Technical change and the rate of imitation. Econometrica，29（4）：741-766.

Markham S K，Abbie G. 1998. The breakfast of champions：associations between champions and product development environments，practices and performance. Journal of Product Innovation Management，15：436-454.

Martijn C K J，Grinstein Y. 2008. Does the market for CEO talent explain controversial CEO pay practices?. Social Science Electronic Publishing，18（3）：921-960.

McFadyen J，Pickerill K，Devaney M. 1991. The expectations hypothesis of the term structure：more evidence. Journal of Economics & Business，43（1）：79-85.

Menguc B，Auh S. 2005. A test of strategic orientation formation versus strategic orientation implementation：the influence of TMT functional diversity and inter-functional coordination. Journal of Marketing Theory & Practice，13（2）：4-19.

Michel J G，Hambrick D C. 1992. Diversification posture and top management team characteristics. Academy of Management Journal，35（1）：9-37.

Middleton S E，Roure D C，Shadbolt N R. 2001. Capturing knowledge of user preferences. Proceedings of the International Conference on Knowledge Capture-K-CAP.

Miller D. 1986a. Configurations of strategy and structure：towards a synthesis. Strategic Management Journal，7（3）：233-249.

Miller D. 1986b. Personality，culture，and organization. Academy of Management Review，11（2）：266-279.

Moch M K. 1976. Structure and organizational resource allocation. Administrative Science Quarterly，21（4）：661-674.

Montalvo C. 2006. What triggers change and innovation?. Technovation，26（3）：312-323.

Moore J F. 1993. Predators and prey：a new ecology of competition. Harvard Business Review，71（3）：75.

Morgan R E，Christopher R. 2003. Market-based organizational learning and market performance gains. British Journal of Management，14（3）：255-274.

Morgan R E，Strong C A，Mcguinness T. 2003. Product-market positioning and prospector strategy：an analysis of strategic patterns from the resource-based perspective. European Journal of Marketing，37（10）：1409-1439.

Murray F. 1989. The organizational politics of information technology：studies from the UK financial servies industry. Technology Analysis & Strategic Management，1（3）：285-298.

Myers S，Marquis D G. 1969. Successful industrial innovations：a study of factors underlying innovation in selected firms. Technology and Investment，7（3）：69-117

Naranjo-Gil D，Hartmann F. 2007. Management accounting systems，top management team heterogeneity and strategic change. Accounting Organizations & Society，32（7）：735-756.

Narver J C，Slater S F. 1990. The effect of a market orientation on business profitability. Journal of Marketing，54（4）：20-35.

Narver J C，Slater S F，Maclachlan D L. 2004. Responsive and proactive market orientation and new-product success. Journal of Product Innovation Management，21（5）：334-347.

Negassi R D. 2004. Co-operation and innovation a microeconometric study on French firms. Research Policy，33（3）：365-384.

Nicol C. 1998. Collaboration and co-ordination in local government：Lessons from practice in housing and planning departments. Local Government Studies，24（3）：51-66.

Nijssen E J，Agustin C. 2005. Brand extensions：a manager's perspective. Journal of Brand Management，13（1）：33-49.

Nonaka I，Takeuchi H. 1996. The knowledge-creating company：how Japanese companies create the dynamics of innovation. Journal of International Business Studies，27（1）：196-201.

Norburn D，Birley S，Dunn M. 1988. Strategic marketing effectiveness and its relationship to corporate culture and beliefs：a cross-national study. International Studies of Management & Organization，18（2）：83-100.

Nowak M A，Page K M，Sigmund K. 2000. Fairness versus reason in the ultimatum game. Science，289（5485）：1773-1775.

Oldham G R，Cummings A. 1996. Employee creativity：personal and contextual factors at work. Academy of Management Journal，39（3）：607-634.

O'Reilly C. 1989. Corporations，culture，and commitment：motivation and social control in organizations. California Management Review，31（4）：9-25.

Organ D W. 1988. Organizational Citizenship Behavior：The Good Soldier Syndrome. Lexington：Lexington Books.

Organ D W，Ryan K A. 1995. Meta-analytic review of attitudeinal and dispositional predietors of organizational citizenship behavior. Personnel Psychology，（48）：775-802.

Parry G W. 1996. The characterization of uncertainty in probabilistic risk assessments of complex systems. Reliability Engineering & System Safety，54（2）：119-126.

Pelled L H. 1996. Relational demography and perceptions of group conflict and performance：a field investigation. International Journal of Conflict Management，7（7）：230-246.

Penrose E T. 1959. The Theory of the Growth of the Firm. New York：Sharpe.

Pettigrew A，Whipp R. 1992. Managing change and corporate performance//Cool K，Neven D J，Walter I. European Industrial Restructuring in the 1990s. London：Palgrave Macmillan.

Pettigrew A M，Whipp R. 1992. Managing change for competitive success. The Academy of Management Review，18（3）：572-576.

Pinro J K，Slevin D P. 1988. The project champion：key to implementation success. Project Management Journal，1（4）：15-20.

Pinto J K，Covin J G. 1989. Critical factors in project implementation：a comparison of construction and R&D projects. Technovation，9（1）：49-62.

Podsakoff P M，Mackenzie S B，Paine J B. 2000. Organizational citizenship behaviors：a critical review of the theoretical and empirical literature and suggestions for future research. Journal of Management，26（3）：513-563.

Porter M E. 1980. Competitive strategy：techniques for analyzing industries and competitors. Social Science Electronic Publishing，（2）：86-87.

Porter M E. 1985. Techology and competitive advantage. Journal of Business Strategy，5（3）：60-78.

Prahalad C K，Hamel G. 1990. The core competence of the corporation. Harvard Business Review，68：79-91.

Quinn J B. 1985. Innovation and corporate strategy：managed chaos. Technology in Society，7（2-3）：263-279.

Quintana-García C，Benavides-Velasco C A. 2002. Co-opetition and performance：evidence from European biotechnology industry. Stockholm：Second European Academy of Management Annual Conference：9-11.

Quintana-García C，Benavides-Velasco C A. 2004. Cooperation，competition and innovative capability：a panel data of European dedicated biotechnology firms. Technovation，24（12）：927-938.

Rae J. 1843. New Principles on the Subject of Political Economy，Exposing the Fallacies of the System of Free Trade，and of some other Doctrines Maintained in the “Wealth of Nations”. Boston：Hilliard，Gray & Co.，

Reis A B，Sequeira T N. 2007. Human capital and overinvestment in R&D. Scandinavian Journal of Economics，109（3）：573-591.

Richardson G B. 1972. The organisation of industry. The Economic Journal，82（327）：883-896.

Ritte G，Rosenfeld J，Rohrig K. 1999. Rates of sugar uptake by guard cell protoplasts of pisum sativum l. related to the solute requirement for stomatal opening. Plant Physiology，121：647-655.

Robert B，Craig H，Tony W，et al. 1999. High school size，achievement equity，and cost：Robust interaction effects and tentative results. Academic Achievement，46（1）：49.

Robertguroff M，Kaur H，Patterson L J，et al. 1998. Vaccine protection against a heterologous，non-syncytium-inducing，primary human immunodeficiency virus. Journal of Virology，72（12）：10275-10280.

Roberts J. 2001. Challenges facing service enterprises in the global knowledge-based economy：lessons from the business services sector. International Journal of Services Technology & Management，2（3）：402-433.

Rosenkranz S. 1995. Innovation and cooperation under vertical product differentiation. International Journal of Industrial Organization，13（1）：1-22.

Rothwell R. 1977. The characteristics of successful innovators and technically progressive firms（with some comments on innovation research）. R&D Management，7（3）：191-206.

Rothwell R，Gardiner P. 1985. Invention，innovation，re-innovation and the role of the user：a case study of British hovercraft development. Technovation，3（3）：167-186.

Rudden B. 1982. Real property?. Oxford Journal of Legal Studies，2（2）：238-244.

Ruf B A，Miller W H. 1987. A new reaction path model for dynamics in polyatomic systems，with application to H-atom transfer in malonaldehyde. Journal of the Chemical Society Faraday Transactions，84（9）：1523-1534.

Sahaym A，Cho S Y，Kim S K，et al. 2016. Mixed blessings：How top management team heterogeneity

and governance structure influence the use of corporate venture capital by post-IPO firms. Journal of Business Research，69：1208-1218.
Say J B. 2009. A treatise on political economy；or the production，distribution，and consumption of wealth. Social Science Electronic Publishing，136（2）：199.
Schein L. 2004. Leaving China：media，migration and transnational imagination by wanning sun. China Journal，178（51）：536-537.
Scherer F M. 1965. Firm size，market structure，opportunity，and the output of patented inventions. The American Economic Review，55（5）：1097-1125.
Schilling M A. 2005. Strategic Management of Technological Innovation. New York：McGraw-Hill.
Schmookler J. 1954. Invention，innovation，and competition. Southern Economic Journal，20（4）：380-385.
Schonbar R A. 1963. Transference as a bridge to the future. American Journal of Psychotherapy，17（2）：286.
Schumpeter J A. 1983. Business Cycles：A Theoretical，Historical，and Statistical Analysis of the Capitalist Process. New York：McGraw-Hill.
Scott F B. 1994. Integrating curriculum implementation and staff development. Clearing House，67（3）：157-160.
Shapiro J M. 2002. Embedded image coding using zerotrees of wavelet coefficients. IEEE Transactions on Signal Processing，41（12）：3445-3462.
Shea C M，Howell J M. 2000. Efficacy performance spirals：an empirical test. Journal of Management，26（4）：791-812.
Shook C L，Ketchen D J，Hult G T M，et al. 2004. An assessment of the use of structural equation modeling in strategic management research. Strategic Management Journal，25（4）：397-404.
Simons T L. 1999. Behavioral integrity as a critical ingredient for transformational leadership. Journal of Organizational Change Management，12（2）：89-104.
Smith C A，Organ D W，Near J P. 1983. Organizational citizenship behavior：its nature and antecedents. Journal of Applied Psychology，68（4）：653-663.
Smith C L. 1983. The development and postnatal organization of primary afferent projections to the rat thoracic spinal cord. Journal of Comparative Neurology，220（1）：29.
Snell S A，Snow C C，Davison S C. 1998. Designing and supporting transnational teams：the human resource agenda. Human Resource Management，37（2）：147-158.
Snow C C，Snell S A，Davison S C，et al. 1996. Use transnational teams to globalize your company. Organizational Dynamics，24（4）：50-67.
Soekijad M，Andriessen E. 2003. Conditions for knowledge sharing in competitive alliances. European Management Journal，21（5）：578-587.
Somaya D，Teece D，Wakeman S. 2011. Innovation in multi-invention contexts：mapping solutions to technological and intellectual property complexity. California Management Review，53（4）：47-79.
Song M，Benedetto C A D. 2008. Suppliers involvement and success of radical new product development in new ventures. Journal of Operations Management，26（1）：1-22.
Song X M，Parry M E. 1997. A cross-national comparative study of new product development

processes：Japan and the United States. Journal of Marketing，61（2）：1-18.
Speed R，Smith G. 1993. Customers，strategy and performance. International Journal of Bank Marketing，11（5）：3-11.
Srivastava A，Lee H. 2005. Predicting order and timing of new product moves：the role of top management in corporate entrepreneurship. Journal of Business Venturing，20（4）：459-481.
Steven T K. 1982. Models，modeling and mystical training. Religion，12（3）：247-275.
Stevenson H H，Jarillomossi J C. 1990. A paradigm of entrepreneurship：entrepreneurial management. Strategic Management Journal，11（1）：17-27.
Talke K，Hultink E J. 2010. The impact of the corporate mind-set on new product launch strategy and market performance. Journal of Product Innovation Management，27（2）：220-237.
Talke K，Salomo S，Rost K. 2010. How top management team diversity affects innovativeness and performance via the strategic choice to focus on innovation fields. Research Policy，39（7）：907-918.
Teece D J，Pisano G，Shuen A. 1997. Dynamic capabilities and strategic management. Strategic Management Journal，18（7）：209-533.
Tether B S. 2002. Who co-operates for innovation，and why：an empirical analysis. Research Policy，31（6）：947-967.
Theodosiou M，Kehagias J，Katsikea E. 2012. Strategic orientations，marketing capabilities and firm performance：an empirical investigation in the context of frontline managers in service organizations. Industrial Marketing Management，41（7）：1058-1070.
Tihanyi L，Ellstrand A E，Daily C. 2000. Composition of the top management team and firm international diversification. Journal of Management，26（6）：1157-1177.
Toro P A，Reischl T M，Zimmerman M A. 1988. Professionals in mutual help groups：impact on social climate and members' behavior. Journal of Consulting & Clinical Psychology，56（4）：631-632.
Tsui C J. 1992. English business communication skills training needs of non-native english-speaking managers：a case in Taiwan. Business & Professional Communication Quarterly，55（1）：40-41.
Tuinstra J. 2003. Beliefs equilibria in an overlapping generations model. Journal of Economic Behavior & Organization，50（2）：145-164.
Utterback J M. 1974. Innovation in industry and the diffusion of technology. Science，183（4125）：620-626.
van Cuilenburg J，Siaa P. 1995. Competition and innovation in telecomrnuni-cations. an empirical analysis of innovative telecommunications in the public interest. Telecommunications Policy，19（8）：647-663.
van Duijn J J. 1977. The long wave in economic life. De Economist，125（4）：544-576.
Venkatraman N. 1989. Strategic orientation of business enterprises：the construct，dimensionality，and measurement. Management Science，35（8）：942-962.
von Hippel E. 1982. Appropriability of innovation benefit as a predictor of the source of innovation. Research Policy，11（2）：95-115.
von Hippel E. 1988.The Source of Innovation. New York：Oxford University Press.
Ward L，Simons K. 1999. Practising partnership：Involving people with learning difficulties in research. British Journal of Learning Disabilities，26（4）：128-131.

Weick K E. 1987. Organizational culture as a source of high reliability. California Management Review，29（2）：112-127.

Wernerfelt B. 1984. A resource-based view of the firm. Strategic Management Journal，5（2）：10.

West C T，Schwenk C R. 2015. Top management team strategic consensus，demographic homogeneity and firm performance：a report of resounding nonfindings. Strategic Management Journal，17（7）：571-576.

Wiersema M F，Bantel K A. 1992. Top management team demography and corporate strategic change. Academy of Management Journal，35（1）：91-121.

Wiersema M F，Bantel K A. 2010. Top management team turnover as an adaptation mechanism：the role of the environment. Strategic Management Journal，14（7）：485-504.

Wiersema M F，Bird A. 1993. Organizational demography in Japanese firms：group heterogeneity，individual dissimilarity，and top management team turnover. Academy of Management Journal，36（5）：996-1025.

Wiklund J，Shepherd D. 2005. Entrepreneurial orientation and small business performance：a configurational approach. Journal of Business Venturing，20（1）：71-91.

Williams R L，Cormier W H，Sapp G L. 1971. The utility of behavior management techniques in changing interracial behaviors. Journal of Psychology，77（1st Half）：127-138.

Womack J P，Jones D T，Roos D，et al. 1991. The Machine that Changed the World：The Story of Lean Production. New York：Harper Business.

Wong A. 1999. Partnering through cooperative goals in supply chain relationships.Total Quality Management，10（4-5）：786-792.

Yang Y，Paranjape R. 2011. A multi-agent system for course timetabling. Intelligent Decision Technologies，5（2）：113-131.

Yperen N W V，Hagedoorn M. 2003. Do high job demands increase intrinsic motivation or fatigue or both：the role of job control and job social support. Academy of Management Journal，46（3）：339-348.

Ysseldyke J E，Christenson S. 2002. Functional Assessment of Academic Behavior：Creating Successful Learning Environments. Longmount：Sopris West.

Zahra S A. 1995a. Environment，corporate entrepreneurship，and financial performance：a taxonomic approach. Journal of Business Venturing，8（4）：319-340.

Zahra S A. 1995b. Transforming technological pioneering into competitive advantage. Academy of Management Executive，9（1）：17-31.

Zahra S A，George G. 2002. Absorptive capacity：a review，reconceptualization，and extension. Academy of management Review，27（2）：185-203.

Zahra S A，Hayton J C，Neubaum D O，et al. 2008. Culture of family commitment and strategic flexibility：the moderating effect of stewardship. Entrepreneurship：Theory and Practice，32（6）：1-35.

Zhou Q，Wan L. 2010. Global robust asymptotic stability analysis of bam neural networks with time delay and impulse：an lmi approach. Applied Mathematics & Computation，216（5）：1538-1545.

附　　录

附录1　调 查 问 卷

软件企业竞合行为与创新绩效关系研究调查问卷

本问卷是浙江工业大学中国小微企业研究所开展的一项课题研究中的重要一环。本课题旨在了解软件产业集群内企业与它相应的供应商、客户、研究机构还有同行业者的相对关系及在既定环境下企业的创新绩效，寻找中心企业与不同市场参与者的竞争合作行为与创新的关系。本问卷涉及问题较少，烦请您花几分钟时间，非常感谢！

为使问卷结论更具科学性，本问卷最好由比较了解企业技术创新和对外关系整体情况的人员回答，包括产品项目经理、研发部门经理、营销部门经理或中高层管理人员等。您的回答对我们的研究结论非常重要，非常感谢您的热情帮助！本问卷纯属学术研究，请您放心并尽可能客观回答，未经贵公司允许绝不会用于商业目的，同时问卷也不会涉及贵企业的商业机密等问题。

回信地址：浙江工业大学中国中小企业研究所　　邮编：310014

联系人：周燕

邮箱：beautyjoanne@gmail.com

一、您与企业的基本信息

1.（自愿）姓名：________　企业名称：____________________

2. 企业性质：□国有或国有控股　□民营　□股份制　□中外合资　□外商独资　□台港澳　□其他

3. 企业年营业额（元）：□<50 万　□50 万～100 万　□101 万～500 万　□501 万～1000 万　□1001 万～3000 万　□3001 万～1 亿　□1 亿以上

4. 员工人数：□<30 人　□30～50 人　□51～100 人　□101～500 人　□501～1000 人　□1000 人以上

5. 经营历史：□<3 年　□3～5 年　□6～10 年　□11～15 年　□>15 年

6. 所在部门：________________ 职务：________________
电话：____________________ 传真：________________
您的 E-mail：______________

二、本问卷涉及相关概念解释

竞合是指贵公司与相关供应商、客户、互补者、同行业竞争对手之间存在的既合作又竞争的行为表现，即对同一企业伙伴集中体现竞争和合作的态度。

三、企业竞合行为与创新绩效关系实证调查

下列是一些软件企业与相关四类厂商可能的竞争合作行为及本企业创新绩效的描述，请根据贵企业实际情况对所做描述进行判断选择。若您是在计算机上直接选择，**请把该选项改成红色，如“a. Windows”**；若是打印出来再填写，请直接在选项上打钩。

供应商关系部分（1、2、4 为多选）
1. 贵公司软件可以在以下哪些环境中运行 a. Windows b. Unix c. Linux d. Dos e. 其他
2. 软件产品可以与哪些数据库接口挂靠 a. Oracle b. SQL Server c. Sybase d. Informix e. DB2 f. 其他
3. 与贵公司有合作关系的其他独立软件开发商、服务提供商、硬件或网络运营供应商有 a. 无 b. 1～3 个 c. 4～6 个 d. 7～9 个 e. 9 个以上
4. 贵公司与 1、2、3 题选项中所提到的厂商的合作形式有 a. 商品供应 b. 人员培训 c. 技术合作 d. 解决方案开发与服务 e. 市场开拓
客户关系部分
5. 产品功能和技术需求形成耗费的时间周期更倾向于以下哪个单位 a. 小时 b. 天 c. 周 d. 月 e. 年
6. 客户对贵公司产品功能和性能提出的要求和意见更接近于以下哪种描述 a. 无意见 b. 态度缓和 c. 中和 d. 态度强硬 e. 近乎苛刻
7. 产品售后服务部门主动了解或被动接受客户意见和反馈的次数 a. 无 b. 较少 c. 中等 d. 较多 e. 很多
8. 企业对 6、7 题项中客户要求和反馈的态度为 a. 不予接纳 b. 劝服客户接受产品 c. 记录并形成改进方案 d. 尽量配合改进 e. 竭力改进
互补者关系部分
9. 您或者您所了解的周围同事经常参加的外部交流形式是 a. 同学聚会 b. 俱乐部 c. 同行交流 d. 技术研讨会 e. 行业大会
10. 与国内外大学或研究所共建实验室或其他合作形式进行研发活动的次数 a. 从来没有 b. 很少 c. 一般 d. 较多 e. 很多
11. 针对产品设计、实施等方面与咨询机构等外部组织存在合作或雇佣关系的次数 a. 从来没有 b. 很少 c. 一般 d. 较多 e. 很多

续表

竞争者关系部分
12. 尝试竞争者之间进行合作探讨，共谋利益 a.非常不符合 b.有些不符合 c.无所谓 d.比较符合 e.非常符合
13. 主动了解同行的新动向和新产品等讯息 a. 非常不符合 b. 有些不符合 c. 无所谓 d. 比较符合 e. 非常符合
14. 参与同行业或联盟组织进行 R&D 合作 a. 非常不符合 b.有些不符合 c.无所谓 d. 比较符合 e. 非常符合
15. 关注行业趋势，与同行业者共同推进 SaaS 模式，在产业链中定位，寻求新发展 a. 非常不符合 b. 有些不符合 c. 无所谓 d. 比较符合 e. 非常符合
企业创新绩效部分
16. 平均每年的专利和著作权申请数量 a. ＜1 b. 1～3 个 c. 4～5 个 d. 6～7 个 e. ＞7 个
17. 市场推出新技术后展开研究试用通常在 a. 7 天之内 b. 1～4 个星期内 c. 1～6 个月内 d. 6～12 个月内 e. 1 年以后
18. 产品版本更新的时间约为 a. 3 个月之内 b. 3～6 个月 c. 7～12 个月 d. 1～2 年 e. 2 年以上
19. 贵公司项目实施成功率（或者客户满意度）大约为 a. ＜80% b. 80%～85% c. 86%～90% d. 91%～95% e. ＞95%
20. 贵公司新软件产品占公司所有产品销售额比率约为 a. 0%～20% b. 21%～40% c. 41%～60% d. 61%～80% e. ＞80%
21. 贵公司软件产品市场占有率增长速度约是 a. ＜0% b. 0%～5% c. 6%～20% d. 21%～100% e. ＞100%

再次感谢您填写这份问卷！敬祝商祺!

附录 2　部分参与调研的企业名单

亚信科技控股有限公司

NECST（杭州）

美国道富银行

深圳阿里软件有限公司

杭州傲办科技有限公司

宝迅软件股份有限公司

东信和平科技股份有限公司

浙江格为软件有限公司

工行软件开发中心

杭州阿拉丁信息科技有限公司

杭州百富信息技术有限公司

杭州碧海银帆科技有限公司

杭州创业互联科技有限公司

杭州德望科技有限公司
杭州国德科技有限公司
杭州乐邦科技有限公司
杭州明星计算机技术有限公司
杭州诺威通信技术有限公司
杭州森特信息技术有限公司
杭州世导科技有限公司
杭州顺网信息技术有限公司
杭州西软科技有限公司
杭州新唐科技有限公司
杭州新中大软件股份有限公司
杭州信可泰尔科技有限公司
杭州亚大通讯科技有限公司
杭州中诚信用管理有限公司
杭州中软安人网络通信有限公司
恒生电子股份有限公司
深圳市华为技术服务有限公司
美会软件科技（上海）有限公司
宁波电子口岸数据分中心
群硕软件开发（上海）有限公司
上海冈三华大计算机有限公司
上海思备计算机有限公司
上海洲信信息技术有限公司
塔塔信息咨询有限公司
无锡文思创新信息技术有限公司
杭州永耀科技有限公司
北京浙大快威科技有限公司
浙江浙大万朋软件有限公司
浙大网新科技股份有限公司
浙江华立科技股份有限公司
浙江盘石信息技术股份有限公司
浙江益和电力科技信息有限公司
浙江正元智慧科技有限公司
智联（杭州）科技有限公司
中控科技集团有限公司

附录 3　调查问卷统计数据①

公司名称	性质	营业额	规模	历史	x1	x2	x3	x4	x5	x6	x7	x8	x9	x10	x11	x12	x13	x14	y1	y2	y3	y4	y5	y6
杭州德望科技有限公司	5	4	2	3	2	4	2	1	2	2	1	2	2	3	2	3	2	2	2	2	2	2	2	2
亚信科技控股有限公司	4	7	5	4	4	4	3	2	2	3	3	4	4	5	1	2	2	1	4	4	4	3	2	3
	4	4	3	5	2	2	2	4	4	5	4	4	4	4	3	3	4	4	4	4	4	4	4	5
杭州浙大网新科技实业投资有限公司	2	3	3	2	2	1	1	4	3	3	3	2	3	2	3	4	3	3	2	2	2	3	3	2
	2	3	2	2	1	1	1	2	2	2	2	2	2	2	4	4	2	2	2	2	2	2	2	2
宁波电子口岸数据分中心	1	5	3		2	2	1	3	4	4	4	4	3	4	2	4	3	2	3	3	3	4	3	4
	1	7	6	5	3	3	2	1	3	3	3	2	2	2	4	4	4	2	2	2	2	2	3	3
杭州亚大通讯科技有限公司	2	2	2	3	4	4	3	2	3	3	3	2	3	2	3	4	4	2	3	3	3	3	3	3
浙大网新科技股份有限公司	3	4	2	3	3	2	2	2	3	4	4	2	1	3	3	4	4	4	4	4	4	5	4	5
美国道富银行	5		6	5	2	2	2	4	5	4	4	3	2	2	2	1	2	2	2	2	2	3	4	4
	2	6	5	5	2	3	2	2	2	3	2	4	2	4	4	3	3	3	3	3	3	3	3	2
塔塔信息咨询有限公司	5	7	6	5	3	2	2	2	2	2	2	5	5	5	4	4	4	4	4	4	4	3	3	2
无锡文思创新信息技术有限公司		7	6	3	2	2	2	1	2	2	2	5	5	5	2	3	2	2	4	4	4	3	2	2
深圳市华为技术服务有限公司	2	7	6	5	2	1	1	3	5	4	5	4	4	4	2	3	4	3	3	3	3	4	4	4
Integro Technologies 信息技术和服务公司	7	6	4	3	1	2	2	3	5	5	5	5	4	5	3	3	4	4	4	4	4	5	5	4
	3	7	6	4	4	4	3	3	3	3	3	4	2	5	2	1	2	2	2	2	2	2	3	3
	5	3	2	2	3	3	2	1	1	1	1	3	3	3	1	2	1	2	2	2	3	2	1	1
东信和平科技股份有限公司	1	6	6	5	1	1	1	2	3	3	3	3	3	3	2	2	3	2	3	3	3	3	3	3
杭州阿拉丁信息科技有限公司	2	3	4	2	3	3	2	4	4	5	4	4	3	4	4	4	4	4	3	3	4	4	4	4

① 表内各字母含义见表 2.14

续表

公司名称	性质	营业额	规模	历史	x1	x2	x3	x4	x5	x6	x7	x8	x9	x10	x11	x12	x13	x14	y1	y2	y3	y4	y5	y6
杭州信可泰尔科技有限公司	2	3	1	1	3	2	2	3	3	3	3	3	2	3	3	3	3	3	3	3	3	3	3	3
杭州世导科技有限公司	2	6	5	3	4	3	3	2	2	2	2	2	3	2	4	4	4	4	3	4	3	3	2	2
	3	3	2	2	3	3	3	4	4	4	4	2	2	2	4	3	4	3	2	3	4	4	3	4
杭州乐邦科技有限公司	2	3	2	2	4	4	3	3	3	4	2	3	3	2	2	2	2	2	3	2	5	3	3	3
					2	2	2	3	5	4	4	2	2	3	2	3	2	2	2	2	3	3	5	5
浙江浙大万朋软件有限公司	4	5	4	4	2	2	2	4	4	4	4	3	3	3	2	4	2	2	2	2	3	3	4	4
	2	5	3	3	2	2	1	2	3	2	2	3	2	4	3	3	3	3	2	4	3	3	3	3
	2	7	5	4	1	1	1	3	3	3	3	3	3	3	3	3	2	2	3	3	1	3	2	3
	2	6	4	3	2	2	2	2	2	2	2	2	2	2	2	2	2	2	2	2	2	2	2	2
浙江盘石信息技术股份有限公司	7	6	4	2	2	2	2	4	5	5	5	2	2	3	4	4	3	4	2	2	2	4	5	5
	7	3	4	3	3	2	2	4	5	5	5	4	4	4	3	4	3	3	4	4	3	5	5	5
中控科技集团有限公司	2	7	6	5	1	1	1	4	4	4	4	4	5	5	3	3	3	3	5	5	5	5	4	4
杭州中软安人网络通信有限公司	2	5	4	3	2	2	2	2	2	2	2	3	1	4	3	2	2	2	2	2	2	2	2	2
杭州国德科技有限公司	2	2	1	1	3	5	2	3	3	3	3	4	3	5	4	5	4	4	3	3	4	3	3	3
杭州森特信息技术有限公司	3	4	2	2	3	2	2	3	3	3	3	4	4	4	3	4	4	4	4	3	3	3	3	3
上海洲信信息技术有限公司	5	7	5	3	4	4	3	1	2	2	1	3	3	3	4	4	3	4	2	2	1	2	2	1
浙江华立科技股份有限公司	3	7	4	5	3	3	3	1	1	1	1	3	3	4	2	3	2	2	2	2	2	1	1	2
杭州新唐科技有限公司	2	3	1	2	1	1	1	3	4	3	3	3	3	3	4	4	4	3	2	2	2	3	3	4
杭州中诚信用管理有限公司	2	2	1	2	2	2	2	3	3	2	2	2	1	1	3	3	3	3	2	1	2	3	2	3
智联（杭州）科技有限公司	5	3	1	2	2	2	2	2	3	3	3	2	2	2	3	2	2	3	2	2	2	2	3	3

续表

公司名称	性质	营业额	规模	历史	x1	x2	x3	x4	x5	x6	x7	x8	x9	x10	x11	x12	x13	x14	y1	y2	y3	y4	y5	y6
杭州顺网信息技术有限公司	2	4	4	2	1	2	1	3	2	4	2	2	1	1	3	3	3	3	3	1	2	3	4	4
	2	6	4	5	2	2	2	2	2	2	2	3	2	5	4	4	4	4	2	5	2	2	2	2
	5	4	2	3	2	3	2	2	3	3	3	4	2	4	4	4	2	4	2	3	2	3	3	3
	4	7	5	4	3	3	3	3	4	4	3	3	3	3	4	4	3	4	3	3	3	4	4	3
上海思备计算机有限公司	4	4	3	5	1	2	1	3	2	4	3	3	3	3	2	2	2	2	2	2	2	3	3	2
	2	3	3	2	2	2	2	2	1	1	1	4	5	5	3	4	3	3	4	4	3	3	1	1
	2	3	2	2	2	2	2	3	3	5	4	3	1	4	3	3	4	3	1	4	2	5	4	5
		5	3		2	2	2	4	5	3	4	2	3	3	3	2	2	2	3	3	2	5	5	5
					2	2	2	3	3	3	2	2	2	3	3	2	4	3	2	3	4	3	3	3
	2	2	2	3	3	3	2	4	3	4	3	3	4	4	2	2	2	2	4	4	3	4	4	4
杭州碧海银帆科技有限公司	3	4	2	3	2	2	2	3	1	2	1	4	4	4	3	3	3	3	4	3	3	4	3	2
	5		6	5	2	2	2	3	2	2	2	5	5	4	2	2	2	2	3	4	2	2	2	2
恒生电子股份有限公司	2	6	5	5	4	4	4	3	3	2	2	5	5	5	3	3	3	2	4	4	4	4	3	4
					3	3	2	4	5	4	3	4	3	4	3	3	3	3	3	3	3	4	4	4
					4	4	3	5	5	4	4	3	3	3	3	3	3	3	3	3	3	4	4	4
					2	3	2	2	3	3	3	4	2	4	4	4	4	4	2	4	4	4	3	3
	7	6	4	3	3	3	2	3	3	3	3	3	2	2	2	2	3	4	2	2	3	3	3	3
	3	7	6	4	3	3	2	1	2	2	2	4	3	3	3	3	3	3	3	3	3	2	2	2
	5	3	2	2	3	2	2	3	3	2	2	2	2	3	3	3	3	3	2	3	3	3	3	3
					2	3	2	1	2	2	2	2	2	2	3	4	4	4	2	2	4	2	2	2
	2	3	4	2	3	2	2	4	3	2	2	2	1	1	4	4	4	3	1	1	4	3	4	4
	2	3	1	1	3	3	2	4	3	3	4	3	4	4	4	4	4	4	4	4	4	3	3	3
	2	6	5	3	3	3	2	4	4	3	3	2	2	3	3	3	3	3	2	3	3	4	3	4
	3	3	2	2	2	2	2	4	2	2	3	3	3	3	3	2	3	3	3	3	3	2	2	2
	2	3	2	2	4	4	3	3	3	2	3	1	1	1	4	4	4	4	2	2	1	3	3	4
					3	3	3	4	4	4	4	2	3	2	2	2	2	2	3	2	3	4	3	4
	4	5	4	4	3	3	2	2	2	2	2	1	1	2	4	2	2	2	2	2	2	5	5	4
杭州诺威通信技术有限公司	2	5	3	3	4	3	3	3	3	4	5	3	2	3	2	4	3	3	3	3	3	4	3	5
杭州百富信息技术有限公司	2	7	5	4	2	2	2	4	4	4	4	4	3	2	2	3	2	2	2	3	2	4	5	3
浙江正元智慧科技有限公司	2	6	4	3	3	3	3	2	2	2	2	3	4	5	5	5	5	5	3	4	3	2	2	3
	7	6	4	2	2	3	3	1	2	1	1	2	1	2	3	4	3	3	1	2	1	2	1	2
	7	3	4	3	1	1	2	2	3	3	2	2	2	2	2	4	2	2	2	1	1	3	2	3

续表

公司名称	性质	营业额	规模	历史	x1	x2	x3	x4	x5	x6	x7	x8	x9	x10	x11	x12	x13	x14	y1	y2	y3	y4	y5	y6
杭州新中大软件股份有限公司	2	7	6	5	2	2	1	2	3	3	4	2	3	3	2	3	2	4	2	2	3	3	3	3
	2	5	4	3	2	2	2	3	3	3	3	1	1	1	2	2	3	2	1	2	1	3	3	3
杭州明星计算机技术有限公司	2	2	1	1	2	2	3	2	2	2	2	2	2	2	2	2	2	2	2	1	1	2	2	2
	3	4	2	2	4	4	2	5	5	4	5	2	2	1	5	4	4	4	2	2	1	4	4	5
					2	3	3	3	3	3	3	2	2	2	3	3	3	3	2	2	3	3	3	3
					2	2	1	2	2	2	2	3	3	3	4	4	3	4	2	3	2	2	2	3
浙江格为软件有限公司	2	3	1	2	2	2	2	3	3	2	2	2	2	3	3	3	2	3	2	2	3	3	3	3
	2	2	1	2	2	3	3	4	4	4	4	3	3	3	4	4	4	4	3	3	3	4	4	4
	5	3	1	2	3	4	3	3	4	3	3	1	1	2	3	4	3	2	2	2	1	3	4	3
	2	4	4	2	3	3	3	5	3	4	5	3	4	3	3	4	4	4	3	4	3	4	5	4
	2	6	4	5	3	3	2	4	4	4	4	2	2	2	4	4	3	4	2	2	3	4	3	4
杭州西软科技有限公司	2	6	4	5	3	3	3	3	4	3	3	2	2	2	3	3	3	3	2	3	2	3	3	3
	3	7	4	5	2	2	2	3	3	3	3	1	1	1	3	3	3	3	1	2	1	3	4	3
工行软件开发中心	1	7	6	5	4	4	3	4	4	4	4	2	3	3	4	5	5	5	3	3	3	4	3	5
上海冈三华大计算机有限公司	5	6	4		2	2	2	4	4	5	4	3	3	3	3	2	2	3	2	3	3	4	3	4
傲天科技有限公司	2	3	2	2	2	2	2	3	4	4	3	2	1	1	2	2	2	2	1	2	2	4	3	4
	2	5	3	3	3	3	3	4	3	3	3	2	3	2	2	1	1	1	3	2	3	4	3	3
	5	5	4	2	3	3	3	2	2	2	2	3	3	3	4	3	4	4	3	3	3	2	3	4
杭州创业互联科技有限公司	2	4	3	3	2	2	1	3	3	3	4	4	4	2	3	1	3	3	4	3	2	4	4	4
	2	5	3	3	3	2	2	3	3	3	3	1	1	1	2	2	2	2	1	2	2	3	3	2
浙江益和电力科技信息有限公司	2	6	4	3	2	2	2	4	4	4	4	2	3	2	3	3	3	3	2	3	2	3	4	4
群硕软件开发（上海）有限公司	4	5	6	2	4	3	4	5	5	5	5	4	4	3	4	5	4	4	3	4	3	4	4	4
	4	5	3	2	3	3	3	4	4	4	4	2	3	2	3	3	4	4	2	3	2	4	4	4
	7	7	4	4	2	2	2	2	2	2	2	1	2	1	3	3	3	3	1	2	2	3	3	2
	2	6	4	5	2	2	2	3	3	3	3	2	2	2	3	4	3	3	2	3	2	3	3	3
北京浙大快威科技有限公司					3	3	3	4	4	4	4	3	3	4	3	3	3	3	3	4	3	3	4	3
					4	4	4	3	3	3	3	2	2	2	3	3	3	3	3	4	4	4	4	3
	5	6	4		4	3	3	3	3	3	3	1	1	1	4	4	3	4	2	2	2	3	4	3
	2	3	2	2	2	2	2	3	3	3	3	4	4	4	3	3	3	2	3	3	4	3	3	3

续表

公司名称	性质	营业额	规模	历史	x1	x2	x3	x4	x5	x6	x7	x8	x9	x10	x11	x12	x13	x14	y1	y2	y3	y4	y5	y6
宝迅软件股份有限公司	2	5	3	3	1	1	1	4	4	4	4	2	2	2	3	4	3	4	1	2	2	4	3	2
NECST（杭州）	5	5	4	2	2	2	2	5	5	5	5	3	2	2	4	4	4	4	2	2	3	3	4	5
	2	4	3	3	3	3	3	4	4	4	4	4	4	4	3	4	5	3	4	3	4	4	5	4
杭州永耀科技有限公司	2	5	3	3	2	2	2	3	3	3	3	2	2	2	3	4	4	5	3	3	4	2	4	2

附录 4　企业调查问卷样卷

企业领导支持与创新绩效关系研究调查问卷

本问卷是浙江工业大学中国小微企业研究所开展的一项课题研究中的重要一环。本课题旨在了解影响团队创新绩效的相关因素，主要包括领导支持行为、团队创新氛围、组织公民行为及其相互作用关系。本问卷涉及问题较少，烦请您花几分钟时间，非常感谢！

为使问卷结论更具科学性，本问卷最好由研发技术团队中参与研发或技术创新的人员回答，研发团队管理人员及其成员皆可。您的回答对我们的研究结论非常重要，非常感谢您的热情帮助！本问卷纯属学术研究，请您放心并尽可能客观回答，未经贵公司允许绝不会用于商业目的，同时问卷也不会涉及贵企业的商业机密等问题。倘若您对我们的研究结果感兴趣，我们也十分愿意和您一起分享，我们将会把有关结论转交给您。

回信地址：浙江工业大学中国中小企业研究所　　　　邮编：310014

联系人：周燕

邮箱：beautyjoanne@gmail.com

一、您与企业的基本信息

1. 性别：□男　□女
2. 年龄：□20 岁以下　□21～30 岁　□31～40 岁　□41～50 岁　□>51 岁
3. 企业名称：________________________________

4. 企业性质：□国有或国有控股　□民营　□股份制　□中外合资
□外商独资　□台港澳　□其他
5. 员工人数：□＜10 人　□11～50 人　□51～100 人
□101～500 人　□＞500 人
6. 企业成立年数：□＜1 年　□1～5 年　□6～10 年　□＞10 年
7. 企业所处阶段：□创业　□成长　□成熟　□转型
8. 贵企业或团队中，积极推动创新（如新产品研发、新项目开发）的人是（可多选）：□技术研发人员　□项目经理　□中层管理者　□高层管理者
9. 您所在的部门：□技术研发部门　□人力资源部门　□财务部门
□销售部门　□其他
10. 您的职务：□技术研发人员　□项目经理　□部门主管
□公司高管　□其他

二、企业领导支持、创新氛围、组织公民行为和创新绩效关系实证调查

下列是一些关于领导支持、创新氛围、组织公民行为和团队创新绩效的描述，请根据贵企业实际情况对所做描述的正确与否进行判断，1 = 完全不同意，2 = 不同意，3 = 无意见，4 = 同意，5 = 完全同意。请尽可能客观地做出区别而不要都打一样的分。若您是在计算机上直接选择，请把该数字改成红色，如“1”；若是打印出来再填写，请直接在数字上打钩。

第一部分　领导支持描述量表

领导支持：在企业内积极地推动产品创新的发展和执行的个体，他们所表现出来的推动创新的各种行为，包括挖掘新创意、向相关者推销创意、寻找资源和支持、为团队寻找合适的成员、协调各部门和团队成员保持良好关系、排除障碍、坚定不移地坚持创新的执行和管理团队等。

填答说明：以下问题请针对贵企业中那些积极推动创新的人选择答案。

题号	问卷题项	完全不同意	不同意	无意见	同意	完全同意
L1	热情地推销创新的有利因素	1	2	3	4	5
L2	对创新有坚定的信心	1	2	3	4	5
L3	对创新成果有坚定的信心	1	2	3	4	5
L4	对创新的成功很乐观	1	2	3	4	5
L5	支持创新能够成功的原因	1	2	3	4	5
L6	总是保持强烈的热情	1	2	3	4	5

续表

题号	问卷题项	完全不同意	不同意	无意见	同意	完全同意
L7	坚持创新	1	2	3	4	5
L8	坚定地认为可以战胜障碍	1	2	3	4	5
L9	一直全身心投入在创新中直至成功	1	2	3	4	5
L10	为创新扫清障碍	1	2	3	4	5
L11	当他人认为无法继续时仍不放弃	1	2	3	4	5
L12	在困境面前坚持不懈	1	2	3	4	5
L13	将问题交给可以解决它的人	1	2	3	4	5
L14	寻找正确的人加入新项目	1	2	3	4	5
L15	使决策者一起加入新项目	1	2	3	4	5

第二部分　创新氛围描述量表

创新氛围：存在于组织内部，能被组织成员体验，并影响其创新行为的持久特性，是组织成员对组织环境是否具有创新特性的主观知觉与描述。

题号	问卷题项	完全不同意	不同意	无意见	同意	完全同意
C1	我认同团队的预定目标	1	2	3	4	5
C2	我的同事认同团队的预定目标	1	2	3	4	5
C3	我所在团队的预定目标是可实现的、有意义的	1	2	3	4	5
C4	我愿意为团队的目标努力奋斗	1	2	3	4	5
C5	我们的创意不难获得支持	1	2	3	4	5
C6	我们的团队对创新保持积极的态度	1	2	3	4	5
C7	团队成员用实际行动支持我创新	1	2	3	4	5
C8	我们的团队会花一定时间去寻找新思路	1	2	3	4	5
C9	团队成员有“我们是一个整体”的态度	1	2	3	4	5
C10	团队成员能感到互相理解并彼此接受	1	2	3	4	5
C11	为了应用新方法，团队成员愿意共享资源	1	2	3	4	5

第三部分　组织公民行为描述量表

组织公民行为：组织成员自觉表现出来的行为，在组织正式薪酬体系中没有得到明确或直接的确认，但能够对组织的社会和心理环境提供维持和增强作用，进而支持任务绩效的行为。

题号	问卷题项	完全不同意	不同意	无意见	同意	完全同意
O1	我愿意帮助同事解决工作中的相关问题	1	2	3	4	5
O2	我愿意主动帮助同事分担工作任务	1	2	3	4	5
O3	我愿意将自己的经验跟其他同事分享	1	2	3	4	5
O4	我会主动宣传公司的优点或澄清他人对公司的误解	1	2	3	4	5
O5	我会以积极的态度来参与公司内的相关会议、参加公司提供的培训	1	2	3	4	5
O6	我会主动地提出建设性的改善方案，供本公司有关部门参考	1	2	3	4	5
O7	我可以完成组织指定的工作	1	2	3	4	5
O8	我为了完成工作，主动加班	1	2	3	4	5
O9	我提前到达公司，准备工作	1	2	3	4	5
O10	我维护融洽团结的工作气氛	1	2	3	4	5
O11	我不在背后说同事的坏话	1	2	3	4	5
O12	我愿意将个人目标从属集体目标	1	2	3	4	5

第四部分　团队创新绩效描述量表

创新绩效：提供新的产品来满足顾客需求而为企业创造利润，是企业产品创新过程的效率、产出的成果及对商业成功的贡献，包括个体创新绩效、产出绩效和过程绩效。

指标	问卷题项	完全不同意	不同意	无意见	同意	完全同意
I1	相比以前的创新成果，我过去一段时间的创新成果水平有明显进步	1	2	3	4	5
I2	团队主管对于我过去一段时间的创新成果非常满意	1	2	3	4	5
I3	团队成员之间会拿我的创新成果做榜样	1	2	3	4	5
I4	我觉得自己的创新成果无法跟其他团队成员一样好	1	2	3	4	5
与国内同行业主要竞争对手相比的情况		低——→高				
I5	新产品销售率	1	2	3	4	5
I6	新产品市场占有率	1	2	3	4	5

续表

指标	问卷题项	完全不同意	不同意	无意见	同意	完全同意
I7	产品成本降低率	1	2	3	4	5
I8	新产品（创新项目）数	1	2	3	4	5
I9	申请专利数	1	2	3	4	5
I10	产品生命周期缩短	1	2	3	4	5
I11	研发部门与客户交流频度	1	2	3	4	5
I12	企业间技术交流合作频度	1	2	3	4	5
I13	企业研发部门与高校、研究所的交流合作水平	1	2	3	4	5
I14	研发投入占销售收入的比例	1	2	3	4	5
I15	研发人员人数比例	1	2	3	4	5

非常真诚地感谢您填写这份问卷！！！

附录5　部分参与调研企业名单

企业名称	企业名称
浙江公众信息产业有限公司	上海天玑科技股份有限公司
深圳市第一商务集团有限公司	浙江四通计算机有限公司
杭州乾坤科技有限公司	东软集团股份有限公司
UT 斯达康有限公司	金华市宏远电脑工程有限公司
中国工商银行软件开发中心	绍兴国脉计算机有限公司
宝迅软件股份有限公司	杭州杭联电脑有限公司
杭州顺网信息技术有限公司	绍兴县博亿电脑科技有限公司
恒生电子股份有限公司	浙江大华技术股份有限公司
杭州依赛通信有限公司	温州昭阳数码科技有限公司
杭州乐港科技有限公司	阿里巴巴网络技术有限公司
温州高科数码科技有限公司	浙江蓝天集团
杭州华三通信技术有限公司	湖州深蓝电子有限公司
杭州华昌电子技术有限公司	微宏软件技术（杭州）有限公司
杭州雷丁科技有限公司	嵊州市零点电脑有限公司
北京浙大快威科技有限公司	杭州杭联电脑有限公司
东方通信股份有限公司	绍兴市东普电脑科技有限公司
浙江四通计算机有限公司	浙江怡海电子科技有限公司

续表

企业名称	企业名称
杭州永耀科技有限公司	台州市新远见电脑网络有限公司
杭州硕文软件有限公司	苍南航天金穗电脑科技有限公司
浙江冰封科技有限公司	平湖市正业电子产业有限公司
杭州晟康科技有限公司	缙云县云鹏科技信息系统有限公司
杭州神盾科技有限公司	东阳市军民网络信息系统有限公司

附录6　研究调查对象行业代码

行业名称	行业类别	行业代码
互联网信息服务	有线广播电视传输服务	6321
	无线广播电视传输服务	6322
	卫星传输服务	6040
计算机服务	计算机系统服务	6110
	数据处理	6120
	计算机维修	6130
	其他计算机服务	6190
软件业	基础软件服务	6211
	应用软件服务	6212
	其他软件服务	6290
电子计算机制造	电子计算机整机制造	4041
	计算机网络设备制造	4042

附录7　企业调查问卷样卷

“小微企业高管团队异质性与创新绩效关系研究——战略导向的中介作用”调查问卷

尊敬的企业负责人：

您好！本问卷是“小微企业高管团队异质性与创新绩效关系研究——战略导

向的中介作用”研究的重要组成部分，目的在于调查高管团队异质性、战略导向和创新绩效三者之间的关系。本问卷不会涉及贵公司的机密信息，请放心填写，谢谢您的配合！

本问卷纯属学术研究，请您放心并尽可能客观回答。此外，为使问卷结论更具科学性，本问卷最好由高管团队成员或各部门高管人员回答。您的回答对我们的研究结论非常重要，非常感谢您的热情帮助！

（提示：下表中有一系列关于企业高管团队异质性、企业战略导向及创新绩效的描述，请根据您的基本信息及对所在公司的理解对这些描述做出选择，并根据您的判断在相应的□上打钩。再次谢谢您的配合！）

一、您与企业的基本信息

1. 您的年龄：____________
2. 您在本职位的任期时间：________（年）
3. 您的教育水平：□大专及以下　□本科　□硕士　□博士
4. 您的教育专业：□科学工程（理学、工学、农学和医学）
   □经济管理（经济学、管理学）
   □文学艺术（哲学、文学、历史学）
   □法律（法学）
   □其他（教育学、军事学）
5. 您的曾任职的行业：□生产制造　□研发　□金融财会
   □市场营销（包括贸易、进出口等）
   □法律　□行政管理
6. 您所在企业名称：____
7. 您所在企业性质：□国有或国有控股　□民营　□股份制
   □中外合资　□外商独资　□台港澳
   □其他
8. 员工人数：□<10 人　□11～50 人　□51～100 人
   □101～500 人　□>500 人
9. 企业成立年数：________（年）
10. 企业所处阶段：□创业　□成长　□成熟　□转型

二、企业战略导向调查

题号	问卷题项	非常不同意	不同意	中立态度	同意	非常同意
	客户导向测度					
Z11	我们公司的经营目标取决于客户的满意度	1	2	3	4	5
Z12	我们密切监督和评估是否兑现了服务于客户需求的承诺	1	2	3	4	5
Z13	我们的竞争优势在于对客户需求的理解	1	2	3	4	5
Z14	我们的经营战略以增加客户价值为目标	1	2	3	4	5
Z15	我们经常评估客户的满意度	1	2	3	4	5
Z16	我们密切关注售后服务	1	2	3	4	5
	竞争者导向测度					
Z21	在我们的企业里，我们的销售员相互分享竞争对手的信息	1	2	3	4	5
Z22	在我们的企业里，我们倾向于根据竞争对手的行为而采取行动	1	2	3	4	5
Z23	我们可以对竞争对手的行动迅速做出回应	1	2	3	4	5
Z24	我们会定期讨论竞争对手的优势和劣势	1	2	3	4	5
	技术导向测度					
Z31	我们的组织很乐意采纳技术创新	1	2	3	4	5
Z32	我们的产品符合领先的行业标准	1	2	3	4	5
Z33	我们会在新产品的开发中使用最新的技术	1	2	3	4	5
Z34	我们会系统地对行业内外的新技术进行详细调查	1	2	3	4	5
Z35	我们将大部分的利润投入研发	1	2	3	4	5
Z36	我们为新型专利的研发建立了激励机制	1	2	3	4	5
Z37	所有高管将定期参加研发会议	1	2	3	4	5
	创业导向测度					
Z41	我们的战略着重于公司长远的成功	1	2	3	4	5
Z42	公司的长期目标优先于短期目标	1	2	3	4	5
Z43	保证长期绩效比满足短期财务目标更重要	1	2	3	4	5
Z44	我们勇于为最大限度的开发机遇付出努力	1	2	3	4	5
Z45	我们会积极地寻求新创意	1	2	3	4	5

三、企业创新绩效调查

题号	问卷题项	非常不同意	不同意	中立态度	同意	非常同意
总体上，近三年来我们公司，						
C1	我们公司的投资回报率不断上升	1	2	3	4	5
C2	我们公司的资产回报率不断上升	1	2	3	4	5
C3	我们公司的专利申请数量不断增加	1	2	3	4	5
C4	来自新产品的销售额不断上升	1	2	3	4	5
C5	来自新产品的利润不断上升	1	2	3	4	5
C6	我们公司新产品的市场占有率不断上升	1	2	3	4	5
C7	我们的新产品开发成功率在同行业中居于领先水平	1	2	3	4	5
C8	公司高管对新产品开发整体绩效比较满意	1	2	3	4	5